ユダヤ商人と貨幣・金融の世界史

宮崎正勝 *Masakatsu Miyazaki*

原書房

ユダヤ商人と貨幣・金融の世界史 ◉ 目次

はじめに

　二一世紀に入り世界は混迷の度を強め、過渡期の様相が強まっています。そうした動きは、世界の経済と金融の不安定な状況に起因しているように思われます。現在の経済は歴史的に作られてきましたから、地球規模の複雑な金融・経済が、どのような過程をたどってできあがってきたのかを読み解くことが、現在の必須教養になっています。では、何を、どのように学べば経済・金融の大きな流れがわかるようになるのでしょうか。

　従来の国家、民族をキー・ワードとする世界史では、残念ながら経済・金融の大きな流れをつかむことは不可能です。それは経済学の仕事であろうという主張もありますが、数千年に及ぶ「時間」と地球規模の「空間」で経済・金融の流れをつかむことは難しく、経済史はどうしても公式的な言説になってしまいがちです。

　そこで、経済・金融の壮大な流れを簡明に描くのに適切な、主役の選択と狂言回しが必要になると考えました。色々な試みがあってよいのでしょうが、ひとつの試みとして、貨幣・金融のスペシャリストとして世界の貨幣・金融をリードしてきた「ユダヤ商人」「宮廷ユダヤ人」を主役に据えて、世界の貨幣と金融の流れが描けるのではないかと考えたのです。ですから本書は、「ユダヤ民族史」というわけではありません。

若干大風呂敷になりますが、本書が描こうとするのは古代の西アジアで誕生した銀貨が、やがて紙幣に置き代えられ、世界中の人々を地球規模の金融市場に組み込んでいく壮大な経済の流れそのものです。現在の世界の混迷も、格差の拡大も、そうした経済、金融の流れの先にありますから、それは必要な教養ということになります。テーマが大きいために枠組みの設定の仕方が重要になりますが、国家の枠を超えて俯瞰的に人類の歩みをとらえる「ネットワーク（網の目状のつながり）」の視点を取り入れました。商業、貨幣、金融が、ローカルなところから世界化して現在に至る過程を、ユダヤ商人の活動を中心にやわらかく描き出すことが目指されています。

ここで、ユダヤ商人の説明に切り替えましょう。ユダヤの民、あるいはユダヤ人と聞いて、皆さんは何をイメージされますか。一神教を初めて持った宗教の民、長い間祖国を追われ第二次世界大戦後、ようやく中東にイスラエルという国を築いた流浪の民。近現代のロシアや東欧で、また第二次世界大戦中のナチス・ドイツで激しい迫害を受けた悲劇の民。あるいはレオナルド・ダヴィンチ、アインシュタイン、チャップリンやフロイト、マルクスなど沢山の天才を輩出した学問と文化の民、等々……。色々のイメージがあるかと思います。

本書ではまず、彼らが歴史的に「貨幣の民」だったこと、国家の枠を超える「ネットワーク（網の目状のつながり）の民」だったことに着目します。ユダヤ商人、宮廷ユダヤ人、ユダヤ人金融業者などの活動が、そうした要因により世界経済の大きな流れにつながっていったからです。

イギリスの歴史家アーノルド・トインビー（一八八九〜七五）は、ネットワーク型のユダヤ社会を、未来型の文明の一類型の「ユダヤ・モデル」として高く評価しました。ユダヤ人は世界史の中で、現在の世界企業を先取りするように、各地の小共同体をネットワークで結ぶ広域の社会モデルを作りあげ、成長させてきました。国の枠を超えて人類史全体を鳥瞰するグローバル・ヒストリーの視点から眺めると、世界経済は何度も何度も中心地域を移動させながら、新しいトレンドを次々に生み出してきましたが、彼らはその変化に柔軟に対応できたのです。特に近世以降では、歴史の節目、節目にユダヤ商人や「宮廷ユダヤ人」が登場し、新しい経済の道筋を指し示したり、方向づけたりしたことが目立ちます。

「大航海時代」の新経済地域の登場、資本主義経済の誕生と成長、紙幣の発行、金本位制と紙幣との連動、今日の電子空間における記号化した各種の金融取引、金融工学に基づく経済の証券化に至るまで、常にユダヤ商人、「宮廷ユダヤ人」、ユダヤ人金融業者が主導的な役割を担ってきたといってもいいでしょう。さらにいうならば、ユダヤ商人が、現在の国際金融、グローバル経済の流れそのものを創り出してきたと見なすこともできるほどです。本書は、そうした経済の流れをわかりやすく描き出そうとしていますが、同時に、ユダヤ人が郷土を喪失した状況下でどのように民族のアイデンティティを維持し、世界史でも有数の商業民としての成功を収めたのかを考えることも目指しています。

結論を先に述べてしまえば、彼らがローマ帝国によって祖国を奪われて散り散りになり（ディアスポラと呼ばれる）、長い歳月、国家を形成出来ずに生き長らえなければならなかったことが「経済の民」の出現の基礎的要因になっています。彼らは、ユダヤ教を「民族のアイデンティティを維持するための宗教」に変えることによって、ユダヤ人としての意識を維持しながら「ネットワークの民」として広域に分散する共同体を結びつけ、国家の枠に囚われない活動スタイルを創りだしたのです。

ディアスポラがなされた後の二〇〇〇年に及ぶ、ユダヤ人の世界規模の経済活動をたどるには、従来のようなヨーロッパを中心とする、「国家」の枠組みでのユダヤ史のとらえ方を改め、イスラーム世界や中央アジア、アメリカ大陸を含めた地球規模での彼らの足跡を、世界経済の動向とつき合わせながら見ていくことが前提になります。簡単に記してみると、

①ディアスポラ以後に「商人」としての生き方に特化
②ユダヤ教の神殿の宗教から共同体の宗教への転換
③中世イスラーム世界でディアスポラ共同体（散り散りになったユダヤ人の共同体）が定着
④ユーラシア規模のイスラーム商圏での幅広い活躍によって金融のノウハウを蓄積

⑤それらを大航海時代以降の資本主義経済の勃興やヨーロッパ金融の発展に生かす
⑥イギリス帝国の金庫番、アメリカの金融覇権のパートナーとなり、経済の世界化を主導する

となります。そうした「ダイナミックな商業の民」としてのユダヤ商人の全体像を描き出していくことが、本書の目指すところです。重複になりますがその際に、自らの「国」を持たず、さまざまな国の中に散らばって暮らしながら、国の枠を超えた交易や商業に従事してきた彼らの活動をとらえるには、個々の国の内部状況を見るだけではなく、絶えずそれらを世界的・経済的な流れの中でとらえることが必要になります。世界史を、それぞれの国の「国家史」の集合体としてとらえてしまうと、どこの国でもマジョリティではなかった彼らの活動が姿を没してしまい、国際的なつながりと移動による伝播性を追うことができなくなるためです。

世界史を俯瞰するといくつかのターニングポイントがありますが、もっとも大きな転換点は、一五世紀半ばから始まる「大航海時代」です。地球規模の航海が可能となり、それまでのユーラシアの陸地から、オーシャン（大洋）を中心とする「経済空間」に歴史の中心が移り、地表の七割を占める海を通じて陸地が互いに結び付くことで世界経済の規模が一挙に拡大しました。そうした移行の時期に覇権を握ったのが、高緯度帯の北海周辺の小国、オランダとイギリスです。欠乏が支配的なヴァイキング世界から出てきた両国は、小国であったにもかかわらず旺盛な経済活

動により、海の世界での覇権の確立に成功しました。

つまり「大航海時代」までの世界史はユーラシアの大乾燥地帯が中心で、①古代の四大文明の時代からペルシア、ローマと続く「帝国の時代」、②中近東、ユーラシア大陸の中央部で勃興した「遊牧帝国の時代」は、いずれも陸上で領地の拡大を競った流れとして説明できます。しかし、オランダ、イギリスの台頭は、それまでの世界史とは断絶しており、海上交易と植民地経営が大きな意味を持つことになります。ユーラシアの「陸の世界史」から大西洋を中心とする「海の世界史」への転換の流れは、二〇世紀のふたつの世界大戦によりヨーロッパが没落した後は新大陸のアメリカに引き継がれ、現代に至っています。

ここで忘れてはならないのが、「大航海時代」以後の資本主義経済の成長と経済空間の拡大、経済膨張に伴う、貨幣システムの画期的な変化です。新大陸から流入した厖大な銀でも補いきれず、約四〇〇〇年間続いてきた「銀貨の時代」は「紙幣の時代」へと転換していくことになります。貨幣は巨大な経済システムの端末ですから、紙幣が普及した背景が重要になります。それは、現在の電子マネーの拡大とインターネットの関係を考えると、わかりやすいと思います。紙幣の普及には、信用経済の仕組みが必要だったのです。

フランスとの長期に及ぶ植民地戦争の戦費不足と国債の発行、大規模な海上貿易による通貨の膨張により、イギリスで銀貨の調達が難しくなり、複雑な金融操作により手形を変形させた紙幣に依存せざるをえなくなったのです。そうした場面で頭角を現わしたのが、貨幣のスペシャリストのユダヤ商人だったわけです。

ヨーロッパが本格的な金融の時代に入る一九世紀後半には、ロスチャイルド家という「宮廷ユダヤ人」がポンド紙幣の発行を請け負い、イギリスのユダヤ人金融家が、金融後発国のアメリカで大活躍することになります。二〇世紀初頭にアメリカの中央銀行に当たる「連邦準備制度」が創設されますが、それを担った民間銀行の経営者たちも、その多くはユダヤ系の金融業者でした。

その後、ふたつの世界大戦でイギリスならびにヨーロッパ諸国が没落し、経済、金融の中心がアメリカに移ります。その際に、ドルを世界通貨とする世界金融のシステム（ブレトンウッズ体制）を構想したのも、アメリカのユダヤ人財務官僚でした。金ドル本位制に基づくドルの覇権は、ニクソン・ショックによる固定相場制の崩壊まで二〇年以上続きます。固定相場制によりドルが世界のすべての通貨と金を結びつけるという野心的な体制でした。

そのように見ると、一八七〇年代から一九七一年にニクソン・ショックでドルが不換紙幣になるまでの約一世紀は、ユダヤ商人がポンドとドルの発行権を握り、イギリス帝国の金庫番となり、アメリカのパートナーとして金融をリードした時代だったとみなせるのです。

経済史家のヴェルナー・ゾンバルト（一八六三〜一九四一）は、ゲーテの『ファウスト』を引用して「ファウスト（強力な近代国家の支配者）は、メフィストフェレス（ユダヤ人）なしには存在しえない」と述べて、近代以降、欧米主要国家とユダヤ商人が補い合う関係にあったことを指摘しています。

ニクソン・ショックの後に世界経済が不安定になるなかで、一九九〇年代以降はインターネットの時代となり、「第二の大航海時代」と言ってもよいほどに電子空間が飛躍的に拡がって、「貨幣を増殖させる」種々の金融商品が次々に開発される証券化の時代に入りました。そうした動きを主導したのも、ゴールドマン・サックスなどのアメリカのユダヤ系投資銀行です。

このように、近世以降の世界経済で、資本主義経済の成長、方向づけでユダヤ商人や「宮廷ユダヤ人」、ユダヤ系金融業者、経済学者などが大きな役割を果たしてきたのです。

それではなぜ、そうしたことが可能になったのでしょうか。そもそもユダヤ商人は、紀元前の時代には中東の経済センターのシリアに隣接し、最もエジプトに近いパレスチナ地方で活躍したローカルな商人にすぎませんでした。そうした商人たちが、ローマ帝国の「ディアスポラ」によって現実の国家を失ってしまいます。ユダヤ人はディアスポラ以後、商業と金融に頼らざるをえない生活を長い間強要され続けるのですが、それが逆に、①客観的で創造的な貨幣観念を育て、②ネットワークで結びつく小共同体しか持てなかった境遇が、身を守るための広範な情報収集と共同体相互の結合の強靭化を余儀なくさせ、③既存の経済分野から排斥されていたことが、新しい空間や経済分野を見つけて進出する先見性とチャレンジ精神を身につけさせ、④ネットワークの民としての特性が、国家の枠を越えた世界的視野を身につけさせる、というように複合的変化を起こしたのです。

彼らが信仰するユダヤ教が利潤の追求を積極的に肯定し、宗教観念を経済的観念に融合させたことが、彼らがグローバルな貨幣の民となることに一役買ったのは言うまでもないことです。

他方、一九世紀後半に、ヨーロッパで一定の領域に「国民国家」という垂直型の政治システムの形成が進むと、広域に分布する共同体をネットワークで結び付けるユダヤ人は差別の対象とされ、多くの難民が析出される時代に入りました。その移民、難民が目指した先が移民国家のアメリカであり、そこに最大のユダヤ人の社会が形成されたのは、当然の流れでした。また、同時期のヨーロッパでの迫害の広がりは、ユダヤ人の間にシオニズムというかたちの民族主義を呼び起こさせ、アメリカのユダヤ系エリート層が主張するグローバリズムとは対照的なイスラエル建国に象徴されるナショナリズムが並存するという、複雑な状況が生み出されることになりました。

失われるものがあれば、それにより得られるものもあり、そこからまた新たな問題が生み出されるといったところでしょうか。

本書の構成を簡単に説明します。本書はまず大きな「縦糸」として、銀貨から紙幣へとつながる貨幣・金融の進化を中心とする経済史を、「横糸」として世界の経済に大きな足跡をしるしたユダヤ商人の活動が記述されます。

なお本書は、ヨーロッパ中心的、キリスト教的な視点、国家の組み合わせによる枠組を取り払い、ユダヤ商人の歴史をできるだけ地球規模のダイナミックな経済の流れのなかでとらえることを目指しています。そのため、ユダヤ史にとって大きな出来事となるホロコーストやそれに続くイスラエル建国についても、政治的な文脈では詳述せず、あくまで経済の視点から簡単に扱うにとどめています。しかしながら、ディアスポラに端を発し、二〇〇〇年間世界中に散らばってきたネットワークの民ユダヤ人の「グローバリズム」と、イスラエルに集約される「ナショナリズム」とが共存する今日の彼らの在り様は、本書の記述をたどることで全体的につかみやすくなるのではないかと期待しています。

また本書をお読みいただければ分かる通り、ユダヤ商人は歴史のそれぞれの局面で現地化・同化したり、逆に新たな地域の民族を取り込んだりしていった結果、「ユダヤ人」としてひとつの主語で語ることができないほど多様化しています。またイスラエルという民族国家を実現したものの世界中に散居しているため、他のいわゆる国民国家に見られるような、「ユダヤ人の総意」や「共通の利益」といったものが想定しづらい状況になっています。そこにも、現代史を見えにくくする「難しさ」のひとつがあります。現在の世界はグローバリゼーションに向かっているものの、その先の世界が見えないという状態につながるのかもしれません。

第1章　古代にアジアと地中海で活躍したユダヤ商人

1　パレスチナとユダヤ商人

◉商人が必要だった大乾燥地帯

地表の約四八パーセントは砂漠と草原ですが、東アフリカの大地溝帯で進化を遂げた人類の世界史は、地理的理由でユーラシアの大乾燥地帯（砂漠と草原）から始まりました。

食糧の生産地が限定され、食糧を必要とする牧畜民が広域に分散する大乾燥地帯では、交換と交易に携わる商業民が構造的に必要になります。商人が発明した簡単な表音文字と金属貨幣が都市国家と多様な部族をひとつにまとめたのです。それは現在世界が、世界語の英語、基軸通貨のドルでひとつにまとまっているのと同じことです。そうしたことから、世界史におけるユダヤ人、アラム人、フェニキア人などの商業民の活動の再評価が必要になります。

大乾燥地帯で最も早く経済が成熟したのが、多くの牧畜民が居住する中東でした。前二〇〇〇年頃にメソポタミアで世界初の金属貨幣が出現していますが、その背景は、「水」が得られないために穀物を自給できない多数の牧畜民が、大規模な穀物交易を必要としたからでした。牧畜民を得意先とする商人が、広域での交換を安定させる手段として、金属貨幣を作り出したのです。頻繁に繰り返された穀物の取り引きでは、「交換証」として携帯に便利で、変質しにくい銀などの金属片が商人にとって便利だったのですが、牧畜民にとっていつでも穀物と取り替えられる金属片はそれ以上に便利でした。メソポタミアでは牧畜民が農業社会をしばしば征服しましたから、牧畜民がそうした金属貨幣の普及を推進したことは当然でした。

◉ユダヤ人のパレスチナ移住

ユダヤ商人の歴史は、紀元前一五〇〇年頃に世界史に登場したヘブライ人にまで溯ります。ヘブライとは、「川向こうから来た人」の意味で、もともとは牧畜民だったユダヤ人の呼び名です。他方で「ユダヤ」というのは、「ユダの子孫、一族」の意味で民族の自称になります。

古代のヘブライ社会ではアブラハム、イサク、ヤコブと族長が続きましたが、ヤコブの一二人の息子のうちの一人がユダです。ユダヤ人は祖先の名前から集団名を付けましたので、彼らの一族は「ユダの一族」を自称したわけです。ユダの父ヤコブの名は、後に「神が支配する」という意味のイスラエルに転じました。そこでイスラエルは、後に「ヤーヴェ（ユダヤ教の神）を信仰す

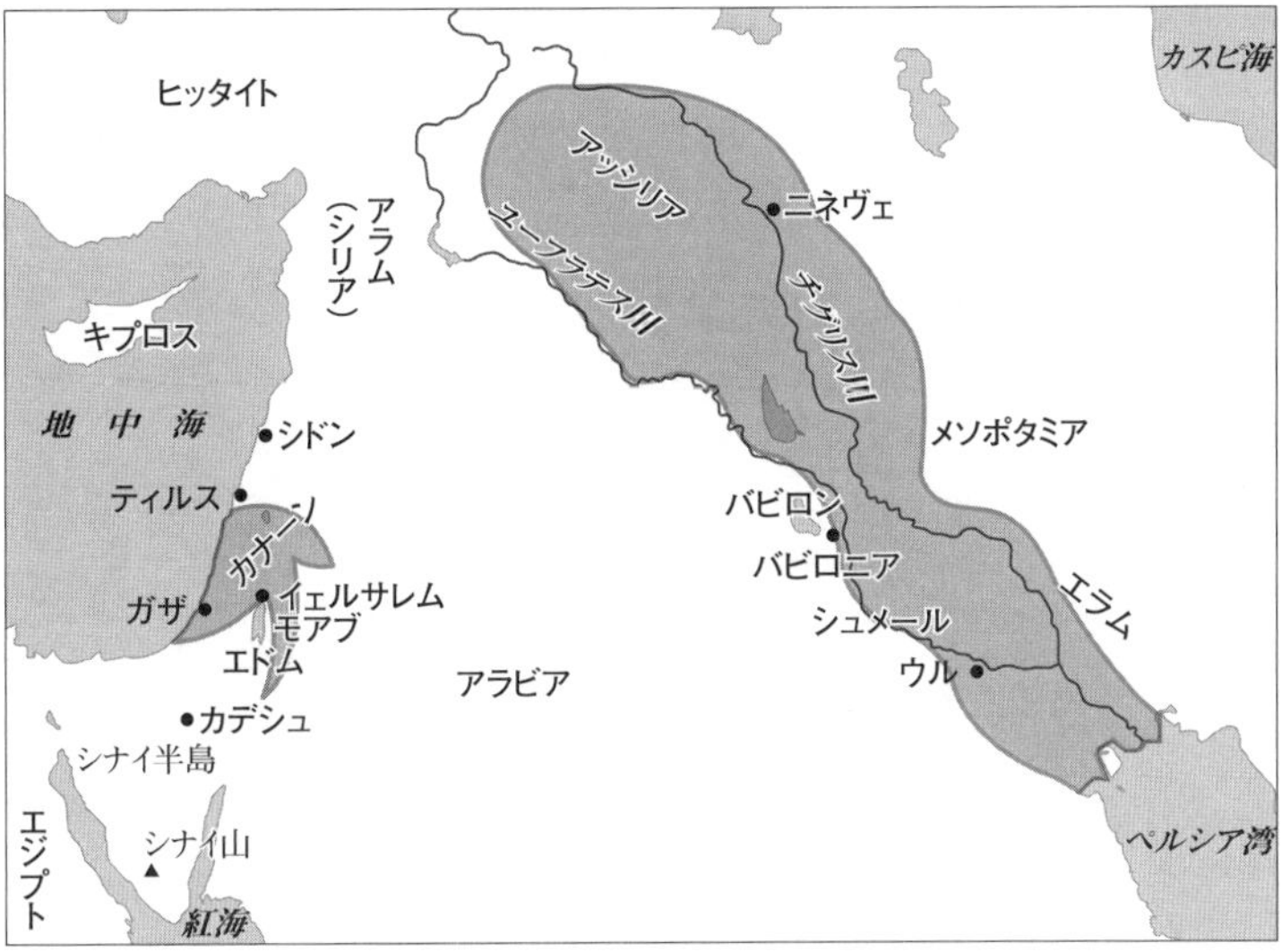

ユダヤ人が移住したパレスチナ（カナーン）

る人々」という広い意味に転化します。ヘブライ人『旧約聖書』の「創世記」には、ヘブライ人の最初の家長アブラハムが七五歳のときに神ヤーヴェ（ヘブライ語の子音でＹＨＷＨと記される）の「あなたは生まれ故郷、父の家を離れて、わたしが示す地に行きなさい」との命を受け、妻のサライ、甥のロトを連れてユーフラテス川東岸からカナーンの地（「約束の地」、現パレスチナ）に移住したと記されています。カナーンは、シナイ半島を挟んでエジプトに接し、背後のヨルダンを介してメソポタミアと接する経済の要地でした。

アブラハムはカナーンのシケムの地にひとまず落ち着きますが、さらに旅を続け、エジプトに至ったとされます。商人の生活の基本形は「旅」ですから、アブラハムの生業が商業だったことが理解されます。

『旧約聖書』の記述を史実に照らしあわせて検討し、ユダヤ人のルーツを明らかにしようとする試みはこれまで数多くの研究者によってなされてきました。それによると、ユダヤ人はもともと『旧約聖書』にあるような単一の民族集団ではない、また有名な「出エジプト」が『旧約聖書』に書かれたような規模で行われた形跡が史実にはないなど、『旧約聖書』の記述には数多くの不確かな伝承が含まれていることが明らかにされています。

ともあれカナーンの地を拠点とする商業民ヘブライ人の歴史は、前一五〇〇年頃のアブラハムのカナーン移住から、ローマ帝国によるディアスポラ（離散）で故郷を喪失するまで約一六〇〇年も続きました。

その間に、ヘブライ人はセム系牧畜民ヒクソスがエジプト中王国の混乱に乗じてナイル・デルタを占領（前一七世紀初～前一六世紀中頃）した際に、馬を調達するためにエジプトに進出したヘブライ商人とともに、物産の豊かなエジプトに移住したとされます。

『旧約聖書』「創世記」には、アブラハムの曾孫のヨセフという人物が隊商に拾われてエジプトに渡った後、夢判断の能力と予見力を認められてファラオの大臣に抜擢され、後に飢饉を逃れてカナーンからエジプトに移住した父親のヤコブ一族の面倒を見たことが記されています。

ヘブライ人はエジプトでは、強制労働に従事する奴隷の身分にされたとされます。それからかなりの時間が経過し、ヒクソスをエジプトから追い払ったエジプト王ラムセス二世（前一二九〇～前一二二四）の時期に、ヘブライ人はエジプトを追われてシナイ半島の砂漠へ迷い込み、苦難の四〇年を経てカナーンに戻ったと説かれます。

その過程を劇的に描いた『旧約聖書』の「出エジプト」には、ヘブライ人が追っ手を逃れてシナイ半島をさまよい、モーセが紅海をふたつに割るという奇跡を起こし、シナイ山で神ヤーヴェから「十戒」を授かり、カナーンの地を目前にして老齢のため息を引き取ったドラマが記されています。モーセの死後に、後継者のヨシュアがヘブライ人の群れをカナーンに導きました。

◉ソロモンの栄華から「バビロン捕囚」へ

カナーンに戻ったヘブライ人は、一二の部族に分かれて定住しました。やがて羊飼いから傭兵隊長として身を起こし、王となったダビデ（在位前一〇〇〇頃～前九六〇）がイェルサレムを占領し、ヘブライ王国を建国します。ダビデの建国と統治を記したのが、『旧約聖書』の「サムエル記・上・下」です。

次のソロモン（在位前九六〇頃～前九二二頃）は、エジプトと同盟を結んでエジプト、アラビア半島の大規模商業を成長させ、「繁栄の時代」を実現しました（「ソロモンの栄華」）。ちなみにソロモンの名は、ヘブライ語の「シャローム（「平安」の意味）」に由来するとも言われています。

富を得たソロモンは、フェニキア人から大量の「レバノン杉」を購入し、神ヤーヴェとの契約に基づいて、内部に黄金をちりばめた幅四〇メートル、奥行き一〇〇メートル、高さ一五メートルの神殿を造営しました。

アッシリア王に臣従するイスラエル王

ソロモン王の時代の商業が大規模だったことは、南アラビアのシバ（現イェーメン）の女王の一行が、宝石や一二〇タラント（約三トン）もの金、大量の乳香などの香料をラクダの背に積み、イェルサレムのソロモンの下を訪れたという『旧約聖書』の記述から推測されます。

ダビデとソロモンが統治した約八〇年間に、ヘブライ王国は牧畜民と農民の緩やかな部族連合から商業国家へと変貌を遂げていきました。しかしヘブライ王国は、南北の地域性の違いがあって、前九二二年頃に北のイスラエル王国と南のユダ王国に分裂しました。さらにその後、東方で勃興したアッシリア、新バビロニアという大国に両国が次々に征服され、苦難の歴史が続きます。

イスラエル王国はアッシリアに征服されて住民の多くがメソポタミア北部に移住させられ、かわりに王国の土地にはシリア、バビロニアからの移民が住まわされました。ユダ王国は新バビロニアのネブカドネザル二世（前六〇四～前五六二）に征服されて、イェルサレムの神殿は焼き払われ、目を潰された王をはじめとする多くの住民が新バビロニアの都バビロンに強制移住させられました。それが、有名な「バビロン捕囚」（前五八六～五三八）です。

その結果、ヘブライ王国は歴史から姿を消しました。バビロン移住のユダヤ人は、最初のディアスポラ（ユダヤの地以外の土地に住むこと。離散）を体験したのです。前五三八年、新バビロニアを滅ぼしたペルシア帝国のキュロス二世（在位前五五九～前五三〇）はヘブライ人の「捕囚」を解き、カナーンへの帰還を許します。しかし、ヘブライ人の大部分はビジネス・チャンスが豊富な西アジア第一の都市バビロンにそのまま留まり続けました。商業民ユダヤ人の面目躍如といったところです。

約五〇年間続いた「捕囚」を解かれてカナーンに帰還したユダヤ人は、ヤーヴェの神殿を再建しました。この時点から、ヘブライに代わり「ユダヤ」という呼称が一般化したとされます。

◉「コイン革命」による貨幣経済の拡大

バビロン捕囚が行われたのとほぼ同じ時期に、アナトリア半島（現トルコ）南西部のリディアで「コイン革命」が起こり、西アジア・地中海ではコインの出現により、銀貨が一挙に普及して経済規模が拡大しました。コインを発明したのは、リディア王のクロイソス（在前五六〇／五六一

〜五四七頃）です。

クロイソスは、金や銀の地金を加工して楕円形のコインに成型し、表に王室の紋章、裏面に王国が「価値」を保証する「刻印（識別記号）」を刻みました。刻印で、コインの「価値」を保証したのです。それまでの取り引きではその都度重さを量り、「試金石」と呼ばれる黒色で緻密な玄武岩に金属片をこすりつけ、その条痕《じょうこん》を標準サンプルと比較して純度を測ったのですが、コインが出回ると枚数を数えるだけで取り引きが完了したのです（コイン革命）。コインの出現で貨幣の使い勝手がよくなり、商業が一挙に膨張しました。古代経済の一大画期です。

その結果金属片に「価値」を乗せるというおいしい仕事は、王に移りました。商人は貨幣発行益という大きな収入を失いましたが、経済の規模を拡大することで収益を取り戻しました。人間は本来面倒なことが嫌いですから、商人が発行したものでも、王が発行したものでも、価値の保証が信じられれば、それ以上詮索しませんでした。「信用」こそが貨幣の核心なのです。コインの出現は交換をスムーズにしただけではなく、民間の富の蓄積を容易にしました。そうした経済上の大変化は、当然貨幣を操るユダヤ商人の活動の場を拡大しました。

◉「通貨」を発明したペルシア帝国

前六世紀になると、メソポタミアで軍事征服による大帝国が出現します。「帝国」の基本的な機能は、ムギを作ることができない牧畜民に農業地帯のムギを再分配することでした。

エジプト、メソポタミア、インダスの農耕地帯と周辺の牧畜民を統合したアケメネス朝（ペルシア帝国。前五五〇～前三三〇）は商業を重視し、商人のアラム語を公用語とし、幹線道路「王の道」と駅伝制を整備し、銀貨を通貨として帝国内での流通を強制しました。農民と牧畜民の間の穀物交易を重視するペルシア帝国は、アラム人、フェニキア人、ユダヤ人など商業民を大領域を統合するために利用します。

王が帝国内で流通を強制した通貨は、①厖大な額のシニョリッジ（通貨発行益）の獲得、②広域経済の一体支配、③支配者の権威の宣伝、などの諸面で王の支配を助けましたから、流通が重要視されたのです。

ペルシア王キュロス二世（在位前五五九～前五五〇）は、帝国を形成する際にリディア王クロイソスを倒しましたが、クロイソスが作り出した「コイン」の発行システムは逆にペルシア帝国を征服したかたちになりました。ダレイオス一世（在位前五二二～前四八六）が発行した帝国通貨は、エジプトからインダス川流域に至る広域で流通します。

ギリシアの歴史家ヘロドトス（前四八五頃～前四二五頃）によると、ダレイオス一世は一年間に三六万七〇〇〇キロもの銀（少数の州では金を徴収。金は一三倍で銀に換算）を税として徴収し、それで、ダレイコス金貨（約八・四グラム）とシグロス銀貨（約五・四グラム）を大量に生産しました。

ペルシア帝国の通貨は、「諸王の王」と称する王の体面を保つため、不純物が三パーセント以下という高品位でしたので、シニョリッジの獲得よりも王の権威が重視される政治的な貨幣でした。交通が未発達な古代に、幹線道路や駅伝制、官僚支配だけでは広域を結びつけることは困難でしたから、「帝国の諸地域をつなぐ接着剤」として通貨が果たした政治的な役割はとても大きかったのです。

2　ディアスポラによるユダヤ社会の再編

◉「亡国」と広域への分散

ペルシア帝国がマケドニアのアレクサンドロスに倒され、アレクサンドロス帝国の分裂後の混乱期を経て地中海でローマの力が強大になると、ユダヤ社会の危機が、今度は西から襲ってくることになります。

前六三年、カナーン（パレスチナ）は、地中海の覇者ローマに征服されて属州となり、傀儡ユダヤ人による王制が敷かれました。前二七年には、ローマ帝国が成立します。

紀元四四年になるとその王制が廃止され、ユダヤはローマ帝国に直接統治されることになりました。しかしユダヤ人は、偶像崇拝を禁止するユダヤ教の教義に反するとしてローマ帝国の皇帝崇拝を頑なに拒否し続けます。

紀元六六年、ユダヤ教の祭司がローマ皇帝のために犠牲を捧げるのを拒否したことがきっかけになり、ローマ人に対するユダヤ人の武装蜂起（第一次ユダヤ戦争／六六〜七〇）が起こりました。

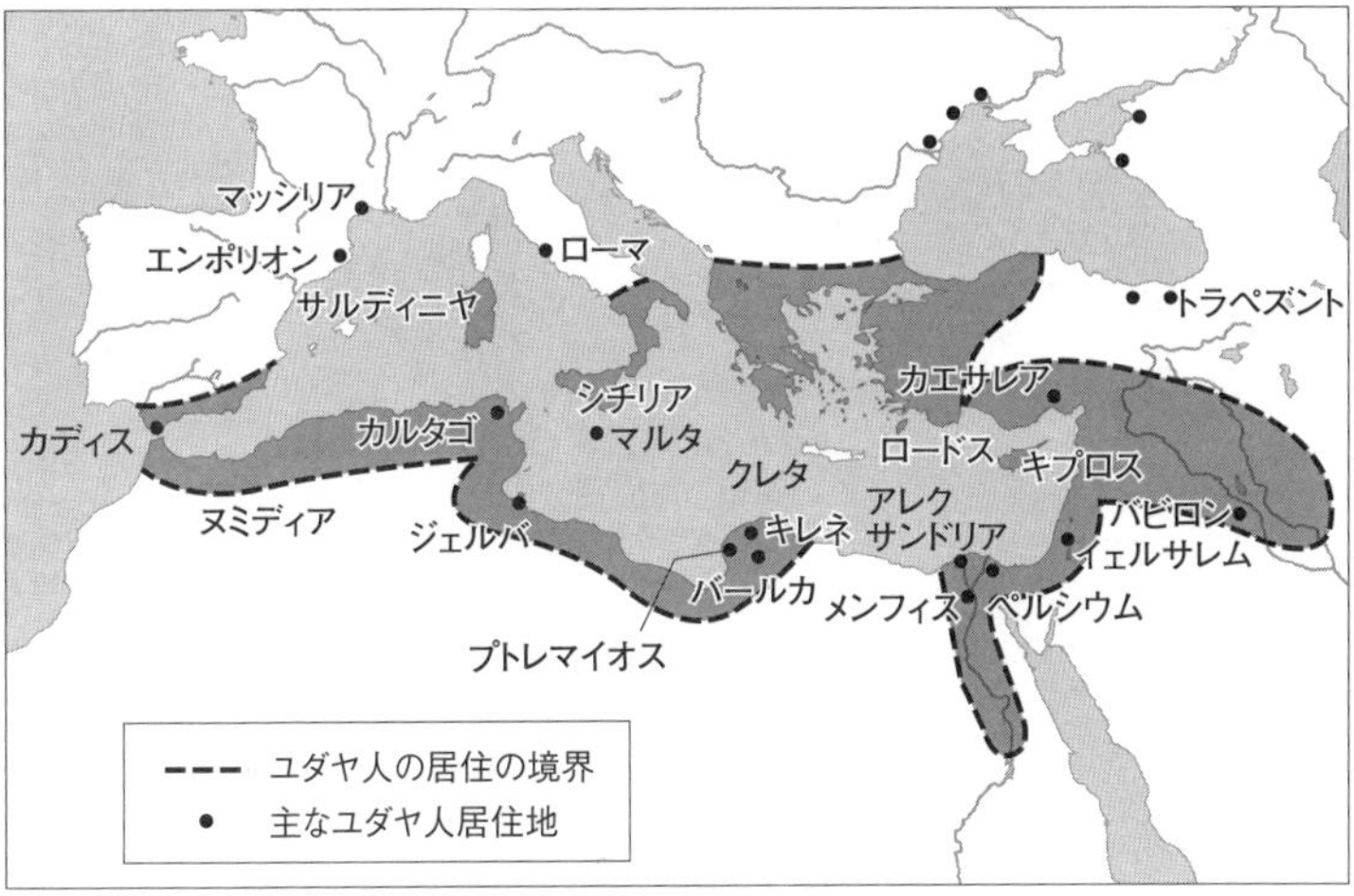

ディアスポラとユダヤ人居住地

ローマの大軍は七〇年、ユダヤ人の反抗の拠点イェルサレムの神殿を破壊してしまいます。そのときに唯一破壊を免れた神殿の西壁が、現在残されている「嘆きの壁」です。

ローマの歴史家タキトゥス（五五頃～一二〇頃）は、六六年から七〇年の戦いによって、一一九万七〇〇〇人のユダヤ人が殺害されたか奴隷にされたであろうと記しています。誇張があるとは思いますが、凄い数字です。

しかし、既にそれ以前に、約八〇〇万人以上を数えて地中海沿岸の主要な商業民だったユダヤ人の四分の三は、カナーンを離れてエジプト、シリア、小アジア、メソポタミアに移住していたといわれます。主な移住先になったのが、エジプトの大商業都市アレクサンドリアでした。

三年後に最後までマサダ要塞で抵抗を続けていたユダヤ人の部隊が全員自決すると、ローマ軍によりディアスポラ（ギリシア語で「遍《あまね》く散る」の意味）が命ぜられ、ユダヤ人は散り散りにされてカナーンのローマ化が進みました。

それまでヤーヴェの神殿に年間「半シケル」の銀を献金していたユダヤ人は、ローマのジュピター（ギリシアのゼウスに当たる）神殿にローマ通貨で年に「二ドラクム」の税を納めることを強要されることになります。

一三二年、ハドリアヌス帝（在位一一七～一三八）がイェルサレムをローマ風の「アエリア・カピトリーナ」と改称して支配を徹底すると、貧困化したユダヤ人は再度絶望的な蜂起を起こします（第二次ユダヤ戦争／一三二～一三五）。

それに対しローマは、カナーン全土からユダヤ人を追放して住民を非ユダヤ人に入れ替え、同地の名称をユダヤ人に敵対していたペリシテ人の名前から「パレスチナ」と変更してしまいます。地名までユダヤ人と敵対する民族名に変えるというのですから、苛烈な措置と言うより外ありません。

ディアスポラにより、一九世紀までの約二〇〇〇年間、ユダヤ人は広い地域に散り散りに居住するマイノリティ（「ネットワークの民」）としての生活を強要されます。いやおうなしに、広域で活動する商業民としての生活を強いられたわけです。

しかし古代のユダヤ人はかなりの大民族で、地中海沿岸の人口の約一割を占めていました。国を失ったユダヤ人は広域に分散し、地中海・西アジアの「ネットワークの民」として、商業に従事することになります。

◉神殿の喪失とユダヤ教の世俗化

イェルサレムの神殿の喪失は、ユダヤ教に大きな変化をもたらしました。ディアスポラ以後、ユダヤ教は分散された小共同体に適応しなければならなかったのです。

ユダヤ人は失われた神殿に代わり『旧約聖書』の最初の五書を重んじるようになりました。ユダヤ教は、古い時代の神殿と神官による信仰から、散り散りになったユダヤ人の「民族のアイデンティティ（同一性、帰属意識）を維持するための生活に密着した宗教」に変化せざるをえなくなったのです。

信仰の中心が、各共同体のシナゴーグ（「集会」を意味するギリシア語ジュナゴゲーに由来）というコミュニティ・センターに移り、学問的訓練を積んだラビ（教師、後に共同体の指導者）が主導することになります。

ユダヤ教の経典になったのが、先に述べた『旧約聖書』の最初の五書、「創世記」「出エジプト記」「レビ記」「民数記」「申命記」でした。それらはモーセが与えられた「十戒」が核となり、全体として「トーラ」（もともとは神からの掟の「授与」、神の「教え」と「指示」の意味。律法）と呼ばれます。トーラは、生活のなかで繰り返し唱えることが求められました。ユダヤ人の詩人ハイネは、後に『旧約聖書』を「持ち運び可能な祖国」と呼んでいます。

トーラについて、ユダヤ史家のレイモンド・シェインドリン氏は、「古代イスラエル王国の時代から残されていた古い文献をもとに、バビロニアのユダヤ人長老たちが、公式の歴史と法律、慣習、宗教的行事を編纂し、宗教的行為に絡めて民族的アイデンティティをつくり出すと同時に、ある部分民族的アイデンティティそのものを宗教にしてしまったのである」と述べています。

ユダヤ教徒は、トーラを五四の部分に区切り、一年周期で繰り返しそれを読み継ぎました。そのためにトーラは、「ミクラー」（ヘブライ語で「朗誦すべきもの」の意味）とも呼ばれます。そうしたことからイスラーム教の創始者ムハンマドは、後にユダヤ人を「書物の民」と呼びました。書物により信仰に裏打ちされた生活を維持する方法は、『コーラン』に引き継がれています。

言うまでもなく文字が読めなければ、長文のトーラを唱えることはできません。そこでユダヤ人は、「学ぶこと」を男性に課された宗教的義務とし、息子に民族の伝統とトーラを学ばせる責任を父親に負わせました。そのためにユダヤ人は教育熱心にならざるをえず、他民族と比べて圧倒的に庶民の識字率が高くなりました。それが、ユダヤ社会から近世以降多くの知的巨人が輩出する背景になります。

◉新たな規範タルムードの形成

ユダヤ教ではもともと「神の言葉」を伝える特殊能力を持つ預言者（カリスマ）が、重要な役割を果たしてきました。モーセもイエスもムハンマドもカリスマと考えられています。そうしたことから、ユダヤ社会ではディアスポラ後にも『旧約聖書』（トーラ）を補うものとして、口伝の伝承（口伝トーラ）が整理されていきます。

口伝に基づく生活の規範の学習は、「ミシュナー」（「復唱すること」の意味）と呼ばれました。多くのラビ（教師、律法学者。ヘブライ語のラブ「偉大な」に由来）が「ミシュナー」の整理に携わりましたが、紀元二〇〇年頃に総主教イェフーダー・ハン＝ナーシーにより、口伝トーラが全六巻、六三篇からなる「生活の規範集」として編纂されました。

そこで次に問題になるのが、『旧約聖書』のトーラと「口伝トーラ」を整合させること、「口伝トーラ」を整理して保存することでした。ラビたちの間で討議、論争が繰り返され、五世紀から六世紀にかけてバビロニアで成立した「ミシュナー」の注釈書が「タルムード」（「学ぶ」から派生）として権威を持つようになりました。詳しく規定されたタルムードが、ユダヤ人の信仰と生活全般の規範になったのです。タルムードは、現在のユダヤ教信仰の中心になっています。

既に四世紀後半にパレスチナでタルムードが作られていましたが、それは簡潔すぎたために、信仰と学習の対象になったのはバビロニア版でした。

「タルムード」は、ユダヤの民の生活様式、法規、伝承（カバラ）、逸話、格言などを集大成したものですから多岐にわたっており、その内容には「安息日」、「夫婦の在り方」、「損害賠償」、豚や貝、イカ、タコを食べてはいけないなどの「食べ物の規制（カシュルート、その規定にあう清浄食がカシェル）」、「食用にする家畜の屠殺法」と言うように、生活の隅々におよんでいます。また自己修養と生活に関わる賢者の逸話、格言なども豊富に収められており、人生の指針の書としても役立てられています。

「タルムード」の学習を通じて、ユダヤ人はユダヤ的な考え方を身につけ、現在に至るまでの二〇〇〇年もの間、世界各地でユダヤ社会を再生してきました。それが、後にユダヤ人が世界各国へ移住したにもかかわらず、それぞれの土地でユダヤ人のアイデンティティを維持することを可能にしたのです。

◉ユダヤ教が是認した外国人からの利子の取得

ディアスポラの後、ユダヤ人は中東から北アフリカ、地中海にかけての都市に居住。商業、貸金業を生業として生き延びました。『旧約聖書』「申命記」には、厳格で口うるさく、過干渉な神の掟が数限りなく収められていますが、異民族に対する金貸しについてはユダヤ商人の生業を背景として意外なほど寛容でした。『旧約聖書』の「申命記」には、唐突に以下のようなくだりが記されています。

兄弟に利息を取って貸してはならない。金銭の利息、食物の利息などすべて貸して利息のつく物の利息を取ってはならない。外国人には利息を取って貸してもよい。ただ兄弟には利息を取って貸してはならない。これはあなたが、はいって取る地で、あなたの神、主がすべて

あなたのする事に祝福を与えられるためである」（「申命記」第二三章）

ユダヤ人に対しては利子を取ることを厳禁したのに、外国人から利子を取ることを許すという神の定めが、利子を取ることを全面的に禁止するキリスト教世界、イスラーム世界でユダヤ人が金貸しとして生きのびることを可能にしました。「利子」が金融の基礎ですから、ユダヤ人は、「金融のスペシャリスト」に成長する土台を築いたのです。ユダヤ教は、共同体の「内」と「外」を使い分けることにより、ビジネスとしての金融を許容したのです。貨幣の増殖機能を否定しなかったことにより、ユダヤ商人の独自性が育ったことを、フランスの経済史家ジャック・アタリ（一九四三〜）は、大著『ユダヤ人、世界と貨幣』のなかで、「彼らが最初に参画した発見は、貨幣とその機能の発見である。小切手、手形、銀行券である。まさにノマード（ノマードは遊牧民の意味）的、抽象的であり、普遍的な形態である貨幣は、物的領域で神に等しい機能を果たす。多神論が唯一神に置き換えられたように、貨幣が物々交換に取って代わる」と論じています。

利子の取得を目的とする貸金を「貨幣による貨幣の増殖」と広く読み替えれば、ユダヤ社会では資本主義精神が一貫して育てられたことになります。当時は社会の規模が小さかったため、利子を取るのは社会の秩序を破壊する行為としてイスラーム教でもキリスト教でも禁止されたのですが、マイノリティとして「ネットワークで結びつく共同体」により生活するユダヤ人には、共同体の外での金融活動が必要だったのです。

ユダヤ教の「タルムード」では、キリスト教とは違って「欲望」が人と人を結ぶ接着剤として肯定され、富や財貨の獲得は善なる行為と見なされました。貨幣は、欲望を実現するための「手段」と見なされたのです。「タルムード」には、「体は心に依存している。心は財布に依存している。お金は悪でも呪いでもない。それは人を祝福するものである。人を傷つける者は三つある。悩み、いさかい、空の財布。そのうち空の財布が最も人を傷つける。聖書は光を投げかけ、金は暖かさを投げかける。金貨が鳴れば悪口が静まる」と言うような言葉も含まれています。

しかし、同じくユダヤ人のマルクス（一八一八〜一八八三）は、ディアスポラ後にユダヤ教の中心が世俗化による実利の欲求、つまりエゴイズムに移ったと指摘し、実利的欲求とエゴイズムの神が「貨幣」にほかならないと断じました。

彼は、「貨幣はイスラエルの嫉妬深い神であり、この神の前にはいかなる神も存在することを許されない。貨幣は人間のあらゆる神を引き摺り下ろし、それらの神々を商品に変えてしまうのである。貨幣はすべてのものの普遍的な、それ自体として構築された価値である。そのため貨幣は、人間の世界や自然を含めたすべての世界から、それ本来の価値を奪ってしまったのである。貨幣は、人間の疎外された労働であり、人間の疎外された現実存在の本質である。そしてこの疎外されたものが人間を支配しているのであり、人間はこの貨幣に祈りを捧げているのである」（「ユダヤ人問題に寄せて」）と述べています。

ディアスポラ以後、ユダヤ人は二〇〇〇年にわたり「ネットワークの民」としてユダヤ教信仰の絆により民族の一体性を保ちました。それが彼らの最大の財産のひとつになります。

ドイツの経済史家ゾンバルト（一八六三〜一九四一）は、「彼ら（ユダヤ人）はディアスポラ（離散）以後すべての世紀を通じて、分散にもかかわらず（ユダヤ教の律法が彼らをしばる強力な紐帯によって）、いやそればかりか分散のおかげで隔離されたまま生活してきた。隔離されたがために結束したともいえるが、むしろ、結束したがために、分散したといったほうがいいであろう」と記し、「隔離」されたが故の「結束」がユダヤ社会の優位性になったと指摘しています。

第2章 ユーラシア商圏で活躍するユダヤ商人

1　イスラーム世界に定着したユダヤ人の共同体

◉金融の民としてのユダヤ人の優位性

七世紀から一四世紀は、イギリスの歴史家アーノルド・トインビーが「遊牧民の爆発の時代」と呼んだように、アラブ人、トルコ人、モンゴル人が世界史の主導権を握り、ユーラシア規模の大帝国（ユーラシア帝国）が樹立された時代でした。

穀物を生産できない遊牧民は商人に依存するしかなかったために、遊牧民が大帝国を築くとユーラシア規模の商業が勃興し、貨幣の需要が一気に増加しました。金融の民ユダヤ人には、税を支払えばイスラーム帝国で利子を取ることが認められましたので、イスラーム帝国の経済の膨張に伴って金融の民としてのチャンスが広がりました。

古来の西アジアと地中海の商業はシリアが中心ですが、シリア商業に従うローカルなヒジャーズ（アラビア半島西岸）地方のメッカで、商人ムハンマド（五七〇頃～六三二）が七世紀初めに一神教のイスラーム教団（ウンマ）を組織します。

イスラーム教団が飛躍的に成長したのはメディナ（ヤスリブ）でしたが、そこはユダヤ人が開拓した新興オアシスでした。ユダヤ人の信仰の方法が、イスラーム教団に多く取り入れられます。ムハンマドは最初イェルサレムの方向への礼拝を信仰に組み入れることでユダヤ教徒を取り込もうとしましたが果たせず、その後ユダヤ教徒の取り込みを断念して、メッカの方向への礼拝に切り替えたとされます。

『コーラン』には、「神は商売を許し、利息を取るのを禁じたもうた。神は利息を無に帰したもう。しかし、施しには利息を付けたもう。神はすべて罪ぶかい無信仰者を好かれない。信ずる人々よ、神を畏れかしこめ。おまえたちが信者であるならば、まだ残っている利息を放棄せよ」と、利息の禁止が述べられています。

貧富の差が拡大して部族の結束が崩れることを恐れたムハンマドは、貨幣の役割を交換に限定して、利子の取得を即時停止せよと命じました。リーバ（「自己増殖」の意味、利子）を取ることを、アッラーの意に沿わない行為、共同体の秩序を破壊する反社会的行為としてしりぞけたのです。

しかし異教徒のユダヤ商人には、税を支払えば金貸しが認められました。イスラーム帝国では経済の成長とともに貨幣の需要が増大しましたから、金貸しを容認するユダヤ教がユダヤ商人の金融上の優位の源になったのです。

◉イェルサレムには戻らなかったユダヤ商人

六三〇年にイスラーム教団がアラビア半島を制覇した二年後、ムハンマドが急死します。すると教団の統制下にあった遊牧部族の間に離反の動きが広がって教団が危機に陥り、教団指導部は遊牧民に利益を与えて離脱を防ぐしかなくなりました。

そこで、ビザンツ帝国治下のシリアの中心都市ダマスクスへの侵略が組織されます。六三五年、イスラーム軍は半年間の包囲の後ダマスクスを陥落させて、莫大な富を獲得しました。ビザンツ帝国は、皇帝自身が指揮する一二万の大軍を派遣してシリアの奪還を図りましたが、六三六年、ヨルダン川の支流ヤルムークでの戦いで四万のイスラーム軍に敗北してしまいます。

六三八年、ビザンツ帝国からパレスチナを奪ったイスラーム教団は、かつてローマ帝国のハドリアヌス帝が命じたユダヤ人のイェルサレム居住の禁止を解除しました。それによりユダヤ人は晴れてかつてのディアスポラ状態から脱しイェルサレムに戻れることになったのですが、ほとんどのユダヤ人は現状維持を望み、ローカルなイェルサレムには戻りませんでした。それは、ペルシア人により「バビロン捕囚」が解かれた際に、多くのユダヤ人がそのままバビロンに留まったのと同じ現象で、商業民の面目躍如といったところです。各地で商業・金融活動で成功していたユダヤ人は、いまさらイェルサレムに戻ることを望まなかったのです。

◉有力部族が連合したウマイヤ朝

イスラーム教団は砂漠周辺に築いた軍事都市を拠点に征服活動を展開し、ビザンツ帝国からシリア、エジプトを奪い、ササン朝（ペルシア帝国）を滅ぼしました。

その後、イスラーム世界では征服による利権の分配を巡る対立が激化し、遊牧部族の間で格差に対する不満も高まります。そうしたなかで、シリアのダマスクスを支配していた最有力部族のウマイヤ家を中心とする連合勢力がウマイヤ朝（六六一～七五〇）を建てて独裁体制を築きました。しかい実務面では、豊かな財務の経験を持つシリア商人やユダヤ人の優位が揺るがず、ユダヤ商人はウマイヤ朝で行政官、財務官として活躍することになります。

ウマイヤ朝（イスラーム帝国）は、征服の過程で略奪した金・銀を元手にアッラーの名を刻んだイスラーム通貨を発行します。第五代カリフのアブダル・マリク（在位六八五～七一五）は、六九五年に大征服運動で接収した金・銀をもとにして、ビザンツ帝国の金貨を模したディナール金貨（ローマ帝国の銀貨デナリウスのアラビア語化）、ササン朝の銀貨ディレムを引き継いだディルハム銀貨、ビザンツ帝国の銅貨をまねたファルス銅貨を鋳造しました。

金を基準とする旧ビザンツ帝国の貨幣システムと銀を基準とするペルシア帝国の貨幣システムを統合することで、従来よりも一回り大きな通貨体制が確立されたのです。金と銀との法定比価も定められて、金銀複本位制が定着していきます。ユダヤ人やムスリムの金融御用商人（ジャフバズ）が、金貨と銀貨の交換に当たりました。

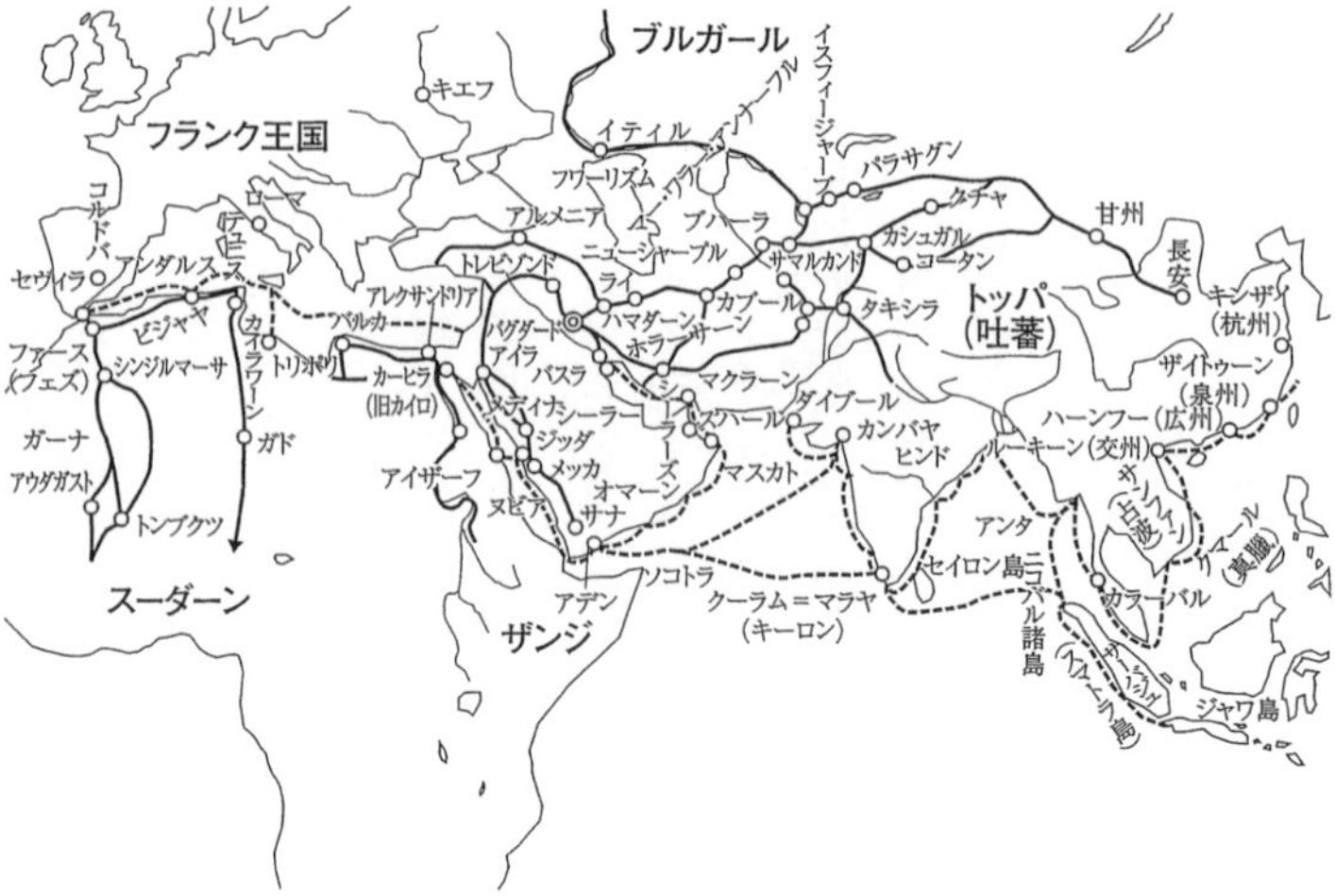

アッバース朝の大商業圏

◉アッバース革命とユーラシア規模の商業帝国の形成

七五〇年、ムハンマドの叔父の一族のアッバース家が、シーア派、ペルシア人などの反体制勢力の力を借りてウマイヤ家から権力を奪取し、アッバース朝（七五〇〜一二五八）を開きました。アッバース朝は、旧勢力が強固な影響力を持つシリアのダマスクスを放棄し、東方のイラクのクーファに遷都しました。

二代目カリフ、マンスールの時代になると新都バグダードが造営され、旧来の商業圏（西アジアと地中海）とペルシア人が築いた東部の大商業圏（シルクロード、草原の道、海の道）が統合されました。北アフリカから中央アジアに至る陸の商業ルートと、地中海とインド洋の二大海域を統合する大商業圏の登場です。

政治面でも、アッバース朝はイスラーム教徒のアッラーの下での平等の理念によりアラブ人の特権を廃止し、ペルシア人との協調体制を築きました（アッバース革命）。アラブ人による征服王朝が、イスラーム教信仰に基づく商業帝国に姿を変えたのです。諸民族の共存の方針は、イスラーム教徒以外の諸民族の地位を高めました。

アッバース朝では、ユダヤ教徒はキリスト教徒とともに「啓典の民」と見なされ、ジズヤ（不信仰税）を負担しさえすれば、生命、財産、経済活動、信仰の自由が保護されるズィンミー（庇護民）として扱われました。

①他人に改宗を迫ること、②公衆の前で宗教儀式を行うこと、③武器の携行や馬に乗ること、は禁止されましたが、税の負担と引き換えにユダヤ商人には固有の信仰と固有の社会の維持、帝国内での自由な商業と金貸しが許されました。アッバース朝はもともと商人の活動に寛大だったので、ユダヤ商人にとっては都合が良い大帝国だったのです。

◉ユーラシアに広がったユダヤ人の共同体

アッバース朝の下で、イギリスの歴史家アーノルド・トインビーが未来型の「ユダヤ・システム」として高く評価した、ユダヤ人の水平的結合に基づく共同体が定着していきました。

ユダヤ人は、各地の小共同体の間の連絡にあたる密使（エミッサリー）を往来させることで相互の結び付きを維持し、経済ネットワークを成長させました。「民族」は近代以降に生まれた概念であり、さまざまな民族が混在していたイスラーム世界では、ユダヤ「民族」がとりたてて問題にされることはなかったのです。

アッバース朝のカリフは、帝国内のすべてのユダヤ人の共同体を行政と司法の両面から統制するため、「レーシュ・ガールタ」（ダビデ王の血筋を引くとされた全共同体の長。「捕囚の長」）とユダヤ教徒の信仰のより所の経典「タルムード」（「バビロニア・タルムード」）を集大成したバビロニアの律法学院の長「ガオン」を、ユダヤ人の統治者、宗教的指導者とする間接的な二元支配を行いました。レーシュ・ガールタには、全土のユダヤ人の共同体の徴税権、裁判官や市場監督官の任命権が与えられ、その見返りとしてユダヤ人の税を一括してカリフに納める義務を課しました。

「バビロニア・タルムード」を編纂する学院の長ガオン（ヘブライ語の「すばらしき輝き」に由来）は、「タルムード」を通じて宗教面でユダヤ人に影響をおよぼしたのです。

◉地中海からインド洋に中心が移ったイスラーム経済

アッバース朝は世界史上初めて、陸と海の両面からユーラシア規模の大商業圏を築き上げた帝国でした。

第二代カリフのマンスールがペルシア湾に流れ込むティグリス川下流に新都バグダードを造営したことでインド洋の開発が進み、地中海とインド洋というふたつの「海域世界」とユーラシアの陸の商業ネットワーク（シルクロードと草原の道）が一体化されました。バグダードは急成長して、人口一五〇万人を数える産業革命以前の最大都市に成長を遂げます。

地中海・西アジアの旧経済空間と東方の新経済空間が、地中海、紅海・インド洋と砂漠の商業路で結び付けられ、「ラドハニト」（ペルシア語で「ガイド」あるいは「道を良く知る者」の意味のラドハンに由来）と呼ばれるユダヤ商人がそのふたつの異質な商業圏を結び付けました。

◉インド洋が結んだ西アジア・インド・中国南部

アッバース朝経済の繁栄は、インド洋を中心とするアフリカから中国南部に至る大海域が、インド洋商圏として成長したことによりもたらされました。モンスーン（季節風）を利用するムスリム商人の帆船「ダウ」が、アフリカ東岸からインド、ベンガル湾、東南アジア、マラッカ海峡を経た中国南部の広州までを一体化させたのです。インド洋海域の経済の成長は、今日でもアラビア海（インド洋北部海域）周辺に、五億人から六億人の最多のイスラーム教徒が居住していることからも明らかです。

インド洋では、香辛料、象牙のみならず「金」や「銀」も重要商品になりました。当時はインドの銀価格が地中海世界のそれより圧倒的に高かったため、ムスリム商人は地中海の「銀」で安く買ったインドの「金」を地中海で売りさばき、大きな利益を上げました。イスラーム世界でアジアの安価な「金」への関心が高まっていたことは、九世紀のバグダードに、中国の先にあるワクワク（倭国、現在の日本）に関する情報として、「この地には豊富な黄金があるので、その住民は飼い犬の鎖や猿の首輪を黄金で作り、黄金（の糸）で織った衣服を持ってきて売る」と伝えられたことからも伺えます。遣唐使が滞在費として長安に持ち込んだ大量の陸奥《むつ》で産出された砂金が、「金」の豊富な倭国情報の源になったのです。

ムスリム商人は、交易を通じてインド経由でコメ、硬質コムギ、ソルガム（コウリャン）、サトウキビ、綿花、ナス、オレンジ、レモン、ライム、バナナ、マンゴー、ココヤシなどをイスラーム世界、地中海に伝えました。サトウキビ、コメは地中海周辺で広く栽培され、エジプトがサトウキビの大生産地になります。トルコの「ピラフ」やモロッコの「クスクス」、スペインの「パエリヤ」などのコメ料理は、コメがエジプト、モロッコ、スペイン南部へと広がっていったことを物語っています。

ムスリム商人は往復二年にもおよぶ長期の航海で、ペルシア湾と中国南部の広州の間でモンスーンを利用した航路を定期化しました。唐の絹織物や陶磁器がもたらす莫大な利益が、ムスリム商人を引き付けたのです。唐では、銅銭だけではなく刻印のない金や銀が通貨として使われていましたから、ムスリム商人との間の取り引きはスムーズに進みました。

九世紀のアラブ人の記述によると、広州には一二万人の商人が居住する自治的居留地（蕃坊）が設けられて、ムスリム商人が裁判権を握っていました。安史の乱（七五五〜六三）後、財政が行き詰まっていた唐は、広州に「市舶使《しはくし》」という役人を派遣し、ムスリム商人から商品の一〇分の三の商業税を徴収し、宮廷が必要とする商品を優先的に購入することで帝国財政を補充しようとしたのです。

唐末に塩の密売商人の黄巣《こうそう》（八七五〜八八四）の反乱軍が広州で一二万人を殺害し略奪を繰り広

げると、ムスリム商人は唐との貿易のリスクの大きさに驚き、広州を捨ててマラッカ海峡のカラ島に商業拠点を後退させました。そのため宋代以降になると、「空白となった海域」（中国南部とマラッカ海峡の間）を中国商人のジャンクが埋めることになります。

◉ユーラシアで手広く商売をしたユダヤ商人

ユーラシアの大商圏は、ユダヤ商人の前に開放されました。ユダヤ商人は広域に分布するユダヤ人の共同体とそのネットワークをフルに活用し、要地に代理人を置いてヨーロッパからインド洋、中央アジア、中国までをつなぐ国際商業網を作りあげました。

九世紀、アッバース朝で道路網を管理する地位にあった駅逓長のイブン・フルダーズベ（八二〇頃〜九一二頃）は、その著『諸道路と諸国の書』で、地中海に流れ込むフランスのローヌ川流域のユダヤ商人（ラダハニト・ユダヤ人）が、ユーラシアの各地に至る国際商業に従事していたことを、次のように記しています。この記述は、ローヌ川流域のユダヤ人だけではなく、ユダヤ商人全体の動向を示していると思われます。

ラダハニト・ユダヤ人は、アラビア語、ペルシア語、ローマ語、フランス語、イスパニア語、スラブ語を話す。彼らは東から西へ、西から東へと旅をする。彼らは①フランク族の住まう国から船を出して、（エジプトの）ファラマーへ向けて航海する。ファラマーで彼らは商品をラクダの背に乗せ、陸路をクルムズ（アカバ湾に面した港）へと旅する。そこから彼らは東方の諸海を越えてメディナ、メッカへ通じる諸海港へ、シンド（インダス川流域）、ヒンド（インド）、シナに至る。彼らのうちのある者は、②コンスタンティノープルに赴いてローマ人に商品を売り、他のある者は、フランク王の住まう場所を訪れて商品を売りさばく。時として、フランク族の住まう地方から船出して、西方の海を横切って（シリアの）アンティオキアに至り、そこからバグダードを経てオマーン、シンド、ヒンド、シナへと赴く。これらの旅は陸路でも可能である。③イスパニアから来る商人はモロッコに至り、そこからアフリカに赴き、エジプトを横切り、（シリアの）ダマスクスを経て、（ペルシアの）ファールス、キルマーン、シンド、シナへと至る。時として彼らは、④ローマの背後を迂回し、スラブ族の住まう地方を旅して（カスピ海北方の）ハザール族の首都に至り、そしてカスピ海を横切って（アム川流域の）バルフに至り、そこから陸路をとってトランスオクサニア（西トルキスタン）を経て、シナへと赴く。

文中の①から④はそれぞれ、①紅海ルート、②地中海・インド洋ルート、③シルクロード、④草原の道、の四つの遠隔地商業のルートを示しており、ほぼユーラシアの主要地域を網羅していました。宋の首都の開封にも、一九世紀末まで続くユダヤ人コミュニティがつくられています。

◉ゲニザ文書からわかるユダヤ・ネットワーク

一〇世紀になると経済格差の拡大に不満を持つシーア派の蜂起、部族・宗派の戦いによりバグダードが荒廃し、シーア派がエジプトに建てたファーティマ朝（九〇九〜一一七一）の都カイロがイスラーム経済の新たな中心になりました。バグダードの周辺が廃れて地中海に経済の中心が移ったのです。

カイロ郊外のベン・エズラにあるユダヤ人のシナゴーグ（ユダヤ教の教会）の屋根裏部屋「ゲニザ」には、豊かになった商人たちが各地から買い集めた一〇世紀から一六世紀に至る、二五万通におよぶ厖大な書簡が保管されています。「ゲニザ」とは、ヘブライ語で「貯蔵」の意味で、破棄された書類、書き残された書簡を保存する保管庫を指しています。ユダヤ教では、神の名が記された文書や器具の棄損は、神に対する冒瀆とみなされて、各地から多様な文書が買い集められて保管されたのです。そのなかの一二〇〇通が商業書簡（ゲニザ文書）であり、その記述からユダヤ商人の活躍が明らかになります。

ユダヤ商人は、エジプトからインド、スマトラ島におよぶ広汎な海域で商売を行っており、各地のユダヤ人共同体のネットワークが商売で活用されました。血縁で結び付いていた各地のユダヤ商人は航路を短縮して難破のリスクを避けるために、共同体相互の間で長年培われてきた相互の信頼をリンクさせるかたちで、リーズナブルな遠隔地貿易を成り立たせていたことがおぼろげにわかるのです。

2　ユーラシアの毛皮交易の勃興とユダヤ商人

◉バイキング商人と活性化する毛皮取引

アッバース朝では、利益の多い黒テンなどの野生の毛皮獣の毛皮の取り引きが代表的な奢侈品貿易として急成長しました。中央アジアの大草原の「北」に位置する森林地帯ロシアの黒テンなどの高級毛皮が、「南」のアッバース朝のバグダードに大量に流れたのです。

シルクロードの主要な商品だった絹は、カイコと桑が伝播してビザンツ帝国やペルシア地方で生産されるようになったことから主たる奢侈品《しゃしひん》の地位を失い、それに代わってロシアの黒テン、キツネ、リス、ミンク、ビーバーなどの高級毛皮が、バグダードで歓迎されたのです。毛皮はヴォルガ川などのロシアを緩やかに流れる「川のネットワーク」を使い、北欧のスウェーデン系のバイキング商人によりカスピ海北岸に集められ、船でカスピ海を縦断して大消費地のバグダードにもたらされました。利に聡いシルクロードのソグド商人やユダヤ商人、アルメニア商人などが、ユーラシアの南北を結ぶ新興の毛皮交易に殺到しました。

バルト海の最奥部に居住するスウェーデン系バイキングが、毛皮やスラブ人奴隷、蜂蜜、羽毛などのロシアの産品をボルガ川経由でカスピ海北岸に運び、東方の物産や銀貨をロシア、東欧、バルト海沿岸にもたらしたのです。

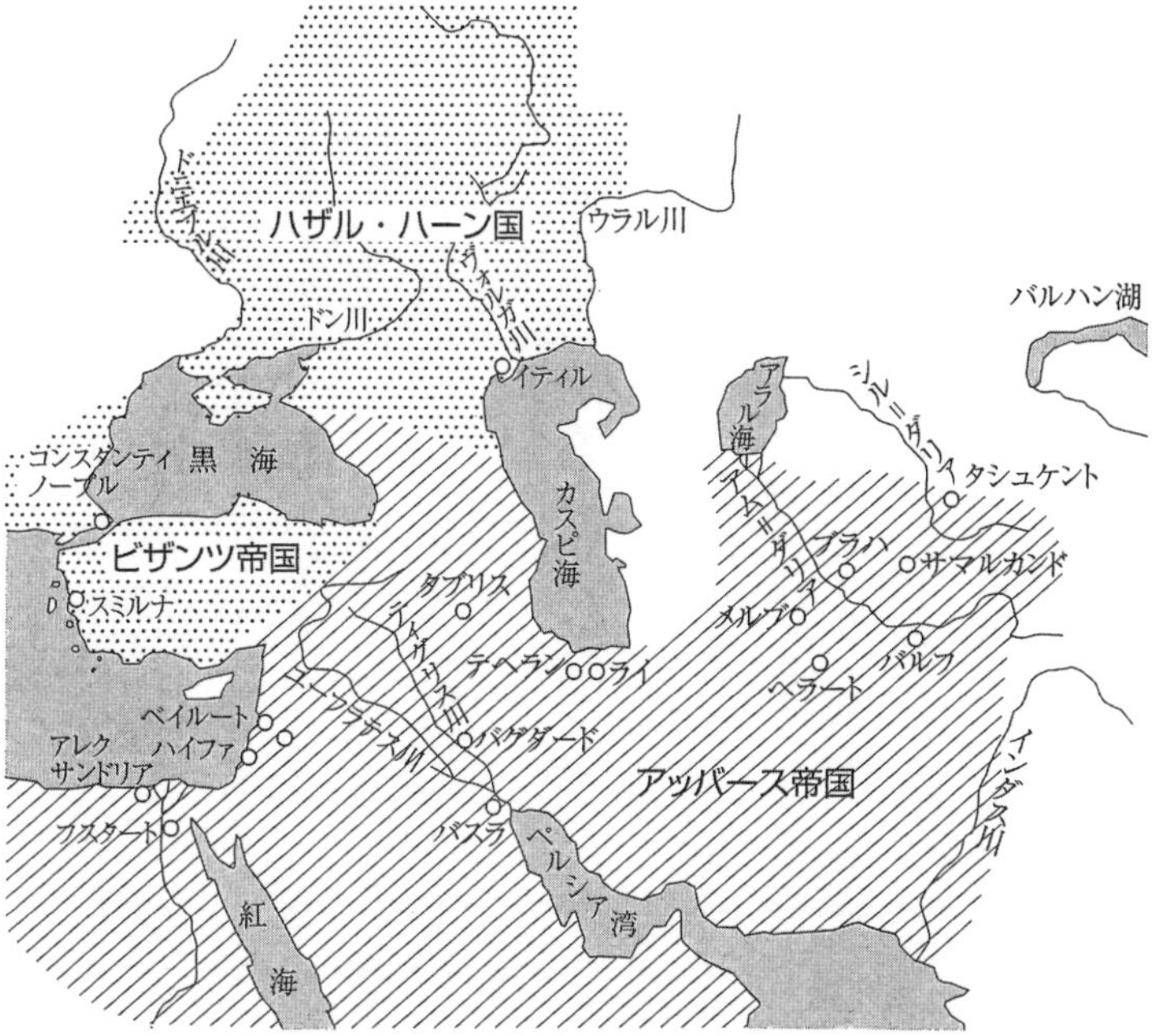

アッバース帝国とハザル・ハーン国

毛皮取り引きのセンターになったのが、カスピ海北岸に建てられたハザル・ハーン国の都イティル（現アストラハン付近）でした。ユダヤ商人はバグダード、アッバース朝・ビザンツ帝国の諸地域から儲けの多いイティルに集まり、大規模な共同体を形成します。もちろん、イティルは諸民族の商人が集まる国際商業都市でした。

そうしたハザル・ハーン国について、アラブの地理学者マスウーディは、「王も、王に仕える者も、王の民も、ユダヤ教徒である。ハザール人の王はカリフ、ハールーン・アッラシードの治世にユダヤ教に改宗し、イスラームとビザンティウムのすべての町からユダヤ人が王のもとにやってきた」と述べています。

ハザル・ハーン国の王が、有能なユダヤ商人を呼び寄せるためにユダヤ教に改宗し、ユダヤ経を国教としたのは、東南アジアの交易の中心のマラッカの王がムスリム商人を集めるためにイスラーム教に改宗したのと同じです。

先に引用した『諸道路と諸国の書』に、④のルートとして「ローマ（ビザンツ帝国）の背後を迂回し、ロシアを旅してカスピ海北方のハザル族の首都イティルに至る」とあるのが、地中海のユダヤ人がハザル・ハーン国に出向いたルートになります。

◉ユダヤ教を国教とした毛皮交易のハザル・ハーン国

イスラームの地理学者イブン・ハウカルは、ハザル・ハーン国について、「ハザル人の国そのものから近隣や遠方に輸出されるような物産はニカワしかない。奴隷、蜂蜜、蠟、ビーバー、毛皮類は彼らのもとに輸入されたものである」と記しており、ハザル・ハーン国がもっぱらロシアの森林地帯からもたらされるが商品に依存する交易国家だったことがわかります。

トルコ系のハザル・ハーン国の王（ハーン）は、毛皮類に十分の一の関税を掛けて莫大な収入を獲得し、一万人から一万九〇〇〇人の傭兵を組織して遊牧民の攻撃から商人を護ったとされています。イティルには、ユダヤ人、ルス人（スウェーデン系バイキング）、アルメニア人、ソグド人などの一万人以上の外国商人が住み着いていたとされますが、なかでもユダヤ商人が最有力でした。

毛皮取り引きの規模の大きさは、ロシアの毛皮をハザル・ハーン国に運んだスウェーデン系バイキングのルス人（ルーシー、スラブ語で「船のこぎ手」の意味。「ルス」はロシアの語源になる）が、代価として北欧、東欧に運んだ厖大な銀貨から理解できます。彼らは毛皮の代価として受け取ったイスラーム銀貨を秤量《しょうりょう》貨幣として北欧、東欧で流通させ、死後に副葬品として墓に埋めたのですが、現在二〇万枚もの銀貨が発掘されています。

面白いのが、バイキングが東欧・北欧に運んだコインの製造場所です。出土銀貨の大半が、シルクロードの中心であるソグド地方（現ウズベク共和国）を支配するサーマン朝（八四七〜九九九）で製造されているのです。ということは、かつては絹で儲けていたシルクロード商人が、大挙して毛皮商業に参入していたということになります。ユーラシア商業の流れが、九世紀から一〇世紀に東西のシルクロードから南北の毛皮ロードに移ったのです。

ハザル・ハーン国はビザンツ帝国とイスラーム帝国の中間に位置していましたから、両勢力の緩衝地帯として独自性を保つ必要があり、他方でユダヤ商人を呼び集める目的もあって、七四〇年頃、王（ハーン）のブランがユダヤ教に改宗したとされています。それ以後約二世紀半にわたり、「タルムード」を信仰の中心とする世俗的なユダヤ教がハザル・ハーン国の国教になり、ハザル人、スラブ人などとともに毛皮交易に利益を求めて集まった諸民族商人のユダヤ教への改宗が進んだと考えられます。

ハザル・ハーン国の領域は、古代のダビデ、ソロモンの王国の領域を遥かに凌ぎましたから、大規模なユダヤ人の共同体が成長したハザル・ハーン国の噂は誇大視され、地中海沿岸のイスラーム世界のユダヤ人の関心の的となりました。

そうした状態を示すエピソードを、ひとつ記しておきましょう。一〇世紀、シーア派の台頭でアッバース朝が混乱期に入ると、イスラーム世界の中心はバグダードから、シーア派のファーティマ朝の首都カイロ、後ウマイヤ朝の首都コルドバに移りました。

ユダヤ人にイスラーム教徒と同等の権利を与えたコルドバで、後ウマイヤ朝（七五六〜一〇三一）のカリフの侍医、ラテン語通訳、税関長となって活躍し、やがてナスイ（全アンダルシアのユダヤ人共同体の指導者）の地位についたのが有名なハスダイ・イブン・シャプルト（九〇五〜七五）です。

彼がハザル・ハーン国の王（ハーン）ヨセフに送った文書と、それに対するヨセフの返書が、有名な「ハザル書簡」です。ハスダイは、現在のドイツ、オーストリア、チェコ、イタリア北部にあったカトリック国家の神聖ローマ帝国（九世紀〜一八〇六）に派遣したユダヤ人の使者から、クリミア半島を含むハザル・ハーン国の存在を知ると早速ヨセフに書簡を送り、ユダヤ人のディアスポラをどのように終わらせるかについての意見交換を行ったとされます。

◉モンゴル帝国に圧迫されたユダヤ人の西方への移住

しかし、一〇世紀にアッバース朝がシーア派の蜂起で大混乱に陥ると、草原地帯の秩序が崩れました。トルコ系遊牧民ペチュネグ人が勢力を伸ばして草原の秩序が失われ、ロシアの森林地帯とイスラーム世界を南北に結ぶ毛皮商業は衰退します。ひとつの大規模な商業が、劇的終末を迎えたのです。

九六五年、スウェーデン系バイキング（ルーシー）がウクライナに建国したキエフ公国によりハザル・ハーン国の首都イティルが占領され、繁栄の時代は幕を下ろしました。

その後も細々とハザル・ハーン国は続きますが、一二四三年になるとチンギス・ハーンの孫バトゥ（一二〇七〜五五）の遠征軍により滅ぼされました。ハザル・ハーン国の領域はキプチャク・ハーン国に併合されます。

やがてモンゴル帝国が解体期に入ると、旧ハザル・ハーン国のユダヤ人、ユダヤ教徒たちは荷馬車にテント、家財道具などを積み込み、ウクライナ経由で比較的治安のよいポーランドなどの西方地域への移住を余儀なくされました。もちろん伝《つて》を頼って、出身地に戻る商人も多かったし、ユダヤ商人を歓迎するオスマン帝国に移住したユダヤ人も多数におよびました。

◉ポーランドが歓迎したユダヤ人の移住

ユダヤ人の新たな落ち着き先となったポーランド、リトアニアでは、有能な人材の不足に悩んでいた領主や貴族が、経済的な才覚を持つユダヤ商人を職能集団として歓迎しました。デンマークの歴史学者マルト・ブランはそうした事情を、「領主たちは自領にユダヤ人が住みつくのを大いに歓迎、奨励する。領地のいろいろな産物は、もしかれらの助力がなければ、なんの値うちもなくなるであろう。産物が消費者の手に渡るまでに必要な準備をほどこすのは、かれらの働きである。産物が売れ、地主領主のふところに利益がもたらされるのは、かれらの才覚による。――種々の醱酵・酒精飲料の製造および販売、製粉場、居酒屋は地主の金づるであるが、いずれも利に聡いユダヤ人が経営している」と記しています。

経済的な職能集団となったユダヤ商人はポーランド王国で貴族に次ぐ有力な団体を形成し、造幣局の長官、専売された塩の管理人、徴税官、金融業者などとして活躍しました。こうしてポーランドにも、ユダヤ商人の共同体が成長していくことになります。一六世紀中頃、ポーランド王国はユダヤ人が独自の議会を持つことを認めますが、一七世紀のポーランドのユダヤ人の人口は、約五〇万人にもおよんだとされます。

後で述べることになりますが、「大航海時代」にイベリア半島でユダヤ教徒へのカトリックの強要に対して、改宗を受け入れないユダヤ人がオスマン帝国、北海周辺地域などに移住した（「第二のディアスポラ」）時期に、東方では中央アジアからウクライナ、ポーランド、オスマン帝国に向けての継続的なユダヤ人とユダヤ教徒の移住が続いていたのです。

◉「宮廷ユダヤ人」の起源

中央アジアからポーランド、リトアニアに移住したユダヤ商人がそうであったように、ユダヤ商人は才覚と技量を買われてヨーロッパ各地の領主に招かれました。その地位は普通の農民とは違い、王、領主、司教などに全面的に依存していました。中世のヨーロッパの封建社会では土地所有者である領主と農民の関係が基本だったのですが、ユダヤ人が土地所有を許されることはほとんどなく、王、領主にとり便利な商業に秀でた職能集団として都市に居住したのです。

土地所有を認められないためにユダヤ人は都市の職人、商人として身を立てたのですが、都市が発達するにつれてマイノリティのユダヤ人はギルド（同業者組合）などのコネで動く都市経済から排除されて有利な職につきにくくなり、また異質な生活習慣を持つ者として差別の対象にされました。結局、運の良いユダヤ商人が、王、領主などに見いだされて「宮廷ユダヤ人」となって成功したのに対し、大半のユダヤ人は貧しい生活を強いられたのです。「宮廷ユダヤ人」は、ユダヤ商人の才覚、技量と、富国強兵を図る王、貴族の接点に生まれ、成り上がった特殊な集団だったと言えます。

一般的なユダヤ商人が能力を生かせる場は、彼らを締め出す封建的秩序が確立されていない新興地域しかありませんでした。そこで、ユダヤ商人、ユダヤ人は、生活の場を求めて行商人などとして放浪を余儀なくされることが多く、差別が弱い新たな新興地帯に流れ込みました。彼らは、先に述べたハザール・ハーン国、オランダなどで成功を収め、結局は新天地アメリカに大きな活躍の場を見いだしたのです。

◉謎が多いアシュケナージムの起源

ドイツ系のイディッシュ語を使う東欧・ドイツのユダヤ人は、「アシュケナージム」と呼びならわされていますが、一八世紀末にポーランドがロシア、オーストリア、プロイセンの三国により分割されたことで、ポーランドのユダヤ人、ユダヤ教徒は、ロシア、オーストリア・ハンガリー帝国へと拡散しました。

その結果、ユダヤ人が集中的に居住していたリトアニアを獲得したロシア、ガリツィアを獲得したオーストリアに多数のユダヤ人が組み込まれることになり、ロシアがユダヤ人の最大の居住地に変わりました。

ドイツ語の一方言であるイデッシュ語が、なぜウクライナ、ロシア、オーストリアに多数居住したユダヤ人とむすびついたのかについてはいろいろな見解がありますが、資料不足で闇の中です。周縁地域の歴史とはそうしたものだと思います。ただ、二〇世紀初頭になると、都市部のユダヤ人のほとんどは、ロシア語かポーランド語を使うようになっていたということです。しかしユダヤ教の正当性の継承の問題が絡んでいるために、アシュケナージムの起源については複雑な論争があります。世界経済のなかでのユダヤ商人の活躍を系統的に記そうとするのが本書の目的であり、筆者はユダヤ教の複雑な系譜に言及する能力も意図もありませんので、謎は謎として残しておくことにします。

一九世紀末以降にアシュケナージムはアメリカに大量に移住し、アメリカ合衆国の歴史、社会と深く関わるようになります。一七世紀中頃にウクライナで起こったフルメニツキーが率いるコサックによるユダヤ人の大虐殺、後述する一八八一年に皇帝アレクサンドル二世が暗殺された後、現在のウクライナで起こった大規模なポグロム（ロシア語で「暴力的に破壊する」の意味。ユダヤ人の集団的、計画的虐殺）、そして第二次世界大戦中のナチスによるホロコースト（「供犠《くぎ》」が原義、ナチス・ドイツによるユダヤ人の大規模な虐殺）により、東欧、ロシアで多数のユダヤ難民が生み出されたことが、アメリカへの波状的なユダヤ人の大量移住の原因になりました。アシュケナージムの移住の波はアメリカに向かい、イベリア半島や西ヨーロッパからアメリカに移住したユダヤ人と、移民国家アメリカで出会うことになります。

◉セファルディウムとカタルーニャ地図

話を西方系のユダヤ教徒の中心だったイベリア半島に移します。七一一年にイスラーム軍は西ゴート王国を倒してイベリア半島を征服しましたが、その際の軍司令官で初の総督になったのが、ユダヤ化したベルベル人のターリク・ブン・ジヤード（ジブラルタル海峡の語源となる）で、遠征には多くのユダヤ人も参加しました。その後、イスラーム社会の宗教的寛容性、経済成長の可能性もあって多数のユダヤ人の移住が続き、イベリア半島は地中海周辺におけるユダヤ人の一大拠点に成長します。

さらに一〇世紀、シーア派の蜂起によりバグダードが衰退すると、地中海周辺のユダヤ人の経

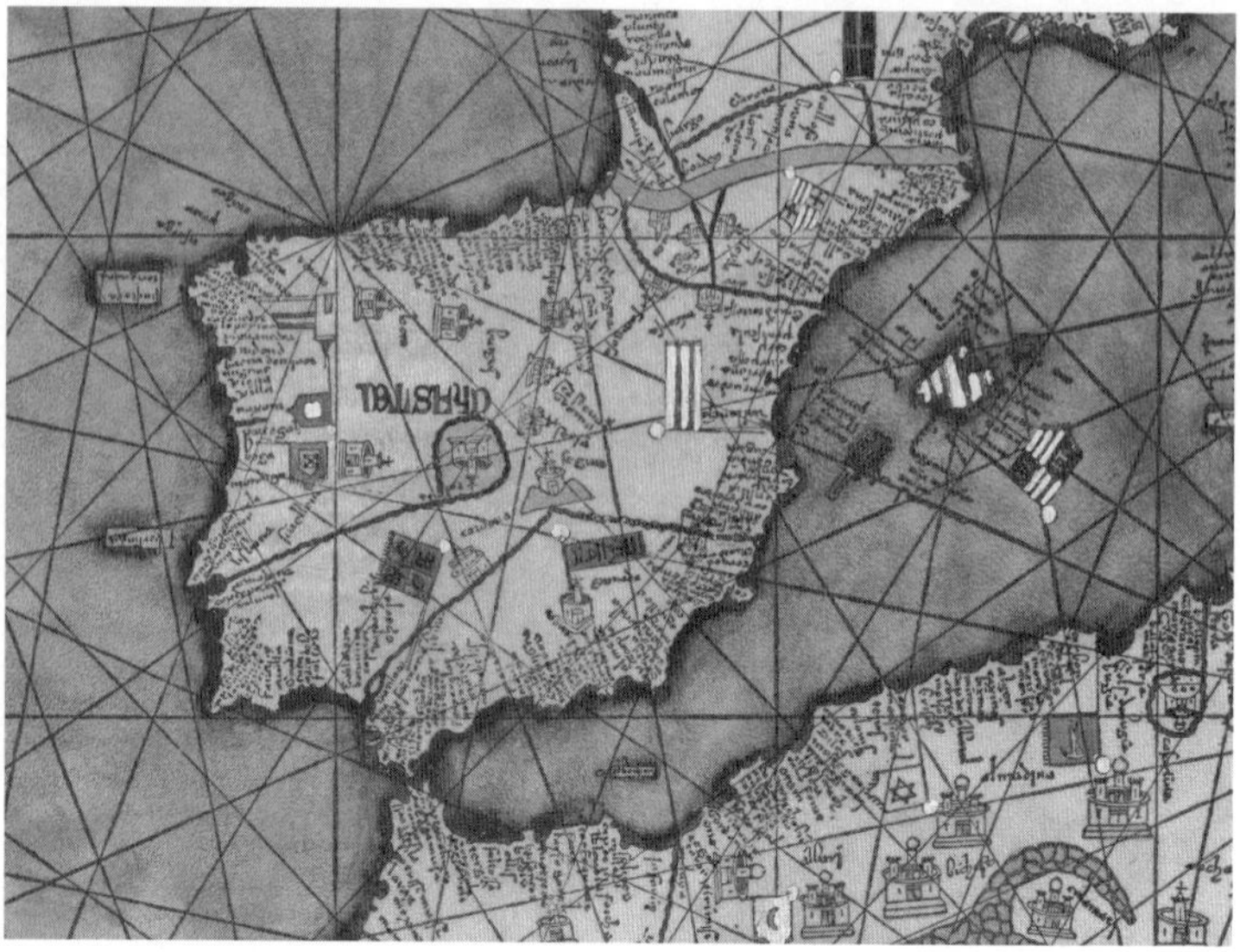

カタルーニャ地図（部分）

済・文化の中心が、コルドバに移りました。コルドバのユダヤ人は、ギリシア語文献のアラビア語、ラテン語への翻訳を進め、イスラーム世界に保存されていたギリシア文明を、キリスト教世界に伝える役割を果たします。

後ウマイヤ朝が滅んだ後、カトリック王国に再征服されたコルドバを中心として活躍したユダヤ人を、セファルディウム（ヘブライ語で「スペイン」を意味するスファラドに由来）と呼びます。

一四世紀のセファルディウムを代表する人物が、地理学者、地図製作者としてマジョルカ島の都市パルマで活躍したアブラハム・クレスケス父子です。彼らは一三七五年、イベリア半島北東部を支配したアラゴン王国（一〇三五～一七一五）のペドロ四世の依頼で、羅針盤の使用を前提とする八葉のポルトラーノ（海図）スタイルの地図、「カタルーニャ地図」を作成しました。

地図は後に、フランス王シャルル六世に献上されています。

八葉からなるカタルーニャ地図のうちの四葉は地中海とその周辺の比較的正確な海図で、北アフリカのユダヤ商人からもたらされた情報に基づき、アフリカ内陸部にはサハラ縦断商路、西スーダンの産金地、トンブクトゥやマリなどの都市が書き込まれています。

産金地の西スーダンには金塊を持つ一四世紀のマリ王マンサ・ムーサの絵が描かれ、「彼の国は夥《おびただ》しい金を産出し、彼は世界で最も富裕で高貴な国王である」という説明文まで付されています。

残りの四葉は、アジアから帰還したユダヤ商人や旅行者の情報に基づいて西アジアから中国に至るおぼろげな東方世界が描かれています。マジョルカ島のユダヤ商人は、ユーラシアと西地中海、アフリカを既におぼろげながらも結び付けていたのです。

3　アッバース朝の銀不足から始まる長期の手形革命

◉一〇世紀のイスラーム世界の銀飢饉

一〇世紀になると経済の膨張に伴い、深刻な銀貨不足がイスラーム世界で起こりました。

そうしたなかで、手形、為替の発達が促され、イタリア商人、ユダヤ商人が手形を継承して、後にオランダ、イギリスで国債、紙幣を普及させることになります（4章、5章）。世界史的に見ると、イスラーム世界で発達した手形や小切手がユダヤ商人などを媒介にしてヨーロッパの近代経済につながったと言えます。そこでその過程を、本書では「長期の手形革命」として扱います。「長期の手形革命」は、ユダヤ商人が、世界の金融史で果たした役割を明らかにするための枠組みとして必要です。

一〇世紀は、イスラーム商圏の空間的拡大と商業の大規模化に伴う、①経済規模の拡大による深刻な銀貨不足、②銀の精錬に必要な木材資源の枯渇、が重なり、イスラーム経済が大きな壁に直面した時代でした。たとえば、銀貨不足によりアッバース朝最盛期の八世紀後半のカリフ、ハールーン・アッラシード（「アッラシード」は「正統」の意味、在位七八六～八〇九）の時代に一対一五・二だった金銀比価は、銀貨の高騰で一〇世紀になると一対一二に変わります。

九世紀にイラン高原のホラーサン地方、中央アジアのソグド地方の二大銀産地から産出された銀は毎年一五〇トンから一八〇トンで、一五〇〇年の世界の推定産銀量の三倍におよんだと言われますから産出量が足りなかったわけではなく、イスラーム経済の膨張が銀高の理由だったと考えられます。

一〇世紀に銀の精錬を停滞させる理由となった木材不足について、東洋史家の宮崎市定（一九〇一～一九九五）氏は、「一〇世紀の西アジアは正しく社会的な一大危機に遭遇していたといえる。それは一口で言えば資源の枯渇である。特に森林資源の枯渇に悩まされたのであって、船を造るにも木材はなく、それは遠くヨーロッパから輸入せねばならなかった。既に造船の木材に事欠くとすれば、鉱山業に使用する燃料資源にも窮していたのであろうことは想像にあまりある。不幸にして西アジアにはかわるべき石炭の埋蔵がなく、石油はあってもまだこれを利用する方法を知らなかった」と記しています。

◉北ヨーロッパで花開く「長期の手形革命」

銀貨不足に直面したムスリム商人やユダヤ商人は、貨幣がもともと「信用」を数値化した「引換証」だったという原点にたちかえり、紙で作った手形、小切手も使うようになります。実物貨幣（銀貨）の不足分を「信用」で補ったのです。言ってみれば手形は、やむをえず使われるようになった「架空の銀貨」というような位置づけになります。

そうした手形や為替は、イスラーム世界から経済基盤の弱いヨーロッパ各地に伝えられて汎用化されましたが、イタリア諸都市、オランダを経てイギリスで結実する動きを一続きの「長期の手形革命」と見なすと、貨幣・金融の大きな流れが浮かびあがります。手形は北ヨーロッパで国債、紙幣に姿を変えますが、その開発に当たったのが「貨幣のプロ」としてイスラーム世界の信用経済を改良・伝承したユダヤ商人でした。

手形の歴史を大きくとらえると、後述するようにユダヤ商人により国債、紙幣などに応用されて、現在の「紙幣の時代」につながります。手形の普及と応用からなる「長期の手形革命」は、銀貨の時代をもたらした古代の「コイン革命」を凌ぐ出来事だったとも言えます。

手形は、振出人が支払先にあてて、一定の金額を受取人に対し支払うように求める有価証券です。手形は最初は売買代金の支払い、借金の返済のための単純な手段（約束手形）として用いられましたが、やがて送金用の為替手形も出現しました。為替手形とは、手形の振出人が、第三者である支払人に宛て、受取人またはその指図人に一定の金額の支払いを委託するものであり、「裏書き」により権利を譲渡することができました。

手形は小切手に似ていますが、小切手が本人が支払いの手段として使ったのに対して、手形は信用取引を円滑化する手段として、第三者に支払いが委託された点で違っていました。ヨーロッパでは手形は、中世のイタリア、あるいは地中海沿岸の諸都市で両替商が発行し始めたとされますが、より長いスパンで見ると銀貨不足に対応するイスラーム起源の手形が、地中海商業圏で活躍したユダヤ商人などの仲介によりイタリア諸都市に伝えられたものです。貨幣で利子を取ることが禁止され、貨幣をさげすんでいたキリスト教社会から手形が出現したとは考え難いのです。

◉用途が広がり続けた手形

手形にとっては、金貨、銀貨と必ず交換されるという約束（信用）の履行が基本になりました。それが、信用経済の前提になったのです。

しかし、商人が手持ちの金貨、銀貨以上の手形を発行することについては話が別で、一時的に過剰な手形が振り出されても、しかるべき時点で金貨、銀貨に換えられれば問題は起こりませんでした。どういう状況で手形が振り出されて処理されるかについては誰も確認できず、する必要もないことで、最終的に金貨、銀貨との交換の約束が果たされればシステムは維持されたのです。

そこで多様な操作の下に、手形の過剰発行が一般化しました。けれどもそのさじ加減には、豊富な体験と判断力が必要です。当時の大商人は、商業、金融、両替などを一括して行っていましたから、それぞれの部門の間で銀貨を融通しあい、手形の過剰発行により得た利益を両替手数料に読み替えることも可能だったのです。

ムスリム商人と違って、外国人から利子を取ることが宗教的、倫理的に認められていたユダヤ商人には余分な操作が省けましたから、俄然有利でした。彼らは手持ちの金貨、銀貨を遥かに超える額の手形を操って利子を得たのです。

工夫により価値を創造できる手形が、ユダヤ商人のパワーを飛躍的に増強させました。ユダヤ商人はイスラーム世界で手形を回転させる技術を学び、信用経済のノウハウを蓄積してヨーロッパで活躍したのです。

ちなみに当時の地中海は国際経済圏となっており、ムスリム商人、ユダヤ商人、イタリア商人などが共通の経済空間の下で活躍していました。

利子を取って自由に金を貸すことができるユダヤ商人は、多くの商業都市に仲間、親類を持つ「ネットワークの民」であることをフルに活かし、経済後進地域のヨーロッパに商業・金融活動の場を拡大していったのです。

七五一年、唐軍とアッバース朝軍が衝突したタラス河畔の戦いで、唐の紙漉き工が捕虜となったことで伝えられた製紙技術の伝播が、手形の普及に役立ちました。手形には、材料となる紙の普及が前提条件になったからです。

◉イスラーム金融を動かした両替商

イスラーム経済に立ち返りますが、イスラーム教徒やユダヤ教徒の厳格な宗教的戒律に対する「信用」が手形の普及の後ろ盾になり、ペルシア起源の送金手形（アラビア語でハワーラ、ペルシア語でスフタジャ）、持参人払いの為替手形（サーク、英語の check の語源）、約束手形（ルクア、小切手）などが普及しました。

先に述べたように、手形、小切手の成長（長期の手形革命）は、①「金属貨幣」の出現、②「コイン革命」、③帝国を支える「通貨」の出現に次ぐ、第四の貨幣の進化とも見なされます。ユダヤ人の金融業者が大活躍するようになるのは、まさに貨幣進化の第四の段階になってからのことです。

ムスリム商人が、イスラーム教でタブーとされていた利子の取得（貨幣による貨幣の増殖）の隠れ簑として利用したのが、「両替手数料」でした。広大なイスラーム世界では、地方の王朝で作られた各種の貨幣と、標準通貨のディナール金貨、ディルハム銀貨が併用されていて、広域の経済活動には、地方通貨と標準通貨の両替が不可欠でしたから、利子を両替手数料に読み替えることが容易だったのです。

イスラーム世界では「サッラーフ」と呼ばれる両替商が、両替のみならず、預金、貸付、手形の発行、送金などの業務を総合的に行っていました。「サッラーフ」は確実な遠方への送金を請け負い、金貨、銀貨を預かって小切手帳を発行し、預かった金貨、銀貨をもとに、多様な金融行為を巧みに結合させて貨幣を増殖させたのです。バグダードにはアウン街という、サッラーフが軒を連ねる金融街が形成されていました。

◉イスラーム社会で厚遇された宮廷ユダヤ人

ユダヤ人は比較的簡単な条件を満たせば、イスラーム社会での活動が許されました。その理由は、①イスラーム教に敵対する教義を持たない、②食や清浄に関する規定がイスラーム教徒と類似している、③既に国を失っていて十字軍のようにイスラーム帝国への敵対行動をとらない、などです。ユダヤ人は、商人、金貸し、行政官、医師などとして成功していきます。

ユダヤ人のディアスポラ社会は、同じようにネットワーク型のイスラーム社会にうまく溶け込みました。ユダヤ人は、「タルムード」により民族的アイデンティティを維持し、血縁的ネットワークにより広域に散在する共同体を結び付けることでイスラーム世界に定着したのです。バグダード、エジプトのカイロ、北アフリカのカイラワーン、イベリア半島のコルドバなどが、ユダヤ商人の活動センターになっていきました。

ユダヤ人金融業者が、アッバース朝の帝都バグダードで「宮廷ユダヤ人」として高い地位を得ていたようすを、イギリスの歴史家ポール・ジョンソン（一九二八〜）の『ユダヤ人の歴史』（山田恵子訳）は、次のように記しています。

一〇世紀以降、特にバグダードにおいてユダヤ人はイスラムの宮廷のための銀行家となった。これらの銀行家たちはユダヤ人の商人から預金を受領し、カリフに多額の金を貸し付けた。ユダヤ人がズィンミー（庇護民）の危うい立場を考えるなら、これは危険をともなう取り引きだった。イスラム教の為政者たちは臆面もなく負債を否認したり、あるいは時に債権者を打ち首に処することさえ辞さなかったが、銀行家たちを生かしておくほうがより好都合であった。銀行業から得られた利潤の一部は律法学院に流れてその維持のために用いられ、それによって銀行家たちはこれら律法学院を背後でひそかに操っていたのである。ユダヤ人は宮廷でかなりの影響力をもっていた。ユダヤ人の捕囚民の長はアラブ人に『われらの主、ダビデの子』と称されて敬われた。

このような記述から、財政状況が悪化した一〇世紀のアッバース朝の都バグダードで活躍した金融御用商人（アラビア語でジャフバズ）が、ユダヤ商人の預金を預かり、カリフへの多額の貸し付けをしていたことが理解できます。後にヨーロッパにおいて王や貴族に仕えて活躍した「宮廷ユダヤ人」の原型は、バグダードでも見られたのです。

金融御用商人のユダヤ人は、カリフや行政官に貨幣を貸し付けただけではなく、徴税請負人や財務官の役割をも担いました。彼らは地方から手形で送られてくる税金を現金化する際に、手数料と利子を加算した両替料を取ったのです。宮廷は財政面で金融御用商人のユダヤ人に依存していましたから、無闇に彼らを弾圧することはできませんでした。

ユダヤ人の金融業者はまた「タルムード」を通じてユダヤ人全体に影響力を持つ律法学院に「金」を回し、「ガオン」を表に立てて巧みにユダヤ人共同体を操ろうとしたようです。

先に述べたように、帝国全土のユダヤ人共同体を束ねる長レーシュ・ガールタ（捕囚の長、ナスィ）は、ユダヤ人から税を徴収する権限を一任されました。そうしたことから裕福なレーシュ・ガールタは、財政難のカリフの宮廷で厚遇されたのです。彼がカリフに謁見《えっけん》するときのようすを、一七世紀の年代記作家は一〇世紀の伝承を引用して次のように記しています。

彼がカリフとともに群衆の前に出るときはいつもユダヤ人とイスラーム教徒の騎手が付き添う。彼らは『われらの主、ダビデの子に道を開けよ』とアラビア語で叫びながら前を行く。ナスィは自身馬に乗り、刺繍のついた絹の長衣とターバンを着用している。それには鎖のついた白いスカーフが垂れている。彼がカリフの宮廷に到着すると、王の宦官が迎えて挨拶をし、玉座の間まで案内する。一人の従者がナスィに先立ち、ナスィがカリフに敬意を表して差し出す財嚢を運ぶ。カリフの前では、自分の奴隷としての謙遜を示すために平伏し、それから立ち上がる。次いでカリフは宦官に合図してナスィを左側の自分に一番近い椅子に掛けさせ、ナスィに請願の陳述を促す。ナスィは請願を提出するとふたたび立ち上がり、カリフに挨拶をして退出する。彼は商人たちに年毎に納める特定額の税と地の果てから持参すべき贈り物とを課する。これがバビロニアで行われていた習わしである。（『ユダヤ人の歴史』山田恵子訳より引用）

アッバース朝の財政に「ユダヤ人共同体の長」がもたらす巨額の資金と献上品が大きな位置を占めており、それが故にレーシュ・ガールタ（ナスィ）が高い社会的地位を保障されていたことがわかります。そこには、後のヨーロッパで弾圧され、差別されるユダヤ人の姿は微塵もありません。一二世紀のバグダードでは四万人のユダヤ人が平和に暮らしており、二八のシナゴーグと一〇の律法学院があったと言われます。

4 イタリア諸都市の勃興とユダヤ商人の質屋経営

◉イタリア経済の成長と十進法

一一世紀に遊牧トルコ人がアッバース朝の支配権を奪取し（セルジューク朝）、ビザンツ帝国も遊牧トルコ人の進出で危機に直面すると、ビザンツ皇帝の援助要請に応える形で教皇が組織する十字軍の遠征が始まりました。地中海世界に変化が現れ、イスラーム教徒に支配されていた地中海中央部の島々に、キリスト教徒が進出するようになっていきます。

イタリア半島では、シチリア島に近い南部の小港アマルフィー、サルディニア島に近いトスカーナ地方のピサが、経済都市としてまず繁栄しました。次いで一三世紀初頭の第四回十字軍に艦船を提供してコンスタンティノープルを占領させたヴェネツィア、ビザンツ帝国の亡命政権を助けたジェノバが東地中海で大きな力を持つようになり、イタリア商人の地中海、黒海での交易が盛んになりました。

その結果、ムスリム商人、ユダヤ商人、新興のイタリア商人による国際商業が盛んになり、イスラーム世界のアラビア数字、十進法、複式簿記、ユダヤ商人の金融技術などが、イタリア半島の諸都市に導入されることになります。

ムスリム商人とユダヤ商人の地中海での大規模な商業と金融活動は、イタリア商人に大きな影響をおよぼしました。一〇世紀以後、イスラーム世界では取引量の増大に伴い「数字の世界」が拡大していったのですが、ムスリム商人とユダヤ商人の影響を受けてアラビア数字が普及し、イタリア諸都市でも「数字の世界」が大きく膨らんでいきます。加減乗除などの計算法や複式簿記が地中海商業圏から伝えられて、ヴェネツィア、ジェノバなどのイタリア諸都市の経済成長に役立てられたわけです。

インド数字がイスラーム世界で改良されたのは八世紀から九世紀ですが（「アラビア数字」）、そのうちの北アフリカで変形された数字が、ヨーロッパに取り入れられました。ヨーロッパでアラビア数字が使用され始めるのは、ヨーロッパ各地からキリスト教徒がイスラーム世界からのイェルサレム奪還を目指して遠征した十字軍（一〇九六～一二七〇）の派遣前の一〇世紀とされています。

それまでヨーロッパで使われていたローマ数字は手と指が基準になっており、大規模な商取引には全く耐えられませんでした。それに対して、アラビア数字は十進法で、位取りと組みあわせた〇から九までの一〇個の数字を用いて、どんなに大きな数でも簡単に表記、計算することができました。そうしたことから十進法は、ローマ数字での複雑な計算になじんでいたイタリア商人にとっては、驚くべきマジックのように映ったのです。当時のイタリア商人は、子弟に一一歳頃からの数年間、算術学校（アルゴリズモ）でアラビア数字による加減乗除を学ばせるのが習慣でした。「計算手順」は英語で「アルゴリズム」と言われますが、それはアッバース朝のバグダードで活躍した九世紀のイスラームの大数学者アル・フワリズミー（七八〇～八五〇頃）の著作に由来します。アラビア数字を使った計算では、すべての計算の過程が書き残されますから、検算も容易だったのです。

ピサの税関吏として北アフリカのムワッヒド朝（一一三〇～一二六九）に駐在していた官吏の息子のレオナルド・フィボナッチ（一一七〇頃～一二五〇頃）が帰国後の一二〇二年、アラビア数字、位取りと計算法を紹介する『算盤の書』を発刊したことがきっかけになり、イタリア諸都市でアラビア数字が一挙に普及しました。同書では、アラビア数字が簿記、通貨や利子の計算などに役立つことが強調されています。しかし、アラビア数字への転換が、スムーズに進んだわけではありませんでした。たとえば一二九九年、保守的なフィレンツェの両替商ギルドは、アラビア数字の使用を禁止しています。

十字軍の遠征期にイスラーム世界の文物が大量にヨーロッパに伝えられましたが、そのなかに数字も計算法も含まれていました。そうした総合的な文明移転をアメリカの歴史家ハスキンズ（一八七〇〜一九三七）は、「一二世紀のルネサンス」と呼んでいます。

◉歓迎された複式簿記

商業規模が拡大すると共同出資（パートナー・シップ）が一般化しますが、きちんと帳簿をつけて資産が整理されていないと出資者への利益の配分が困難でした。曖昧さ、思い込み、記憶違いは、いさかいの元です。

イタリア商人は、資産管理のための複式簿記の技術もユダヤ人などを通じてイスラーム世界から導入しました。簿記の「借方」と「貸方」を釣りあわせる発想は、「ハカリ」に基づく等号を基礎とする「代数」と同じです。

複式簿記の技術は、ルネサンス初期のフレスコ画家ジオット（一二六六？〜一三三七）が活躍した一三〇〇年頃にイタリアに伝えられ、一三四〇年にジェノバで定着します。一四九四年になると、「複式簿記の父」と称される数学者ルカ・パチョーリ（一四四五〜一五一七）が、数学と商業数学の入門書『算術・幾何学・比および比例全書』（「全書」の意味で「スムマ」と呼ばれる）を出版しました。

パチョーリは、ヴェネツィアで、ユダヤ人とも噂される富裕な商人の家庭教師をしていたときに、複式簿記の知識を得たと言われています。パチョーリが簿記の技法をわかりやすく解説した部分だけを抜き出した『計算および記録詳論』が刊行されると、そのわかりやすさの故に、大人気を博しました。いつの世でも、簡単、便利が第一なようです。

大航海時代以後に商業の中心地がイタリア諸都市からオランダなどの北海沿岸に移りました（商業革命）が、一六世紀のオランダでも会計学校が急増します。一七世紀のオランダは識字率が高く、貨幣の出入りにより企業の収益がはかられるようになります。

◉イタリア都市が競い合った金貨の発行

自立した商業都市を数多く擁したイタリアでは新貨幣の鋳造が盛んになりました。モンゴル帝国がユーラシアの「経済空間」を統合した一三、一四世紀に、ヴェネツィア、フィレンツェなどのイタリア諸都市はアジア経済との結び付きを強め、良質の金貨の発行を競います。金貨の発行益が、都市の大商人の有力な致富手段になったのです。

「コイン革命」以後、王などの為政者がコインの発行益を独占してきましたが、イタリアでは都市が分立して強力な為政者が不在だったために、都市の有力商人がコインを造り、発行益を手にすることができたのです。

良質なヴェネツィアのドゥカート金貨とグロッソ銀貨、フィレンツェのフィオリーノ金貨はヨーロッパで名声を博し、基準通貨として国際商業の決済に使われます。材料の「金」がありさえすれば、商人たちはコインの鋳造で多くの収益を上げることができたのですが、「金」不足が大きなネックになりました。

一四〇〇年のヨーロッパ全体の金の産出量はわずか四トンにすぎなかったのですが、一五世紀には、ヴェネツィアだけで年に一トンものドゥカート金貨がヨーロッパ以外の地に輸出されたと言われます。そのように「大航海時代」前のイタリア諸都市がコインの素材の「金」不足に悩んでいたことが、後にジェノバ人のコロンブスが「黄金の島」ジパングを発見し、ひと旗揚げるベンチャー・ビジネスを立ち上げようとした理由のひとつになりました。「黄金の島」の探索を唱えたのは、イギリス王ヘンリ七世（在位一四八五〜一五〇九）の後援でブリストルから出港し、北アメリカのニューファウンドランドに到達したヴェネツィアの航海士カボットも同じでした。

伝統的なイタリア諸都市の銀貨計算法は、二〇進法と一二進法を組みあわせたもので（一リブラ＝二〇ソルド＝二四〇デナロ）、計算が非常に複雑でした。ところが新たに流通するようになる金貨の計算では、アラビア数字と十進法の普及を背景にして、最初から十進法が使われていたとされます。イタリア商人の取り引きにも、新しい時代の波が押し寄せていたのです。

◉ユダヤ商人の質屋経営とゲットーの起源

十字軍以後、ヨーロッパではキリスト教の倫理観が急速に浸透することになり、商人たちの間で利子を取ることを忌避する傾向が強まりました。しかし、庶民にとっては、質屋や金貸しが必要です。

中世史家、大黒俊二（一九七二〜）氏によれば、ユダヤ商人は高利貸というイメージは一三世紀までのイタリア諸都市にはなく、金貸しの大部分はキリスト教徒だったのですが、一三世紀末以降に、ヨーロッパのキリスト教徒が金貸しから撤退。一四世紀になると、ジェノバなどを除くイタリア諸都市からもキリスト教徒の金貸しが撤退したとされます。

そこで、「公然たる金貸し」の仕事がユダヤ商人に委ねられることになり、キリスト教徒の商人は為替などを利用して利子の取得を隠すようになったというのです。

しかし、都市住民は消費者金融がないと困りますから、北・中部イタリアの諸都市の市当局はローマからユダヤ商人を呼び寄せて、営業期間、場所、業務内容を規定するコンドッテ（協定、多くは一〇年で更新）を結び、金貸し業を認可しました。呼び寄せられたユダヤ商人たちが、年利二割から四割の利子を取って貨幣を貸し付けたために、ユダヤ人は高利貸だという風評が広まったとされます。

ヴェネツィアでは市当局が、一三六六年、ユダヤ商人との間にコンドッテ（契約）を結び、ユダヤ商人に、①ヴェネツィアでの居住権、②担保を取って利子付きで金を貸す質屋経営の独占、を認めました。それが、後のヴェネツィアの公営質屋、「貧民銀行」の起源になります。

金貸しが許可される見返りとして、ユダヤ商人は、①一定の資金の銀行への投資、②利益に見合う税を市当局に支払うこと、③必要に応じて割り引いた利率で市当局に金を貸すこと、が義務づけられました。

そのようにヴェネツィアなどのイタリアの商業都市では、一定の枠内でのユダヤ商人の金貸しが容認されたのですが、全体的に見るとキリスト教世界は次第にユダヤ人にとり生活しにくい場に変わっていきました。

一一七九年と一二一五年のラテラノ公会議で、キリスト教徒とユダヤ教徒の隔離が法的に決議されて、一三世紀以後にドイツではユダヤ教徒の強制隔離が進み、一二〇九年にはイギリスのエドワード一世（在位一二七二～一三〇七）がユダヤ人追放令を出し、フランス、ベルギー、スロヴァキア、オーストリア、リトアニアなどの多くの国がイギリスにならいユダヤ人の国外追放に踏み切りました。

一四世紀にペストがヨーロッパに蔓延すると、ユダヤ人がペストを持ち込んだとされてヨーロッパ中にユダヤ人隔離の動きが広まります。やがてユダヤ人は、ゲットーと呼ばれる、塀に囲まれた閉鎖的居住区に強制的に隔離されることになります。ゲットーのなかでは、それまでの裕福なユダヤ商人とは異なる貧しい階層のユダヤ人が増えていきました。

ところでゲットーという言葉は、ヴェネツィアから使われ始めたとされます。しかし、ヴェネツィアでは先に述べたような背景があり、ゲットーは単なるユダヤ商人居留地を指す言葉にすぎませんでした。一五一六年、ヴェネツィア共和国がユダヤ商人に居住を認めた地区が、近くにあった大砲鋳造所（ジェットー）にちなんで「ジエット・ヌオーヴォ」と名付けられ、そこから「ゲットー」と言う呼び名が生まれたというのです。

中世ヨーロッパのユダヤ人に対する差別的扱いには、地域によってかなりの温度差がありますが、ユダヤ人を壁と門で一定の地区に強制隔離するゲットーが広がるのは一五世紀後半です。ゲットーは昼間は金貸し、両替、質屋、古物商などで賑わいましたが、夜になると番人により外から施錠され、外部社会から隔離されたのです。

◉両替商がルーツのヨーロッパの銀行

ヨーロッパの銀行の起源は、一二世紀後半から一四世紀のイタリア諸都市で活躍した両替商にあるとされます。英語の bank（銀行）は、イタリア語の banco に由来しますが、banco は、もともとは市場で両替商が使う取り引き用の「長机」を意味しました。bankruptcy（机を壊す）という言葉が「破産」を意味するのも、そこからきています。

ユダヤ商人がヴェネツィアなどで行った金貸し業は、諸都市のそれぞれ異なる通貨と両替する際に手数料として利子を取る「両替商」の装いのもとで、イタリア人、さらには大航海時代以降に植民地貿易を通じてヨーロッパ経済を担ったオランダ人、イギリス人へと伝えられました。ヨーロッパの銀行の祖型は、イタリア諸都市のユダヤ人居住地にあったといえます。

ヴェネツィア、ジェノバ、ピサなどの諸都市の商人は、十字軍を派遣する王や諸侯に資金を貸し付け、両替料の名目で利子を取りました。当時のヨーロッパでは金貨、銀貨が併用されており、金と銀の相場の変動で価値が変わりましたし、各国の金貨、銀貨の品位も変わりますから、両替には高度の専門知識が必要になり、多様な貨幣を操作することで利子を両替料に組み替えることは可能だったのです。フィレンツェのメディチ家は、教皇庁の金庫番になりますが、ローマ教皇庁には、各地の教皇領の十分の一税、寄付、教会や修道院の上納金として多種多様な貨幣が集まり、各地の教会組織に送金する場合にも多様な貨幣が必要になりましたから、専門知識を持った商人に管理を委ねなければならなかったのです。

両替から金融へと言うと奇異に聞こえるかもしれませんが、多種多様な貨幣が入り混じる社会では、両替が重要な意味を持っていたのです。ちなみに利子の取得により「貨幣を増殖させること」は、確実に行われれば最も安易な富の増殖法でした。両替手数料は、利子の取得禁止を唱える、うるさい教会を黙らせる巧妙な方法だったのです。

そうしたなかで、「信用」こそが「経済の命」という考え方が、ヨーロッパに拡がっていきます。英語で「借款」を意味するクレジット（credit）の語源がラテン語で「私は信じる」を意味するクレド（credo）であることが、「信用」「信頼」が新経済の核心になったことを物語っています。近代以降の経済の肝である信用は、宗教の「信条」と同義なのです。

一五世紀のイタリアでは、商人と銀行の間で割り引かれた為替手形の売買も始まりました。金融業者は、両替商や商人を兼ねていましたが、その代表がルネサンスのパトロンとして知られるフィレンツェのメディチ家です。メディチ家はヨーロッパの主要都市に支店を設けて、為替手形の発行と決済で大儲けをし、後にローマ教皇庁の財産管理を任され、一族から二人の教皇を出すなど、権勢を誇りました。

メディチ家だけではなく、主要なイタリア都市にはそれぞれ有力な両替商がいて、都市の経済を牛耳っていました。イスラーム世界からイタリア諸都市に伝えられた成熟した金融技術は、大航海時代以後の一六世紀以降、後で述べるようにユダヤ商人などの手でオランダ、イギリス経済に接ぎ木されていきます。

5　北宋で世界初の紙幣が出現

◉コメ経済の急伸と銅不足

世界経済の流れを俯瞰するには全体的な目配りが必要になりますので、ここで中華世界に目を転じることにしましょう。

面白いことに、一〇世紀、一一世紀は一年に二度収穫が可能なチャンパ米の導入で江南における米作が発達し、中華世界でも貨幣経済が急激に膨張しました。そのために銅銭の原料の銅不足が深刻化して信用経済の発達が促され、一一世紀から一四世紀までの「紙幣の時代」に入ります。

唐末から北宋（九六〇〜一一二七）の時代にかけて、中華世界では乾燥したアワ・ムギ地帯から、湿潤な長江デルタに経済の中心が移り、「蘇杭《そこう》熟すれば天下足る」という状況になります。「蘇杭」というのは、蘇州や杭州を中心とする長江下流一帯のことです。アワやムギと比べて、数十倍も生産力が高いコメが経済に組み込まれたことで中華世界の経済が一挙に豊かになったのです。経済規模の拡大に伴い海外貿易も盛んになり、中華帝国にはムスリム商人、ユダヤ商人のネットワークも延びていきます。宋の首都・開封にはユダヤ商人のコミュニティがつくられ、シナゴーグ、学習堂、ユダヤ教の食事規定（カシュルート）を守るための共同の厨房、屠殺場までが設けられていたと言われます。

先に述べたように北宋では、銅の産出量が不足して銅銭の供給が間にあわなくなりました。北宋を通じて銅銭の鋳造量は、二六〇〇億枚以上にも達したと言われますから、銅が不足するのも当然でしょう。一〇世紀から一一世紀にかけて銅銭の鋳造量は二〇倍にも達したのですが、それでも銅銭が足りず四川などの周縁地域では、鉄が貨幣の素材とされました。しかし鉄銭は価値が銅銭の一〇分の一と低い上に重く、高額取引には適しませんでした。

そこで、四川の成都で張詠《ちょうえい》（九四六〜一〇一五）という人物が、唐の飛銭（便銭とも言われた送金手形）にヒントを得て、一〇〇二年、「交子《こうし》」という鉄銭の「預かり証」を考案します。

成都の一六人の豪商が組合を作って鉄銭を預かり、「預かり証」として「交子」を発行したのです。「交子」は、商人の資産の裏付けで発行された手形（約束手形）です。優れた紙と印刷技術により作られた「交子」は鉄銭と同価値で流通しますが、紙が素材であるために偽造や詐欺が相次ぎました。預かった鉄銭の何倍もの「交子」を発行する悪徳業者も横行して、トラブルが多発します。

◉重い鉄銭が誕生させた世界初の紙幣

そこで北宋の地方政府は、紛争の多発と銅銭の準備不足によって不払いを起こした両替商や交《こう》子舗《しほ》（交子を発行していた金融業者）の救済を口実に、利幅の大きい「交子」の発行権を商人から政府に移行して新たなビジネスにしました。

一〇二三年、北宋は三六万貫の鉄銭を準備し、それに八九万貫分を上乗せして、一二五万貫の「官交子（後に銭引と改称）」を「交子務」という役所に発行させます。それが、世界初の紙幣です。北宋では価値を担保する鉄銭の三・五倍もの額の「交子」が発行されましたから、政府は巨額の発行益を手にすることができました。紙幣の発行が、政府の大きな収益源になったのです。

古代以来、絶対的な権威を持つ皇帝が天帝の代理人として通貨の発行権を握っていた中華帝国だからこそ、貨幣の素材を「銅」からさらに安い「紙」に替えても貨幣の信用を保つことが可能だったのです。独特の貨幣観をもち、安い銅の鋳貨《ちゅうか》を利用していた中華帝国は、南宋（一一二七〜一二七九）時代にハード・マネー（金属貨幣）からそれ自身価値をもたないソフト・マネー（紙幣）

への転換をスムーズに行ったのです。

しかし、北宋と南宋では、広域で流通する紙幣とともにローカル・マネーの銅銭も使われており、民間の「兌房《だぼう》」（両替商）が、現在の銀行のように銅銭と交子の両替を行っていました。

紙幣は発行が簡便なためにどうしても濫発され、その結果インフレが進行します。一二世紀初頭には、交子の発行額は約二六〇〇万貫（発行限度額の二〇倍以上）、一三世紀後半には約五〇〇〇万貫（発行限度額の五〇倍以上）に達し、限りなく不換紙幣に近づきました。民衆は、紙幣の発行量を確認する術を持ちませんでしたので、気が付かないうちに政府が引き起こすインフレの被害者になったのです。

政府に多大の収益をもたらす紙幣の発行は、北宋（九六〇～一一二七）から南宋（一一二七～一二七九）、金（一一一五～一二三四）、そしてモンゴル人が支配する元（一二七一～一三六八）へと引き継がれました。元になると、一歩進んで金・銀と銅銭の使用が全面的に禁止され、「交鈔《こうしょう》」という不換紙幣に一元化されます。モンゴル帝国が、世界初の紙幣社会を実現させたと言えます。征服者のモンゴル人が中国から富を略取するには、必要に応じて簡単に発行できる紙幣のほうが都合が良かったのです。フビライ・ハーン（在位一二六〇～九四）は一二六〇年、唯一の通貨として、中統元《ちゅうとうげん》宝交鈔《ぽうこうしょう》（中統鈔《ちゅうとうしょう》）という紙幣を流通させました。

◉マルコ・ポーロを驚かせた紙幣の帝国モンゴル

商業を重視するモンゴル人とムスリム商人にとって、簡単に増発できる紙幣はことのほか重宝だったようです。元は銅銭の使用を禁止して、すべての貨幣を紙幣とします。

フビライ・ハーンに一八年間役人として仕えたヴェネツィアの商人、マルコ・ポーロ（一二五四～一三二四）は、『東方見聞録』で、「カーンが国民に使用せしめている紙製の貨幣について」という節を設け、元の紙幣についてていねいに説明しています。興味深いので、その部分の概略を以下に記してみましょう。

元の紙幣

カンバルック市にカーンの造幣局があるが、その整備した手はずを見さえすれば、それこそカーンが最高の錬金術師だと称して全く誤らないことを知るであろう。……カーンは以下のように通貨を製造する……まずクワの樹といって、その葉はカイコの餌になる一種の植物の樹皮を剝がしてくる。この樹皮と樹幹の間にある薄い内皮をむき取り、細かに裂いてニカワを加え糊のように搗きまぜた末、これを紙状の葉片に引き伸ばす。かくしてできあがった薄片は黒色を呈している。紙片ができあがると、これを種々な寸法に裁断するのだが、どれも縦が横幅よりも長い長方形をなしている。……これらの紙片にはカーンの印璽がいちいち押されている。とにかくこうして作製された通貨はどれも純金や純銀の貨幣と全く同等の権威を賦与され発行されるのですぞ。……（その後諸々の手続きを経て）、この特異な通貨は法定貨幣となる。もしこれを偽造する者があれば死刑に処せられる。カーンは、全世界のコインをあげてそれと交換できるくらいの巨額まで、この通貨を製造している……（紙幣ができると）カーンはいっさいの支払いをこれで済ませ、治下の全領域・全王国にこれらを通行せしめる。流通を肯んじなければ死刑になるので、だれ一人としてこれが授受を拒む者はいない。……カーンは何品によらずいっさいの支払いをこの紙幣で済ますのである。

遊牧帝国は武力による略奪帝国ですから、そうしたことは当然と言えば当然なのですが、マルコ・ポーロは「紙」で思うがままに財貨を手にできたフビライの力に驚嘆したのです。イタリア諸都市の金貨、銀貨に慣れ親しんでいたマルコ・ポーロにとって、ハーンの権威で価値が定められ、受け取りを強要される紙幣の流通は、合法的略奪に映ったのでしょう。短期間で元が滅び去ると、交鈔が価値を持たない紙屑の山と化したことは言うまでもありません。紙幣は自ら価値を持たない、純然たる「モノとの交換証」ですから、発行元が潰れればただの紙屑になってしまったのです。

第3章　大航海時代のユダヤ人

1　変わるヨーロッパと新大陸

◉第二のディアスポラとユダヤ人の拡散

大航海時代は、それまで長期間続いたユーラシアの大乾燥地帯を中心とする「陸の世界史」に新たな「大空間」を付け加える出来事でした。植民により新大陸が「第二のヨーロッパ」に換えられ、地表の七割を占める大洋（オーシャン）を中心とするグローバル世界史への組み替えの起点になったという点で画期的です。大西洋を中心にして、インド洋、太平洋がひとつに結び付いていきます。

大西洋は、それまでの「陸の世界史」から見ると歴史的な積み重ねに乏しい辺境の海でした。ヨーロッパ人は大西洋の商業を新大陸のプランテーションを組みあわせ、資本主義経済を成長させることで、一九世紀には世界史の大逆転を起こします。

大航海時代には、スペイン・ポルトガルでユダヤ人が大規模に追放される「第二のディアスポラ」が起こされます。その結果、新大陸やオランダなどの北海周辺へのユダヤ人の移住が進み、ユダヤ人は期せずして資本主義経済を推進する役割を担わされていきます。

ユダヤ史家のポール・ジョンソンは、「彼らは狭く孤立した自分たちの世界の中では、原則としてきわめて保守的であったが、社会全体に対しては、責任を負っていたわけでも特別な感情をもっていたわけでもないので、社会の伝統や物事の運び方、制度などが崩れていくのを見ても少しも心が痛まず、実際に既存のものを壊していく中で指導的な役割を果たしえたからである。そういう意味で、ユダヤ人が資本主義を押し進めていったのは自然の成り行きであった」（『ユダヤ人の歴史』）と述べています。

ユダヤ商人には大西洋と新大陸を「貨幣により貨幣を増殖させるための空間」に変えるだけの経済技術の集積と才覚があり、大航海以後のヨーロッパと新大陸でそれまでの経済活動で培った視野、先見性、企画力などを生かして活動を展開しました。

大西洋は、北緯四五度以北の寒冷なヨーロッパと、亜熱帯・熱帯のカリブ海を結び付ける海洋であり、気候の差を生かせば商業を成長させる可能性を備えていました。砂糖のようなヒット作物が見つかれば、莫大な富の獲得が可能だったのです。

◉コロンブスの航海と改宗ユダヤ人

大航海時代にリスボンを拠点に活躍したジェノバ人に、起業家のクリストファー・コロンブス（一四五一頃〜一五〇六）がいます。

コロンブスは二世紀にエジプトのアレクサンドリアで活躍した地理学者プトレマイオスの世界像を基礎に、ヨーロッパの対岸に「黄金の島」ジパング、中華帝国があると確信して大西洋の冒険的航海に乗り出しました。コロンブスの破天荒とも言えるベンチャー・ビジネスを支援したのが、ヨーロッパ・アフリカ近くの大西洋の島々でのサトウキビ栽培と砂糖貿易で高収益を得ていたジェノバ商人とスペインの「改宗ユダヤ人（コンベルソ）」の豪商でした。コロンブスは、ジェノバ商人の下で砂糖貿易船に乗り組んだこともあり、改宗ユダヤ人とのコネがあったのです。

コロンブス自身についても、改宗ユダヤ人だったとか、その航海はユダヤ人改宗令によりスペインを追われたユダヤ人の安住の地を発見するためだった、とする俗説があります。コロンブスがユダヤ人だったのか否かは藪の中ですが、コロンブスが砂糖貿易と関わる多くの改宗ユダヤ人と交流があったことは事実です。以下のような経緯で、コロンブスは大西洋に乗り出していきます。

①船乗りとして砂糖の購入に訪れたマディラ諸島、カナリア諸島などのジェノバ人や改宗ユダヤ人の砂糖業者との結び付きを強め、砂糖の買い付けに訪れたマディラ諸島のポルト・サン

ト島で貴族ペレストレロの娘と結婚して、活動拠点をリスボンから大西洋上に移しました。
②やがてコロンブスは砂糖つながりで、アラゴン王国の豪商であり財務官だった改宗ユダヤ人ルイス・デ・サンタンヘル（一四四八～九八）にたどりつき、彼の仲介を得てスペイン女王イサベル（一四五一～一五〇四）の知己を得ます。
③一四九二年、グラナダを陥落させて「レコンキスタ」を完成したばかりのスペインの女王イサベラが、コロンブスの事業のパトロンとなります。
④一四九二年、パロス港を出港したコロンブス率いる三隻の船団は、冬のモンスーンを利用する比較的平穏な航海の末、カリブ海（コロンブスは「中国の海」と考えていた）に至ります。
⑤コロンブスは、カリブ海のハイチ島（エスパニョーラ島と命名）を「黄金の島」ジパングと誤認。サンタンヘルに「ジパング発見」の書簡を書きましたが、その書簡は印刷されて広がり、ヨーロッパ中に衝撃を与えました。
⑥コロンブスは前後四回の航海を行って大西洋横断の幹線航路を拓きます。

コロンブスとスペインのイサベル女王（在位一四七四～一五〇四）の間を取り持った改宗ユダヤ人のサンタンヘルは、アラゴン王国の財政を担っていたガバリェーリャ、サンチェスという二人の改宗ユダヤ人とともに、一万七〇〇〇ドゥカードをコロンブスに融資しました。彼らは、コロンブスの事業から大きな収益が得られると期待したのです。しかしヨーロッパの対岸は、今では誰でも知っているようにアジアではなく新大陸でした。長い目で見るとそれが「瓢箪から駒」となり、ヨーロッパは大西洋と新大陸を掌中に収めたのです。

2 新大陸と北ヨーロッパへのユダヤ人の移住

◉レコンキスタを財務面から支えたユダヤ商人

イベリア半島では八世紀初頭から一四九二年までレコンキスタというイスラーム教徒からの失地回復運動が展開され、そのなかでカスティーリャ王国（一〇世紀に建国）、アラゴン王国（一一世紀に建国）、ポルトガル王国（一二世紀に建国）が建国されました。レコンキスタの戦費を負担したのは、宮廷ユダヤ人、ユダヤ商人です。

カスティーリャ王国やアラゴン王国では、ユダヤ人の金融業者が、徴税請負人、財務長官を務めました。親族関係に支えられて代々金融業を営むユダヤ商人は、各地の貴族や大司教・司教などの財務も担当します。王、貴族のユダヤ人への依存は、一四九二年のユダヤ人改宗令まで続きました。しかし、イスラーム教徒との宗教戦争により国家作りを行ってきたスペインは最後のイスラーム勢力の拠点グラナダを陥落させた一四九二年に、ユダヤ教徒に対するカトリックへの改宗を命じ、改宗しないユダヤ人は国外に追放しました。コロンブスが大西洋横断の航海に出る直前のことです。その後ポルトガルもスペインに追随し、ヴァスコ・ダ・ガマがインドにむけて航海に出た一四九七年、ユダヤ教徒の国外追放に踏み切ります。スペイン、ポルトガルの財務を支えてきた富裕な「宮廷ユダヤ人」は心ならずも改宗ユダヤ人（コンベルソ）となり、スペイン、ポルトガルに留まりました。

◉イベリア半島からのユダヤ難民の大移動

大航海時代にユダヤ社会を揺るがしたのが、一四九〇年代に起こった「第二のディアスポラ」でした。ユダヤ人の移住先は主にオスマン帝国であり、北ヨーロッパや新大陸に難民として移住したユダヤ人の数はそれ程多くはありませんでした。しかし、新興地域には十分な数でした。

先に述べたように、一四九二年一月、グラナダのアルハンブラ宮殿が陥落してレコンキスタが完成すると、スペイン王室は異端審問所（一四八〇年の創設）や側近の改宗ユダヤ人の要求を容れて、五月一日に国内のユダヤ人に対し、四カ月以内に改宗するか、七月三一日までに国を離れるかの二者択一を迫るユダヤ人改宗令を出しました。

財産は没収されませんでしたが、三カ月の猶予期間しかなかったために、大半のユダヤ人は財産を投げ売りするか、放棄するかして国外に移住するしか方法がありませんでした。スペイン社会の中枢にいた「宮廷ユダヤ人」数万人は仕方なくカトリックに改宗して改宗ユダヤ人（コンベルソ）となり地位を保全しました。大部分は、偽装改宗だったと言われます。

『スペインのユダヤ人』を著したイギリスの歴史家エリー・ケドゥリー（一九二六〜一九九二）は、

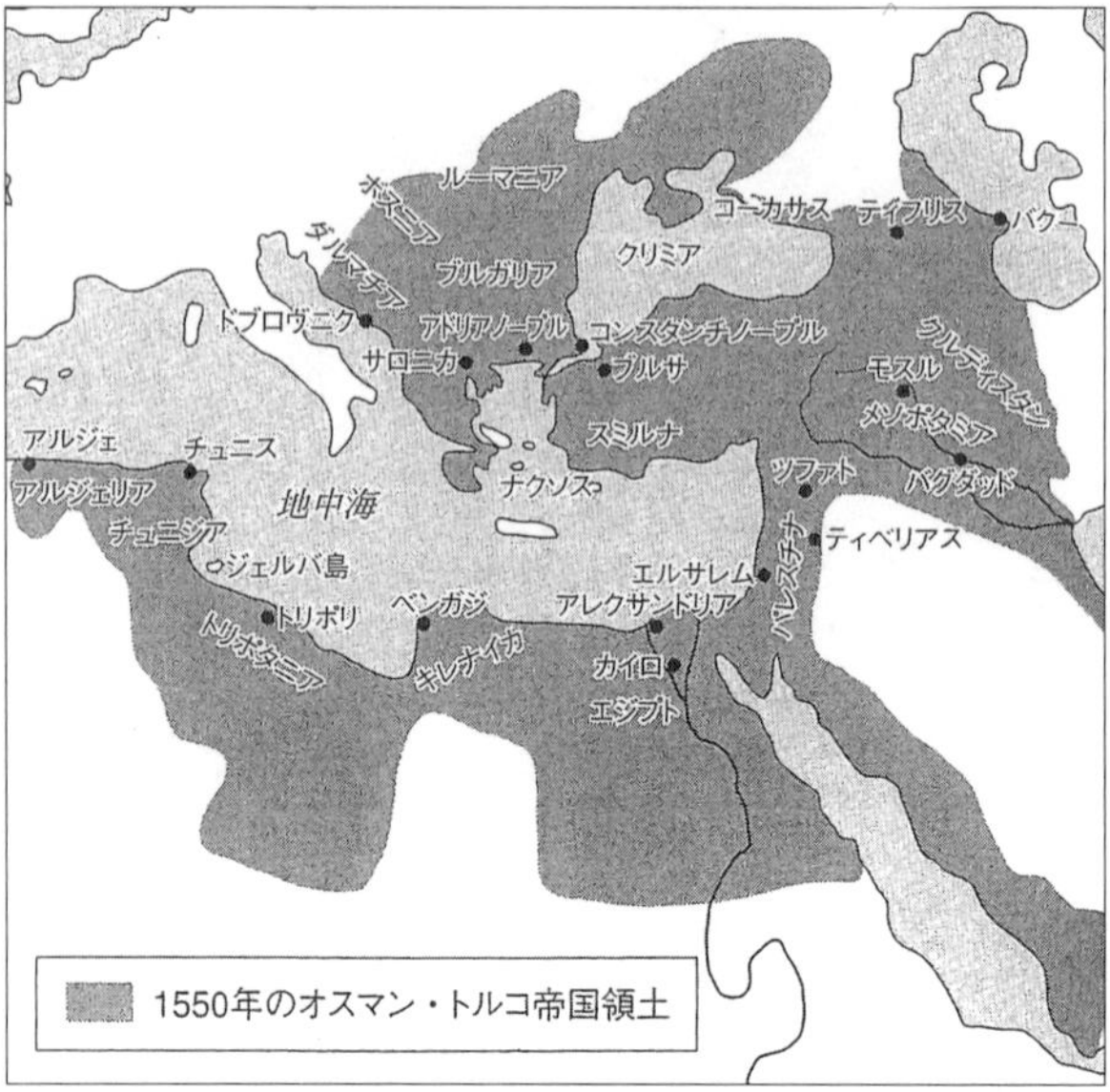

オスマン帝国下の主なユダヤ人居留地（16世紀）

スペインを構成するカスティーリャ王国のユダヤ人を七万人、アラゴン王国のユダヤ人を一万人と推測し、その半数の約四万人がスペインを離れたのではないかと推測しています。

スペインを出たユダヤ人の大部分は、イスラーム世界に向かいました。オスマン帝国では、商業、貿易、財務などの専門技術を持つ有能な人材が乏しかったという事情があり、キリスト教世界との多様なネットワークを持つユダヤ人（セファルディウム）の移住が歓迎されました。移住ユダヤ人は、徴税、貨幣管理、貸付などでオスマン帝国の財政を支えます。オスマン帝国は、東欧からのアシュケナージムの移住も歓迎しました。

オスマン帝国のスルタン、バヤジット二世（在位一四八一〜一五一二）は、スペインを支配したアラゴン国王フェルディナンド二世（在位一四七九～一五一六）が国内から大量のユダヤ人を追放したことを「とても賢明な王のやることとは思えない」と述べたと、アメリカのヘブライ文学者レイモンド・P・シェインドリン（一九〇〇～）の『ユダヤ人の歴史』は記しています。オスマン帝国にとり、金融力と豊富な資金、広域ネットワークを持つユダヤ商人はきわめて貴重だったからです。

多くのスペインからの難民が陸から押し寄せたポルトガルの王、ジョアン二世（在位一四八一～九五）は経済を優先する立場から、最初はユダヤ人難民を好意的に受け入れました。しかし、ヴァスコ・ダ・ガマがインドへの航海に出た一四九七年、新ポルトガル国王マヌエル一世（在位一四九六～一五二一）はスペインの圧力を受けて、ポルトガル在住のユダヤ人を強制的に改宗させます。そこで、ポルトガルからもヨーロッパ各地への新たなユダヤ難民の移住の波が生まれました。

フランスの経済学者、経済史家ジャック・アタリ（一九四三～）は、イベリア半島で起こった「第二のディアスポラ」によるユダヤ人の移動先を、「イベリア半島を捨てた一四万五〇〇〇人の大部分は、イスラムの大地に旅立った。そのうち、トルコに九万三〇〇〇人、マグレブに三万人（アルジェリアに一万人、モロッコに二万人）、そのほか九〇〇〇人がイタリア、三〇〇〇人がフランス、二〇〇〇人がオランダ、二〇〇〇人がエジプト、一〇〇〇人がギリシア、ハンガリー、ポーランド、バルカンに定住した。五〇〇〇人はアメリカに定住した」（『ユダヤ人、世界と貨幣』）と記しています。

◉オランダの成長を助けたユダヤ商人

ジャック・アタリによれば、「第二のディアスポラ」によりオランダに向かったユダヤ人は約二〇〇〇人、新大陸に移住したユダヤ人は約五〇〇〇人と全体から見れば少数でしたが、新興経済地帯のオランダ、新大陸には十分な数でした。

オランダに移住したユダヤ人は商業や金融に熟達し、スペイン語、ポルトガル語に堪能だったために有能な人材になりました。スペイン、ポルトガルがユダヤ人の追放で経済を衰退させたのとは対象的に、オランダ経済は急速に勃興してイタリア諸都市に代わります。いわゆる「商業革命」です。

ポール・ジョンソンの『ユダヤ人の歴史』は、一八世紀のユダヤ商業の質の高さを挙げ、「ユダヤ人は近代資本主義の成立において、その人口からは考えられないほどの貢献をしている」と記していますが、大航海時代直後のオランダ、イギリスでもユダヤ人が貨幣システムと経済のシステム作りに活躍したのです。

経済史家ゾンバルトは新世界でのユダヤ人の活動を、「全く奇妙な方式で、ユダヤ人は発見と同時に最も密接にアメリカのなかに組み込まれていった。まるで新世界は彼らだけのために、彼らの援助によってのみ、発見されたかのようであった」と高く評価しています。

改宗ユダヤ人のカトリック司祭バルトロメ・デ・ラス・カサス（一四八四～一五六六）は、『インディアスの破壊についての簡単な報告』で「新大陸」でスペイン移民が行った残虐行為を摘発し、スペインが行ったキリスト教化を口実に先住民を奴隷化する、時代遅れのエンコミエンダ制（国王の財産である土地と先住民の委託制度）を厳しく批判しています。

◉資本主義経済を育てた砂糖

ドイツの経済史学者マックス・ウェーバー（一八六四～一九二〇）が説いた生産関係として資本主義をとらえる方法は、かえって資本主義経済をわかりにくくしているように思われます。ヨーロッパ経済に新たに加わった大西洋商業、サトウキビを中心とするプランテーション経営が、資本主義の勃興を読み解く鍵になります。

一五世紀末以降、大西洋の島々、ブラジル、カリブ海域で勃興するサトウキビ・プランテーション（大規模農場）は、農場主が貨幣により土地、製糖工場、使用する家畜、労働力、食糧を購入して砂糖を大量に生産し、それをヨーロッパ市場で販売し、最大限の利益の獲得を目指す経営方式でした。

ヨーロッパで砂糖の市場が拡大するにつれて、砂糖生産は農場だけではなく労働力を供給する奴隷商人、砂糖商人、ヨーロッパの精製業者というような複数の業者が互いにリンクする一大産業に成長しました。貨幣は、「ヒト」と「モノ」、「空間」と「時間」が組みあわされることで、利潤を生む資本に変わっていきます。

亜熱帯で栽培されるサトウキビが、寒冷なヨーロッパ市場で販売されて高収益を上げたのですが、砂糖産業を組織したのがユダヤ商人、ジェノバ商人、ネーデルラント商人でした。

◉砂糖生産を広めたユダヤ商人

サトウキビ・プランテーションは一五世紀末に大西洋の島々から始まり、後にブラジル、カリブ海域に伝播しました。開明的な考え方を持ちながらヨーロッパでは有利な職をえられず、一定の資金力を有するユダヤ商人が砂糖の生産に関わったことは、当然と言えば当然のことでした。

既にアッバース朝時代から、砂糖産業の盛んだったエジプト（一四世紀に六〇余の精糖所があったとされる）でサトウキビ栽培に従事していた貧しいユダヤ人は、初期段階から年季奉公人として、砂糖生産に関わっています。ユダヤ商人と砂糖のつながりは、古いのです。

ジェノバ商人やユダヤ商人は、大航海時代にポルトガルの南西に浮かぶマディラ諸島で粗糖を生産し、ヴェネツィアで精製してヨーロッパ各地に販売しました。マディラ諸島の南方に位置するスペイン領のカナリア諸島にも、サトウキビのプランテーションが普及します。

マディラ諸島のポルト・サント島で貴族ペレストレロの娘と結婚するなど、砂糖貿易と深い関わりがあったコロンブスも、一四九三年の第二回航海の際に寄港地のカナリア諸島でサトウキビの苗木を積み込み、エスパニョーラ島（現在のハイチ）の拠点イサベラ（イサベラ女王の名に由来）周辺で栽培を始めました。

エスパニョーラ島からヨーロッパに向けて輸出された砂糖の量は、一五四二年には、一二〇〇トンに達しています。コロンブスの息子ディエゴと孫のルイスも、サトウキビ農場の経営者として財をなしました。しかし、スペイン人がカリブ海域に持ち込んだ天然痘やインフルエンザなどのパンデミック（感染爆発）により先住民が激減し、カリブ海のサトウキビ・プランテーションは立ち行かなくなります。

他方ヨーロッパ近くの大西洋の島々で改宗ユダヤ人などが勧めたサトウキビ栽培は、カナリア諸島から西アフリカ沖合のカーボヴェルデ諸島を経て、ギニア湾に浮かぶポルトガル領の火山島サントメ（サント・トマス）島に及びました。

ポルトガル王ジョアン二世（在位一四八一～九五）はこの島で二〇〇〇人の貧しいユダヤ人を働き手とするサトウキビ栽培を始めましたが、酷暑と劣悪な環境で多くのユダヤ人労働者が死亡し、働き手が黒人奴隷に代わりました。サントメ島で産出された砂糖は、ジェノバ商人だけではさばききれない程の量に達したと言われています。

生産過剰の砂糖に目を付けたのが、ネーデルラント商人でした。彼らはマディラ島やサントメ島の粗糖を買い付けてアントウェルペン（アントワープ）で精製し、ヨーロッパ各地に販売して収益を上げます。

◉ブラジルで砂糖栽培を始めたのは改宗ユダヤ人

サトウキビ・プランテーションと奴隷労働をセットした生産方式は、サントメ島を経てポルトガルの植民地ブラジルの北東部のバイーア地方に移植されました。一五四九年、ブラジルに最初にサトウキビ生産を持ち込んだのは改宗ユダヤ人で、初代ブラジル総督となったトメ・デ・ソウサ（任一五四九～五三）でした。彼は一〇〇〇人の兵士を率いて一五四九年に首都サルヴァドールを建設し、その周辺にサトウキビ農場を拓きます。

サトウキビ農場の経営者の多くは、改宗ユダヤ人だったと言われます。一五八四年になるとブラジルのサトウキビ農場は六六に増加しました。そうした砂糖が、アントウェルペンをヨーロッパ最大の砂糖市場に押し上げます。

一五八五年、スペインからのネーデルラントの独立戦争（オランダ独立戦争、一五六八～一六〇九）によりアントウェルペンがスペイン軍に蹂躙されると、砂糖の精製工場はアムステルダムに移りました。

ブラジル北東部バイーア地方でポルトガル語が堪能な改宗ユダヤ人の商人が買い集めた粗糖は、奴隷貿易港レシフェからアムステルダムに積み出されたのです。年間約一〇〇隻の船がレシフェとアムステルダムの間を往来し、砂糖の精製・販売がネーデルラントの主産業のひとつになっていきます。

◉カリブ海での資本主義的砂糖生産

一五八〇年にポルトガルの王統が絶えたことでブラジルがスペイン領になると、一六二一年、スペインは独立戦争中のオランダ人のブラジルでの通商を禁止しました。それに対抗して、同年、オランダはオランダ西インド会社を設立します。

オランダ西インド会社は、スペインがヨーロッパの三十年戦争（一六一八〜四八）の対応に追われてブラジルから後退させざるをえない状態を利用し、一六三〇年、砂糖の積み出し港のレシフェを占領。商業特権を与えて多くのユダヤ商人をレシフェに移住させました。レシフェには四〇〇人から六〇〇人のユダヤ商人が居住することになり、アムステルダムとの間の砂糖貿易が再建されます。

しかしブラジルでは高収益の奴隷貿易がポルトガル商人に独占されていたために、オランダ西インド会社の収益は限定的でした。ポルトガルが奴隷貿易で元手の九倍の収益を上げたのに対して、オランダ西インド会社の収益はわずかに元手の一五パーセント程度だったと言われます。

一六五四年、ポルトガル軍がレシフェを奪回すると、二〇〇〇人のオランダ人、改宗ユダヤ人は一五隻の船で撤退し、カリブ海のキュラソー島（オランダ領）、バルバドス島（イギリス領）に移住しました。それによりサトウキビ栽培のノウハウとプランテーションの経営方式がブラジルからカリブ海域に移植されたのです。栽培技術の移植を主導したのは、ユダヤ商人でした。

バルバドス島は、新たにカリブ海域における「サトウキビ栽培の学校」となり、後のジャマイカ島などのサトウキビ栽培に影響を与えることになります。バルバドス島では既に小農民によるタバコ栽培が行われていたのですが、多収益が見込めるサトウキビ・プランテーションが伝えら

西インド諸島のプランテーションと製糖工場

れると、サトウキビ栽培への転換が急速に進みました。一万一〇〇〇戸のタバコ農家が、七四五の大規模なサトウキビ・プランテーションに再編されます。同島の黒人奴隷の数も、六〇〇〇人から八万二〇〇〇人へと激増しました。バルバドス島の自由白人の約三割が、ユダヤ人でした。

カリブ海の小国トリニダード・トバコの初代首相で、歴史家のE・ウィリアムズ（一九一一〜八一）は『コロンブスからカストロまで』で、サトウキビ農場への転換に伴うバルバドス島の劇的変化を物語る、当時の資料を紹介しています。

一六四三年のバルバドスでは建物も粗末なもので、家具や調度といっても本当の必需品しかなかった。ところが一六六六年には皿、宝石、家庭用品だけでも価格にして五〇万ポンドくらいはあったし、建物は非常に瀟洒で美しく、住宅はお城の如く、製糖工場やニグロの小屋もあって、海から見るとそれぞれに城砦で防御を固めた小都市が蝟集《いしゅう》しているように見えた。

一六五五年、イギリスのカリブ海進出を画策するクロムウエル（一五九九～一六五八）により海賊の拠点だったジャマイカ島が征服され、同島がイギリスのサトウキビ栽培の新たな中心になりました。一六九八年には、ジャマイカ島では白人一人に対して黒人奴隷六人という比率だったのですが、一七〇三年になると、白人男子三五〇〇人に対して黒人奴隷四万五〇〇〇人というように黒人の比率が約一三倍弱に増加していきます。黒人奴隷によるサトウキビ・プランテーションに多額の投資が行われ、規模が拡大したのです。投資のうち三分の一の額は奴隷の購入費用に充てられ、土地の購入代金はその半分程度でした。

ユダヤ史家佐藤唯行氏（一九五五～）の『英国ユダヤ人』は、「バルバドス島のユダヤ人は、プランターあるいは商人として成功すると、ロンドン郊外の高級住宅地で余生を送るために帰国し、これとは逆に、同島に人脈を持ち、進取の気性に富むロンドンのユダヤ商人の次・三男が、富と成功を求めて、同島へ来住するという、ひとつの生活類型が確立されていた」と述べ、ユダヤ人のプランター（農場主）は成功を収めるとイギリスに戻り、ジェントリー（領主、地主）になったことを指摘しています。彼らは、イギリス議会でも東インドの利権を代表する勢力と拮抗する程の大勢力だったとされます。

プランテーションでは、奴隷を一〇〇人使用すると年間八〇トンの砂糖生産が可能で、一年半で奴隷の購入費用を回収できました。資金の回収が容易だったことが、プランテーション経営と奴隷貿易を急成長させたのです。

◉奴隷貿易は砂糖生産と共に急拡大

サトウキビ・プランテーションは資本主義経済を成長させただけではなく、ブラジルやカリブ海域にアフリカの黒人世界を広め、新大陸の生態系を破壊するなど、多大な影響を世界史にもたらしました。砂糖生産を支えた奴隷貿易についても、簡単に言及しておきましょう。

西アフリカでの奴隷獲得の担い手は、ダホメーなどの沿岸部族でした。彼らがヨーロッパ人から鉄砲を入手して内陸部族との戦争を繰り返し、戦争捕虜を奴隷商人に売り払ったのです。新世界の領土を争っていたスペインとポルトガルが、新しく取得した領土の分割を決めた一四九四年のトルデシリャス条約により、奴隷の供給源の西アフリカをポルトガルの勢力圏と認めたスペインは、自らの植民地に奴隷を供給する権利（アシェント）を協力関係にあったジェノバ商人に与え、七・五パーセントの輸入税を徴収しました。

E・ウィリアムズは「黒人奴隷がいなければ、砂糖もなかった」として、一八世紀前半の奴隷貿易船の利益率が一〇〇パーセント以上に達したことを指摘しています。諸説がありますが、最近の研究では、一六世紀から一九世紀後半までの間に約一二五〇万人の奴隷がブラジルやカリブ海域に送られたというのが一般的です。

3　メキシコ・ドルと地球規模の銀の循環

◉東・西に流れたメキシコ・ドル

大航海時代に新大陸で産出された厖大な銀の流入により、一〇世紀以来続いてきたユーラシアの銀不足が一時的に緩和されました。世界経済に新大陸の銀がおよぼした影響は、想像される以上に大きいのです。

ユダヤ人の歴史からは少し離れますが、大航海時代以後のヨーロッパ・アジアで、「国際通貨」として広域で流通した新大陸の銀貨について、触れておきたいと思います。スペインが輸送に便利なようにメキシコに鋳造所を設け大量に鋳造させた銀貨がスペイン・ドル（一般的にはメキシコ・ドルと呼ばれる）です。

一〇世紀のアッバース朝で、銀貨の不足によって手形、小切手が普及し、信用経済が発展したことは五六頁で述べましたが、それ以降もユーラシアでは銀貨不足が持続していました。巨額のメキシコ・ドルの発行は、ヨーロッパ、東アジア、インド、アフリカの通貨不足を解消し、各地の経済を地球規模で結びつけました。

メキシコ・ドルは、銀貨の枯渇により行き詰まっていたイスラーム経済、銅不足に悩んでいた中華帝国の経済を救い、ヨーロッパでは長期のインフレを引き起こすことで経済の成長を助けました。メキシコ・ドルは、イギリスのポンド、アメリカのドルに先立つ国際通貨（銀貨）として、二〇〇年間もその地位を守り続けたのです。

世界が新大陸の銀でひとつながりになる時代は、一五四五年、インカ帝国が放棄していた標高四八二四メートルのセロ・リコ（「豊かな丘」）のポトシ銀山（現ボリビア）をスペイン人が再開発したことから始まりました。メキシコでも、一五四六年、標高二二五〇メートルに位置するサカテカスで巨大銀山が発見されます。

一五五二年に南ドイツから水銀アマルガム法という精錬技術が移植されると、一六世紀後半から一七世紀初めにかけて銀の産出が激増しました。諸説ありますが、一五〇三年から一六六〇年までに新大陸の銀の産出量は約一万五〇〇〇トンにおよんだと推定されます。一〇〇隻の銀船が年に一七〇トンもの銀を新大陸からスペインのセヴィーリャに運び、一六世紀末にはスペイン王室の経費の四四パーセントを賄うようになりました。

スペイン王カルロス一世（在位一五一六〜五六）は本国の造幣規則に基づいて、一五三五年からメキシコで大量にスペインで流通していた八レアル銀貨を鋳造させ、本国への輸送の便を図りました。それが、冒頭に記したスペイン・ドルです。スペイン・ドルは、一八一三年、独立を達成したメキシコで法定貨幣の地位を得ましたので、「メキシコ・ドル（メキシコ・ダラー）」とも呼ばれています。一五三五年から一九〇三年までの間に、その製造量は三五億五〇〇〇万ドルにもおよびました。

ちなみに「ドル」という語は和製英語で、英語のダラー、スペイン語のドレラ、ドイツ語のターラー（ターレル）に遡ることができます。「新大陸」の銀が流入する直前、ヨーロッパの銀の主産地だったボヘミアの聖ヨアヒムスタール（タールはドイツ語で「谷」の意味、現チェコのヤーヒモフ）銀山で大量の銀が掘り出され、一五一七年、当時最も信用が厚かったフィレンツェのフローリン金貨と同価値の、サイズの大きい銀貨が発行されました。折からの銀貨不足もあって、その大型銀貨がヨーロッパ全体で通用したため、銀貨の一般的な呼称が「ターラー」になったのです。

莫大な銀貨を手にした宗教国家スペインは、その大部分を折からの宗教戦争に注ぎ込みました。カトリックを守る戦争での浪費により、スペインはあり余る銀を使い尽くして痩せ細っていきます。皮肉なことに滔々と流れ込む「新大陸」の銀貨が、ヨーロッパの戦争を長期化させ、物価の高騰を引き起こしたのです。

東アジアでも、太平洋を横断するマニラ・ガレオン貿易によりメキシコの港アカプルコから大量のメキシコ・ドルがフィリピンのマニラに集まりました。東アジアは三八頁や七三頁などで述べたように中華世界を中心とする銅銭の経済圏でしたから、メキシコ・ドルは「商品」として取り引きされました。

明に絹製品や陶磁器の代価として流入した大量の銀は、役人により徴税を能率化する手段として利用されました。それが、農民が商人に穀物を売って銀地金を受け取り、銀地金で納税する一条鞭法です。

◉「価格革命」とは

大航海時代以前のヨーロッパの銀の年産量は、約三〇トンにすぎませんでした。ところが一六世紀後半になると、アメリカ大陸からスペインに流れ込む銀の量は年に約二〇〇トンを越えることになります。

しかも「新大陸」の銀は、旧インカ帝国の「ミタ」という強制労働の制度を利用して掘り出されましたから、きわめて安価でした。ヨーロッパは新大陸の安価な銀を手にしたことで、ユーラシアの他地域に対して経済的な優位に立てたのです。

一六世紀から一七世紀の一〇〇年間、貨幣量が大幅に増加したヨーロッパでは、銀価が長期間下落（物価は逆に長期上昇）しました。アメリカの経済学者E・J・ハミルトン（一八九九〜一九八九）は、「新大陸」からもたらされた大量の銀が、一六世紀の一〇〇年間で物価をほぼ五倍に上昇させたことを立証し、それを「価格革命」と名付けました。安価な銀の継続的流入が長期のインフレをもたらし、地代収入に頼る領主層が没落し、新たな儲け口を作り出せる商人などの台頭が進みました。

◉宗教戦争の激化で増加した宮廷ユダヤ人

新大陸産の安い銀の大部分はスペインを素通りして、宗教戦争の軍費に充てられました。プロテスタントのネーデルラントがスペインに対して起こしたオランダ独立戦争（一五六八〜一六〇九）、ドイツやスウェーデンのプロテスタントとスペイン、神聖ローマ帝国などのカトリックが戦った三十年戦争（一六一八〜一六四八）などで、新大陸からもたらされた大量の銀が浪費されたのです。スペインの国家収入の約七割が、宗教戦争の戦費・戦債の利払いに費やされたと言われるほどです。つまり新大陸から流入した豊富な銀が、皮肉なことにヨーロッパの宗教戦争を激化、長期化させたのです。

当時の戦争では大量の傭兵が雇われたために戦費が厖大になり、新大陸とつながりを持たないドイツの王、領主は、軍費の調達に追われました。窮余の策として、領主たちは、徴税、財産管理に貨幣の改鋳などの金融技術を持つ宮廷ユダヤ人を頼らざるをえなくなります。ユダヤ人に居住の許可、商業権などを与え恣意的に借金を棒引きできたことも、領主にとっては便利でした。

三十年戦争では、ドイツの多くの小国が、商才のあるアシュケナージムを競って宮廷ユダヤ人として迎え入れて富国強兵を図ります。たとえば戦争の初期にハプスブルク家の財務を支えたのが、プラハのユダヤ人商人バッセヴィーです。彼は皇帝に対する借款団を組織して帝国の貨幣鋳造所を借り受ける契約を結び、莫大な戦費を通貨の悪鋳で賄いました。彼は軍馬、軍糧、武器、火薬の調達などでも実績をあげ、爵位まで授与されています。

ユダヤ商人は三十年戦争が終わった後も、新たに誕生した絶対主義国家の重商主義政策の担い手として、宮廷が豪華な王宮や新都市を建設する資金や戦費の調達に当たりました。庇護を受けたユダヤ商人はマイノリティとして差別を受けていましたから、王には借金を踏み倒したり、庇護、特権を与えることでコントロールできるという利点があったのです。

支配層がユダヤ人の金融業者に財務を委ねる流れは、その後のオランダ、一九世紀のイギリス、二〇世紀のアメリカへと引き継がれました。東欧、中欧では、アシュケナージムは宮廷の財務官あるいは財務顧問として雇われましたが、やがて宮廷全体を支える存在となり、身分的束縛から解放されただけではなく、肩書までをも与えられるようになります。

しかし彼らは片一方の足をユダヤ人の共同体に置き続けており、同族での結婚を繰り返しましたから、宮廷ユダヤ人がユダヤ社会から抜け出すことはありませんでした。宗教戦争以後の絶対主義国家の時代には、ユダヤ商人が持つ貨幣の増殖技術が、傭兵と共に国家を強化する「武器」になったのです。

◉ネーデルラントに移動したイタリア資金

スペインのカルロス一世（在位一五一六〜五六）、フェリペ二世（在位一五五六〜九八）は、新大陸からの厖大な銀、植民地からの税収をもっぱら宗教戦争に回しましたが、それでも戦費は常時不足する状態でした。スペイン王はジェノバ商人などから多額の借金を重ね、度々デフォルト（破産）

を宣言せざるをえなくなります。

そうしたことから、スペインと結び付きが強かったジェノバ経済が悪化してデフレが長期化しました。一六一〇年代を中心とする一〇年間、イタリアで最も信用度が高かったジェノバの長期国債の金利が一パーセント台に据え置かれるという不振が続きます。

長期のデフレが続くイタリア諸都市から「資金」が新興地域に流出するのは当たり前のことで、経済成長が続くネーデルラント、イギリスへと資金が流れました。ヨーロッパ経済の中心は、地中海から北海周辺へと移動していきます。現在、利益率が低下したアメリカ、ヨーロッパから、中国、インドなどに「資本」が移動するのと全く同じ現象です。

◉近代経済都市アントウェルペン

北海周辺でユダヤ人の最初の移住先になったのが、アントウェルペンでした。大航海時代以降、新大陸の銀、インド・東南アジア・中国の物産は、ポルトガル商人、スペイン商人の手でイタリア諸都市ではなく、ヨーロッパ各地の商人が集まるネーデルラント南部のスヘルデ川の河港アントウェルペンに持ち込まれました。

イタリア諸都市からネーデルラントへの「資金」の移動が続いたため、新興ネーデルラントの経済成長率はイタリア諸都市をはるかに凌《しの》ぎました。「第二のディアスポラ」でスペイン、ポルトガルを追放されたユダヤ人の一部が、アントウェルペンに移動した背景には、宗教問題だけではなく経済の趨勢もあったのです。

アントウェルペンのユダヤ商人は、一〇世紀のイスラーム世界で普及し、ヴェネツィアはじめヨーロッパの諸都市に伝えられた手形取引の手法をアントウェルペンに持ち込み、経済の成長を助けました。

一五三一年、アントウェルペンには世界初の商品取引所が設けられますが、「先渡《さきわたし》契約」と言う、あらかじめ定めた将来のある時点で、あらかじめ決めていた値段でモノを受け渡し、あるいは売買する先物取引が行われていました。

アントウェルペンでは、有価証券取引も普及します。それまでヨーロッパ諸都市で開かれた金融取引市場は年に四回程度でしたが、アントウェルペンでは、通年取引が行われる常設の有価証券取引所が設けられます。スペインもアントウェルペンで起債し、戦争資金の調達に当たりました。

スペイン財政を実質的に支配していた南ドイツの金融業者フッガー家、リスボンでアフリカや新大陸との貿易、およびアジアの香料貿易を支配していた南ドイツのウェルザー家、ハンザ同盟などがアントウェルペンに支店を設け、スペインやイタリアの銀行家も同市に代理人を送り、諸国も財務官を駐在させます。

アントウェルペンという一都市がヨーロッパ経済の縮図となり、ヨーロッパ規模の国際金融取引が連日繰り返されました。有価証券取引所には、「すべての国と言語の商人のために」というスローガンが掲げられていたと言われます。

イギリス王室の海外負債管理の仕事に携わった王室金融代理人のトーマス・グレシャム（一五一九～七九、「悪貨は良貨を駆逐する」というグレシャムの法則で有名）は、一五七一年にアントウェルペンの有価証券取引所をモデルにして、ロンドンの王立取引所を設立しています。

しかし、アントウェルペンの繁栄は長くは続きませんでした。一五六八年以後、八〇年もの間続いたオランダ独立戦争が勃発すると、スペイン財政は苦しくなって兵士への俸給の支払いが滞り、アントウェルペンは、一五七五年、一五八五年と繰り返しスペイン軍により略奪されました。さらにスペイン軍がスヘルデ川河口を閉鎖したことにより、中流域の河川港アントウェルペンは急激に衰退します。そのかわりに、オランダのアムステルダムが勃興しました。戦後も、オランダ海軍はスヘルデ川河口を封鎖し、アントウェルペンの再興を阻止します。

◉マニラと東アジアの銀ラッシュ

アジアでアントウェルペンに匹敵する国際経済都市になったのが、マニラでした。「新大陸」の銀の三分の一は、太平洋を横断するマニラ・ガレオン貿易によりマニラに運ばれ、東アジア海域のシルバー・ラッシュを引き起こしました。安価に購入された絹、陶磁器などの明の物産は、太平洋－メキシコ－カリブ海－大西洋を経てヨーロッパに運ばれます。

「新大陸」から大量の銀が流入する以前、既に石見銀山の開発により日本が世界の三分の一（二〇〇トン）の銀を産出するようになっており、ポルトガル人は日本銀を活用して、日本と明の密貿易に参入しました。「海禁」政策（一種の「鎖国」）をとる明（一三六八～一六四四）は、「倭寇」として日本の民間商人の対明貿易を禁止し、政治色の強い勘合貿易体制を続けました。日本からの勘合船の数は、一一五年間で一一回のみです。

一五七一年、スペインがフィリピンのルソン島を占領して、中西部のマニラ湾東岸に国際貿易港を建設した後、メキシコのアカプルコから毎年大量の銀貨（約二五から三〇トン）を運ぶマニラ・ガレオン貿易は、一八一五年までの二五〇年間続きました（一一〇隻）。

文禄五年（一五九六）に台風に遭って日本の土佐沖に漂着したスペインのサン・フェリペ号は豊臣秀吉に積み荷を没収され、バテレン追放令が出されるきっかけを作りますが、同船もマニラ・ガレオン船です。

一六〇二年のメキシコ市の計算によると、約五〇〇〇万ペソの銀がメキシコ・ドル（墨銀）としてアジアに流れたとされますが、そのうち約三〇〇〇万ペソがポトシ銀山の銀だったと言われます。ポトシ銀山の総産出額は約六九〇〇万ペソですから、産出された銀の四割以上が儲け口を求めてマニラに持ち込まれたことになります。

メキシコ・ドルはその形から「銀圓」と呼ばれ、それが日本の「円」、韓国のウォン（円の韓国語読み）、中国の元（圓は難しい字なので同音の元に置き換えた）の語源になっています。新大陸のメキシコ・ドルは、東アジアの経済のなかに「銀」を組み込む役割を果したと言えます。安い銀を手に入れたい「東アジアのユダヤ人」とも言うべき福建商人は国禁を犯して台湾海峡を越え、マニラで絹・陶磁器などをメキシコ銀と交換しました。新大陸の銀価は日本銀などのアジア産の銀の三分の一の値段でした。

福健商人がもたらした絹や陶磁器などは黒潮に乗って日本沿岸を北上し、三陸沖から偏西風に乗ってアカプルコに運ばれました。

第4章 バイキング世界へのユダヤ人の移住

1 オランダで資本主義を勃興させたユダヤ商人

◉宗教改革とその限界

新興地域の北海周辺が経済的飛躍を遂げるには、それを支える新しい価値観、経済観が必要になりますが、それに貢献したヨーロッパの変革が、宗教改革です。宗教改革により、南ヨーロッパを中心とする単一のカトリック社会が崩れ、バイキング世界の流れを汲む北ヨーロッパを中心に新たな経済観、世界観を持つプロテスタント世界の興隆が進みます。オランダではカルヴァン派が広がりましたが、同時にユダヤ移民による資本主義的経済活動が進展しました。

しかし宗教改革そのものは、資本主義的な経済行為を必ずしも擁護するものではありませんでした。一五一七年、マルティン・ルター（一四八三〜一五四六）はヴィッテンベルク教会の門扉にラテン語で書かれた「九五カ条の論題」を張り出して教皇の免罪符の販売を批判し、それがドイツ語訳されてたちまちのうちに広まり、宗教改革の契機になりました。それにより西ヨーロッパのカトリック共同体が分裂し、プロテスタント世界が誕生したのは周知のことです。

新たなキリスト教の端緒をひらいたルターですが、経済に関してはきわめて保守的で、中世の教会の金貸しへの敵視をそのまま引き継いでいました。ルターは、商売で得られる利益は隣人の犠牲により得られるものであり、「商業の中には悪魔が潜んでいる」と述べています。

ルターは一五四三年に書かれた『ユダヤ人とその虚偽について』で、ユダヤ人の富は高利貸し付けで得られたものであり、高利貸は庶民の膏血《こうけつ》を搾り取る盗人であるとして、利子で財をなしたユダヤ人の迫害を扇動しました。

それに対してフランス人の宗教改革者ジャン・カルヴァン（一五〇九〜一五六四）は、商業や金融を擁護する立場に立ちます。カルヴァンは、「利子」を五パーセントに制限することを条件に金貸しを容認し、貨幣を「資本」として運用すること（貨幣の自己増殖）を擁護しました。そうしたカルヴァンの教説は、ネーデルラント、フランス、イギリスに多くの信者を得ます。

勤労と禁欲を重んじるカルヴァンの主張を、ドイツの社会科学者マックス・ウェーバーの『プロテスタンティズムの倫理と資本主義の精神』は、ピューリタンの天職観念と禁欲的生活態度の肯定が、資本主義的生産様式の発展に直接に影響をおよぼしているとして高く評価しました。

しかし、資本主義は理念としてではなく実践により浸透していくものですから、実際には「第二のディアスポラ」によりネーデルラントに移住したユダヤ商人の経済合理性と実践性に基づく行動が資本主義経済を育てたと見なすのが妥当です。

その点で、経済史家ゾンバルトが『ユダヤ人と経済生活』で語った、近代資本主義はユダヤ人が日常化させていた金の貸付（前貸、借款）から始まり、それが内容を整えるなかで資本主義の組織が生み出され、拡大したという見解に説得力があります。

以下、オランダでユダヤ商人が開花させていった手形の発行、無記名手形、株式会社、銀行の口座振替という金融上の変革を見ていきましょう。

◉ネットワークを生かしたユダヤ商人

オランダで大掛かりに海運が盛んになると、頻繁に起こる海難事故もあって大量の資金が必要になりました。小国オランダでは銀貨の流通量が相対的に不足し、ユダヤ商人がイスラーム世界、地中海世界からもたらした「架空の銀貨」（手形）が大きな役割を果たします。手形の発行により貨幣の流通量は実在の銀貨の二倍にも三倍にも膨らみ、オランダの飛躍が可能になったのです。

経済史家ゾンバルトはそうした状況を踏まえて、「地球の北半球の国々にユダヤ人が拡散しなければ、近代資本主義も近代文化も生まれなかったろう」と『ユダヤ人と経済生活』で指摘しています。

一六世紀中頃のアムステルダムは、輸出の九割が外部商人に担われていたと言われているように各地の商人が寄せ集まった新興商業都市だったのですが、なかでも財力と結束力、国外に豊富なネットワークを持つユダヤ人は強力でした。一七世紀初め、アムステルダム人口の六、七パーセントをユダヤ人が占めていました。

アムステルダムのユダヤ人として最も有名な哲学者バルーフ・デ・スピノザ（一六三二〜七七）は、合理主義の立場から脱ユダヤ教を主張したために無神論者としてユダヤ人の共同体から追放され、レンズ磨きの職人として身を立てながら苦労して『エチカ』などの著作を残しています。当時のユダヤ人は、共同体の規制の下で生活していたのです。

マックス・ウェーバーは『プロテスタンティズムの倫理と資本主義の精神』で、オランダの資本力がイギリスより優位にあったのは、イギリスのように獲得された財産が土地を購入して貴族化を目指す目的に使われることなく、資本主義的な利用に特化したためだという当時のイギリス人の代表的な意見を紹介しています。連邦制をとるオランダではイギリスのような集権的システムが不在で貴族の勢力が弱く、寄せ集めの外来商人たちによるドライな人間関係が支配的だったことから、ユダヤ商人の経済合理性と国際性が生かせたのです。

◉ユダヤ商人の自衛手段としての無記名手形

アムステルダムで、信用貸し、公債の発行、有価証券取引、無記名手形などを普及させたのがユダヤ商人です。ユダヤ商人は、長い歳月をかけて信用経済の多様な仕組みをうみだしました。

後にイギリスで形を整える国債も紙幣も、「手形」が変形されたものです。

手形の可能性を一挙に拡大し「長期の手形革命」を新たな段階に引き上げたのが、債権者の名前が記されず、証券の現有者が債権を持つとする「無記名手形」の出現でした。それを簡単に言うと、商品券のようには扱われる手形です。

有価証券を無記名にして債権者を特定できなくする方法は、ユダヤ人であるという理由で理不尽に財産を没収されてきたユダヤ商人が財産を守るために発明しました。無記名にすれば、誰の財産か特定できなくなるからです。

無記名債券の起源について、ポール・ジョンソンの『ユダヤ人の歴史』は以下のように述べています。

ユダヤ人は集団的本能から無意識に顔の見えない財務を行い、経済の手続き全般を合理化した。中世から近代初期にかけて、ユダヤ人のものだとわかっている財産や、そうとしか考えられないものは常に危険にさらされていた。特に、当時貿易の盛んだった地中海地域ではそうであった。スペイン海軍やマルタの騎士は、ユダヤ人が借り上げた船やその積み荷を合法的に横取りした。そのため、ユダヤ人は海上保険も含め貿易関係の書類に架空のキリスト教徒の名前を使うようになり、これはやがて特定の個人に言及しない文言へと発展していく。また、信用状（L／C）の発展とともに、彼らは無記名債券を考え出す。これは個人名を出さずに金銭を動かす新しい方法であった。財産が常に危険にさらされ、急に立ち退きを迫られることさえあった恵まれない共同体にとって、誰のものかわからず信頼できる有価証券（為替手形や銀行券など）の登場は非常にありがたいことであった。

ゾンバルトも無記名証券は、常に財産没収の危機にさらされていたユダヤ人が財産を隠すために必要だったと、『ユダヤ人と経済生活』のなかで述べています。「無記名」の証券は、後述するように手形から紙幣（銀行券）が生まれる際の媒体になりました。

有価証券は、英語では「安全」を意味するセキュリテイ（security）と呼ばれますが、証券取引には財産の安全が確保できる「信頼」と「信用」が大前提でした。証券は「請求権」を客観化した証書ですが、証書という形をとることで「請求権」の売買が可能になったのです。

また、「裏書き」により手形の「請求権」を第三者に移すことも、一七世紀のオランダで初めて法的に認められました。オランダで成長した信用経済は、やがてイギリスに引き継がれます。

2　株式会社の誕生

◉海のビジネスを定着させた海遅国家オランダ

海運大国オランダは、地中海性の気候で夏に雨が降らずムギが不足する地中海に、バルト海南岸の安いムギを大量に供給する穀物貿易で安定収益を上げました。バルト海貿易は、オランダの「母なる貿易」となります。その後オランダは、スペインとポルトガルを追ってアジア貿易、大西洋貿易にも進出し、一七世紀には「オランダが世界貿易の半分を支配する」と言われるようにまでなります。

後発のオランダは、トルデシラス条約で世界の海を分割したスペイン、ポルトガル両国の海洋独占に反対し、商業の場としての海洋空間の公共化に努めました。法学者フーゴ・グロティウス（一五八三〜一六四五）は、海洋はどこの国の船も自由に航行できる「公海」とする法理論を提唱して海洋経済の基盤を整え、イギリスも同調しました。一五八〇年にドレーク（一五四三？〜一五九六）が世界一周したときにその行為がトルデシラス条約に違反するとして派遣されたスペインの使節に対し、エリザベス女王は海と空気は万人に解放されており、教皇に海を分割・領有させる権限はないと述べたとされます。

地理学者メルカトール（一五一二〜九四）は、メルカトール図法を開発。羅針盤による地球規模の航海で利用できる、方位が正確な「世界図」を作成しました。出版業が盛んなオランダでは海図の製作や印刷が盛んに行われ、ヨーロッパの海洋情報、経済情報の発信源になりました。オランダから、大西洋・インド洋・太平洋が五大陸を結び付ける時代が始まったと言っても過言ではありません。

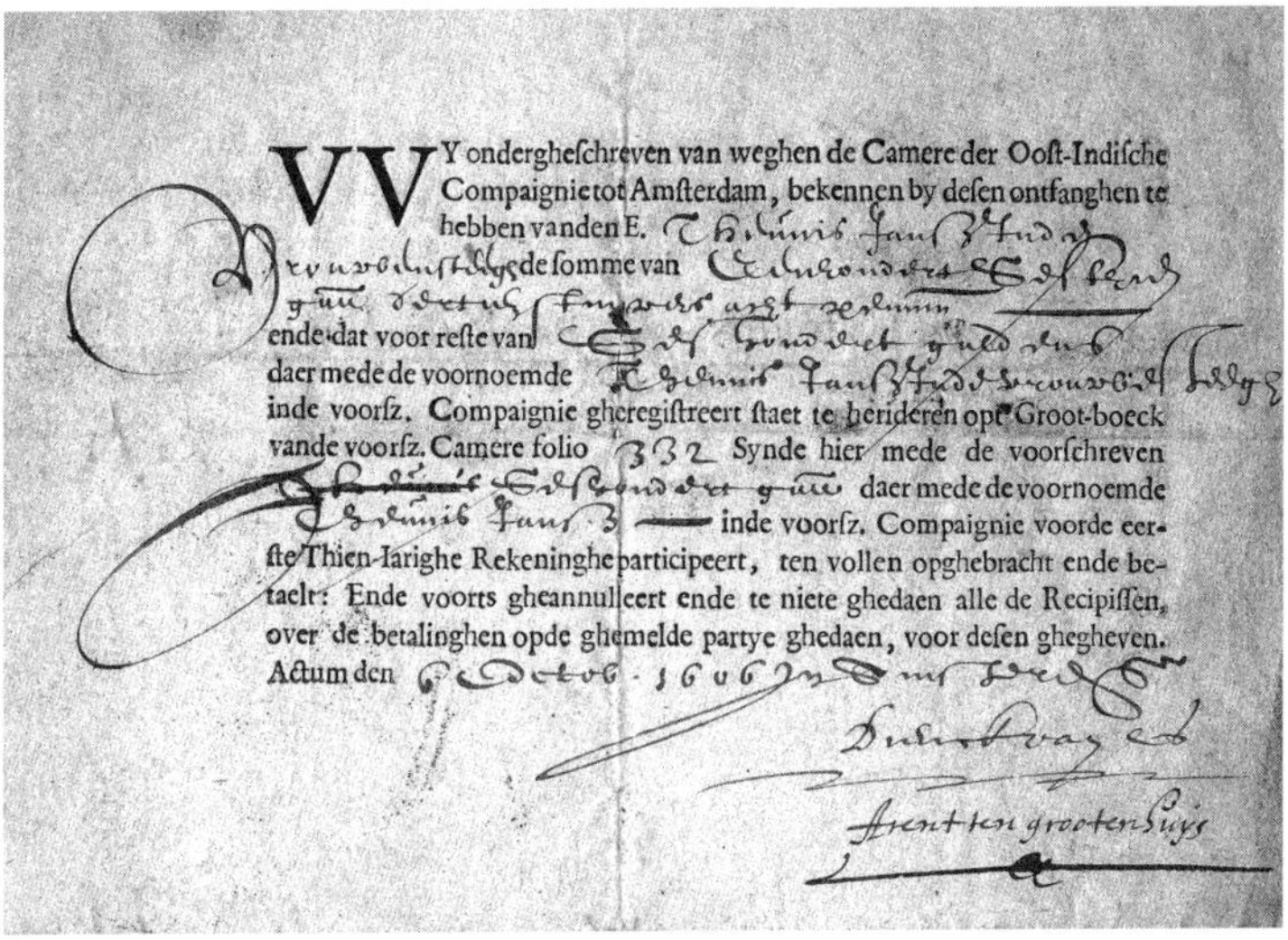

WY ondergheschreven van weghen de Camere der Oost-Indische Compaignie tot Amsterdam, bekennen by desen ontfanghen te hebben vanden E.
de somme van
ende dat voor reste van
daer mede de voornoemde
inde voorsz. Compaignie gheregistreert staet te heridéren opt Groot-boeck vande voorsz. Camere folio 332 Synde hier mede de voorschreven
daer mede de voornoemde
inde voorsz. Compaignie voorde eerste Thien-Iarighe Rekeninghe participeert, ten vollen opghebracht ende betaelt: Ende voorts gheannulleert ende te niete ghedaen alle de Recipissen, over de betalinghen opde ghemelde partye ghedaen, voor desen ghegheven.
Actum den

オランダ東インド会社の世界最初の株式証書

◉東インド会社の土台を築いたクーン

海の経済の勃興に伴い、世界初の株式会社がオランダで出現しました。王による特許会社が一般的だった一六〇二年、民間商人が出資する世界初の「株式会社」、オランダ東インド会社（略称はVOC）が創設されます。商人の間の過当競争を抑えることが目的でした。

オランダ東インド会社は、ポルトガルがスペインとの間に締結したトルデシリャス条約に基づきアジア交易の独占権を主張したのに対して、一六〇九年に書かれたグロティウス（一五八五～一六四五）の『海洋自由論』で論じられたローマの万民法に反するとして、アジアにおける通商の自由を主張しました。オランダの公海の自由の主張は、各国の支持を獲得することになります。

オランダ東インド会社の創成期にも、ユダヤ商人が活躍しました。オランダ東インド会社の第四代総督としてジャワ島西部のバタヴィア（現ジャカルタ）に拠点を築き、東インド支配の基盤を固めたヤン・ピーテルスゾーン・クーン（任一六一九～二三、二七～二九）を、ユダヤ人とする説が有力です。

歴史家の永積昭（一九二九～一九八七）氏は『オランダ東インド会社』で、クーンが一三歳のときから七年の間ローマに滞在して、商人の見習いとして簿記や商業取引の技術を学び、「先んずれば人を制す」という処世法を身につけていたことを指摘した後、「クーンがユダヤ人だとする説がある。国民的英雄とされた人物だから、むりにでもオランダ人だといいたいはずなのに、ユダヤ人説があることは誠に興味深い。もちろんこの説の真偽のほどはわからないが、これはクーンの商才が普通のオランダ人の水準を抜くものであったことを物語るのであろう」と、述べています。

ところで、「海の商業」の特殊性が生み出した株式会社の特色は、①株主の有限責任、②経営の継続、③株主の匿名性にありました。所有権を証券化した株券は、投資家の間で自由に取り引きされ、信用経済の成長に寄与します。それでは①から③の特色が生み出された背景を、もう少し詳しく見てみましょう。

まず、①の有限責任ですが、一六、七世紀は航海技術が未熟なこともあって海難事故が多発したことから、株主の責任を有限にすることがどうしても必要でした。無限責任にすると、出資者を破産させる確率が非常に高くなったからです。そのため、オランダに先立ち一六〇〇年に設立されたイギリス東インド会社のように一航海が終わるごとに会社を解散し、積み荷を販売して得られた利益を、出資額に応じて比例配分するという経営形態が一般的でした。

それなのに、②の経営の継続という形式が取られたのはなぜかと言うと、連邦制をとるオランダ政府が弱体だったからです。政府の力が弱いため、会社自身が植民地経営の基盤を作り維持しなければならず、継続投資が必要になったのです。株主が要塞の建設から、港の整備、武装艦船の建造などの費用を負担しなければならなかったのです。

会社は国から多くの権限を委譲されていて財務基盤が強固でしたから、高額配当により株主を会社に引き留めることができたのです。

◉東インド会社が高配当だった理由

ユダヤ商人も含めた投資家にとって、オランダ東インド会社は、高額配当が保証される格好の投資先でした。東インド会社には、喜望峰からマゼラン海峡に至る広大な海域での貿易・植民・軍事の独占権が与えられており、政府が莫大な収益を保証したからです。ポルトガル王室によるコショウ貿易が、インド洋支配に多くの軍艦が使われたにもかかわらず年に数隻の交易船をインドに派遣するだけという非効率な交易システムだったのに対し、オランダ東インド会社は、喜望峰から荒れた海を東に直進する「四〇度の轟き」と呼ばれる航路を開拓してジャワ島に拠点を築き、桁違いの数の商船をアジアに派遣することで、べらぼうな利益を上げました。当初は三・五パーセントの高い配当が予定されていたのですが、一六〇六年には実に七五パーセントの高配当を出すに至っています。わずか六年間に会社の資本が四・六倍に伸びたのも、当然ですね。

一六〇二年から九六年までの間、東インド会社が株主に支払った配当は毎年約二〇パーセント以上、時には五〇パーセントを超えたと言われています。

③の株主の匿名性は、まさにユダヤ商人の財産が不当に没収されないために取られた防御措置でした。株主として多数を占めるユダヤ商人の財産を保証する配慮が必要だったのです。

最盛期の一六六九年には、東インド会社は戦艦四〇隻、商船一五〇隻、一万人の軍隊を擁する大企業に成長を遂げています。

◉ユダヤ商人は資本主義経済の触媒？

東インド会社が設立された九年後の一六一一年、アムステルダムでは常設の有価証券取引所が誕生し、有価証券が「商品」として売買されます。

ゾンバルトが『ブルジョワ』という著作で、ユダヤ人は一七世紀以降の近代資本主義の成立にあたり「触媒」の役割を果たしたと述べていますが、ユダヤ商人がもたらした「架空の銀貨」（手形）を支える金融技術が組み込まれたことで、オランダの経済は規模を拡大したのです。

アムステルダム取引所の取り引きが活発になると、ヨーロッパ各地の金貨、銀貨が集まり、両替が大変な作業になりました。一六〇六年にオランダ議会が発行した「両替商便覧」には、有価証券取引所に持ち込まれた各国のコインが、銀貨三四一種、金貨五〇五種にもおよんだと記されています。交換だけでなく、コインのまわりの盗削がなされることが多く、摩耗《まもう》した外国通貨をどのような比率で交換するかも微妙で繁雑な作業でした。どうすれば証券取り引きが簡便化できるのかが、切実な課題になったのです。

◉アムステルダム銀行の銀行内決済

そこで、新しいタイプの銀行が誕生します。一六〇九年創設のアムステルダム銀行は、ヴェネツィアの世界初の為替銀行、リアルト銀行の流れを汲む公立の銀行で、手形の振替を主業務としていました。リアルト銀行にならって、行内での口座振替の仕組みが作り出されていきます。

アムステルダム銀行に預けられた貨幣は、数パーセントの手数料を負担することで統一貨幣単位「銀行グルテン（英語でギルダー、鋳造技術に優れたフィレンツェに委託して鋳造されたため「フローリン」とも呼ばれた）」に読み替えられ、他の口座への振り込みが可能になりました。「グルテン」は、各種通貨を記号化する際の単位としても使われます。記号化された銀貨の登場ということになります。統一の単位の出現により、銀行内取引は一挙に拡大しました。

イギリスの経済学者アダム・スミス（一七二三〜九〇）は『国富論』で、アムステルダム銀行の「銀行グルテン」について、この銀行は、外国鋳貨とこの国の軽量で磨損した鋳貨の双方を、この国の良質の標準貨幣におけるその内在的価値で受け入れたのであって、鋳造費その他の必要経営費をまかなうのに必要な分だけは差し引かれた。この銀行は、こういう少額の控除をしたあとに残存する価値に対して、その帳簿上で信用を与えた。この信用は銀行貨幣とよばれたのであって、それは、造幣局の標準に正確にしたがう貨幣を代表するものであったから、つねに同一の実質的な価値をもち、内在的には通貨以上に値した。これと同時に、アムステルダムあてに振り出されたり、またはそこで発行されたりした六〇〇ギルダー以上の価値をもついっさいの手形は、銀行貨幣で支払われるべし、ということが法令化されたので、これらの手形の価値についてのいっさいの不確実性はたちどころにとり除かれた。

と述べて、記号化された銀行貨幣（記号化された架空の金貨、銀貨）が実物の金貨、銀貨以上の役割を果たしたことを指摘しています。

アムステルダム銀行の口座取引は、安全で簡便でしたからヨーロッパのほとんどの主要都市の商人が利用するようになり、同行の預金残高は一六〇九年の設立当初の一六倍に増加していきます。イギリスの公債の発行も、当初はアムステルダムで行われていました。

3　チューリップ・バブルとオランダ経済の衰退

◉投資熱から投機熱へ

「新大陸」からの大量の銀の流入により、オランダでも長期のインフレ（「価格革命」）が続き、資産の目減りを防止するための「投資」「投機」への志向が強まりました。

イギリスの経済学者ケインズ（一八八三～一九四六）は投資と投機の違いについて、資産の全期間にわたる収益を予測する経済活動を「投資」、市場の心理を予測する行為を「投機」として巧みに区別していますが、実際には「投資」と「投機」は紙一重でした。

オランダの経済規模が小さく投資先が限られていたため、投機的傾向が強まらざるをえなかったのです。近代以降の資本主義経済は、周期的に余剰マネーがバブルを引き起こし、それが崩壊するという循環を繰り返しますが、その出発点に位置するのがアムステルダムのチューリップ・バブルとされます。

オランダでは、一五六八年から一六〇九年まで続いた独立戦争が一段落し、新大陸からの銀の流入が頭打ちになった一七世紀中頃にデフレ傾向が一挙に強まりました。行き場がなくなった「資金」は投機に向かわざるをえず、「バブル」と言う過熱現象が引き起こされたのです。ちなみにバブル（bubble）は、「投機の泡」というような意味になります。

◉チューリップ・バブル

一七世紀、地中海東部のアナトリア（トルコ半島）原産のチューリップが西欧諸国で庭植えされるようになり、オスマン帝国の「宮廷の花」として愛好されました。音楽家たちがオスマン帝国のきらびやかな軍楽に憧れ、トルコ行進曲を流行させたのと同じ風潮です。

オランダでは各種の球根を東地中海から輸入して品種改良し、二〇〇〇種類以上の多様な形・色・柄の球根が売買されました。チューリップは、突然変異を起こしやすい植物でしたので多くの品種が誕生しました。そこで稀少な球根に高い値段がつき、格好の投機対象になったのです。

一六三四年から三七年までの間、「チューリップ・マニア（愛好家）」の間で球根の「相対取引《あいたい》」が始まったとされ、そこに庶民のダブついた資金が流れ込みました。オークション制が導入されると参加者が一挙に増加し、球根の値段は面白いように吊り上がりました。やがて「一定の価格で球根を将来手に入れる権利」の売買（オプション取引）も行われ、家や家財道具を担保にして元手となる資金を借り入れる制度も整えられました。バブルが急速に膨らみます。

たとえば、「皇帝」と呼ばれる斑入りのチューリップには、三〇〇〇ギルダーという驚くべき高値がつきました。三〇〇〇ギルダーは裕福な商人の一年分の収入にあたりますから、庶民がバブルに踊らされたのも無理のないことです。

一六三七年二月、それまで右肩上がりで値上がりに値上がりを続けてきたチューリップが、突然値を下げ始めました。機転の利く人たちが先を見越して早目に売りに出たためです。そうすると「狼狽売り」が殺到し、あっという間にチューリップの価格は一〇〇分の一に暴落してしまいます。バブルはもともと欲望が生み出す根拠のない幻影ですから、崩れるときは一挙に壊れるものです。

球根を引き取る、引き取らないの揉めごとが頻発して、政府が取り引きを規制するようになると儲けを上げることが難しくなり、バブルの崩壊に弾みがつきました。

◉イギリスが軍事力で奪った経済覇権

チューリップ・バブルが崩壊した一〇年後の一六四八年、オランダの独立がウエストファリア条約で国際的に承認されました。そうすると今度は、スペインとの戦いで提携していたイギリスとオランダの関係が悪化します。イギリスのクロムウエルが、軍事力による覇権奪取に転じたためです。

一六五一年、クロムウエルはオランダの中継貿易に打撃を与えるために航海法を制定し、オランダ船がイギリスとその植民地に入港することを禁止するという露骨な締め出しを行いました。その後クロムウエルはあからさまに戦争を仕掛け、三度にわたる英蘭戦争（一六五二～五四、六五～六七、七二～七四）でオランダの海上覇権を奪取します。覇権を失ったオランダは一六七〇年頃から慢性的なデフレに襲われ、長期金利が低下し続けました。

そうしたなかでオランダ商人やユダヤ商人は、目と鼻の先にあり経済成長期に入ったイギリスのロンドンに、投資先を切り替えます。とはいえ、一七七〇年代に西インド諸島から始まる金融危機が広がるまでは、アムステルダムの資本規模がロンドンを遥かに凌ぎ、オランダ金融がヨーロッパ経済をリードする時代が続きました。

経済を優先させるオランダは政治の優位には執着せず、英蘭戦争に敗れた後にあっさりと覇権をイギリスに譲り渡します。損して得を取れという商人の姿勢です。ユダヤ商人はもちろんのこと、ドライなオランダ商人にとっても、儲かりさえすれば投資先はオランダでもイギリスでも構わなかったのです。

第5章 英・仏の長期の植民地戦争と宮廷ユダヤ人

1 クロムウエルのイングランド・ファースト

◉三〇〇年ぶりのユダヤ人の入国の解禁

イギリスがその後の世界的覇権のさきがけとなる対外膨張に転じたのは、オリヴァー・クロムウエル（一五九九～一六五八）の時代でした。イギリスの伝統的支配層である貴族、ジェントリーは地主で、商売のノウハウがなかったため、対外進出を果たすには、経験と資金そして大きなネットワークを持つ有能なユダヤ商人の協力が必要になります。そこでクロムウエルは、一二九〇年のエドワード一世（在位一二七二～一三〇七）によるユダヤ人追放令（六九頁）以来、イギリスへの入国が禁止されていたユダヤ人の入国許可に踏み切りました。

教科書で世界史の流れを見失わせる箇所のひとつが、一七世紀のイギリスに関する記述です。

日本では議院内閣制がイギリスを模倣している関係で、イギリスがヨーロッパ経済をリードするようになる決定的な時期の歴史が、議会形成史に特化してしまう傾向が強いのです。教科書ではクロムウエルがピューリタンからなる鉄騎隊を組織して国王軍を破り、一六四九年、チャールズ一世（在位一六二五～四九）を処刑したピューリタン革命の立役者だったことが強調されますが、経済ではその先が問題なのです。

革命後、議会に基盤を持たないクロムウエルは「主席行政官にして治安官」、つまり護国卿となり、議会の国王就任要請を「古きよき大義」に反するとしてしりぞけたことで、王冠のないフリー・ハンドの独裁者になります。その後クロムウエルは、イギリスの「経済空間」を大西洋に拡張するという青写真の実現に情熱を燃やしました。ところがイギリスには資金が乏しく、デフレに陥っていたオランダからの資金流入とユダヤ商人の移住が必要になったのです。三百数十年間、ユダヤ人の入国を禁止し続けたイギリスへの移住を、経済が低迷していたオランダのユダヤ商人も希望していました。

他方でクロムウエルは、カリブ海への進出を策して一万人近い兵をスペインの支配の拠点であるエスパニョーラ島（現ハイチ）に派遣しました。しかし、遠征は一〇〇〇人近い兵を失って失敗し、代わりに、同島の南に位置する「カリビアン・パイレーツ（海賊）の拠点」ジャマイカ島が占領されます。同島は、やがて大規模なサトウキビ栽培により、イギリス経済のドル箱に転換していきました。

それでは、チューリップバブルが一六三七年に崩壊し、一六五一年の航海法で海上覇権を失ったオランダからイギリスに流入したユダヤ商人の活躍を見ていきましょう。

◉イギリスにも宮廷ユダヤ人が必要！

一二一頁で述べたように、クロムウエルは一六五一年に制定した航海法で、イギリス本国および植民地に寄港できる船を、乗組員の三分の二と船長がイギリス人であるイギリス船に限定しました。それによってオランダ船をイギリス産の毛織物売買から締め出し、大きなダメージを与えます。オランダ政府は、同法はオランダの排斥を目指すものだとして抗議しましたが、イギリスは航海法の廃止を拒みました。何か現在の世界情勢と似ていますね。

一六五五年、画家レンブラントと親交があったアムステルダムのユダヤ人学者（ラビ）メナセ・ベン・イスラエル（一六〇四〜五七）はユダヤ商人の依頼を受け、クロムウエルにユダヤ人の入国許可を打診しました。一六五七年、クロムウエルは西半球進出をめざす「西方計画」の実施にはアムステルダムのユダヤ商人の「知恵」と「資金」と「ネットワーク」が必要と判断し、ユダヤ人のロンドン移住を許可します。ただし不動産の所有は許可しませんでした。

この時期に、ポルトガルからアムステルダムに移住したユダヤ商人の系譜を引く富豪モーゼス・モカッタ（?〜一六九三）が、ロンドンに移住しました。

モーゼスは最初、銀の取り引きに従事しますが、その跡を継いだアブラハムは、一八世紀前半、王立証券取引所の銀ブローカーになり、やがてイングランド銀行から海外の金塊取引の筆頭ブローカーに指名されています。

十字軍以後にヨーロッパ各地で繰り返し迫害を受け、いつでも逃亡できるように宝石などにして財産を持ち歩いていたユダヤ商人は、この時代にイギリスでモカッタのように財政部門を担当する宮廷ユダヤ人（王室専属の私設銀行家）としての安住の地を獲得することになります。

一〇世紀のアッバース朝、一七世紀のドイツ諸邦などで活躍した宮廷ユダヤ人が、ルイ一四世がつくり上げた強大な陸軍を持つフランスと戦うイギリスでも必要とされたのです。クロムウエルの時代から、イギリスとユダヤ商人の結び付きが始まります。

経済史家ゾンバルトは、イギリスにみられるような近代国家とユダヤ人の関係を、ゲーテの代表作『ファウスト』の主人公ファウストと、魔法で彼の欲望を満たすメフィストフェレスとの関係になぞらえ、以下のように記しています。

わたしは特に、成長しつつある国家に彼ら（ユダヤ人）が物質的手段を提供したこと、その助けをかりて、こうした国家が維持・発展できたこと、それに彼らが、すべての近代国家が依存している基盤ともいうべき軍隊にふたつの方式で寄与してきたことを考えている。そのうち、ひとつは戦時における武器・装備それに食糧を調達することであり、もうひとつは必要な金銭を取りそろえることである。そのうち必要な金銭というのは、当然のことながら、たんに軍隊のためばかりでなく、他の宮廷−国家の必要をまかなうために用いられる金銭だ。換言すれば、わたしはとりわけ一六、一七、一八の三世紀に、ユダヤ人が最も影響力の大きい軍隊の御用商人であり、また最も能力のある王公への資金供給者であったと思っており、さらに、この状況は近代国家発達の動きにとって寛大な意味があると見なすべきだと信じている。（ゾンバルト『ユダヤ人と経済生活』）

2　コーヒー・ハウスから誕生した海上保険

◉イギリス経済を成長させた砂糖貿易と奴隷貿易

一八世紀になると、砂糖がカリブ海域のジャマイカ島で大量に生産されて利益を上げるようになり、働き手の黒人奴隷を西アフリカからカリブ海域に運ぶ奴隷貿易も大規模化して、砂糖貿易と奴隷貿易でイギリス経済は急成長を遂げました。砂糖産業は、砂糖の生産地、労働力（黒人奴隷）の供給地、砂糖の消費市場が大西洋周辺に散らばっていたため、大西洋三角貿易という大掛かりな貿易となりました。

安価に生産された砂糖の需要の伸びは著しく、イギリスの国民一人当たりの砂糖消費量は、一六〇〇年の年間四〇〇〜五〇〇グラムが、一七世紀には約二キロ、一八世紀には約七キロと一四倍に増加しました。

スペインが持ち込んだ天然痘でカリブ海の先住民は激減していましたから、サトウキビ栽培と農場に付属する製糖工場の労働は、黒人奴隷に委ねられざるをえませんでした。サトウキビは収穫後に急速に甘みが落ちるために多数の労働力が必要で、奴隷貿易はリバプールの奴隷商人に莫大な利益をもたらしました。西アフリカで購入した黒人奴隷は一〇倍の価格で売却されたといいます。

砂糖の主産地のジャマイカ島と奴隷供給地の西アフリカ、手工業品・日用品を輸出するイギリス、の三地域を結ぶ大西洋三角貿易が、イギリスの資本主義経済の成長に大きく貢献したのです。

◉海運は保険を必要とした

一七世紀後半以降になると、アムステルダムに代わりロンドンがヨーロッパの経済の中心になりました。アムステルダムとロンドンはバルト海の南端部で互いに向かいあっており、船で一日行程というきわめて近い位置にありましたから、中心の移動はスムーズに進みました。

海運業が成長するにつれて、イギリスでも海難のリスクが大きな問題になります。先に栄えたオランダでは、海難事故のリスクが手形の発行や株式会社の創設といった金融システムの成長の要因になりましたが、イギリスでは保険業が誕生しました。リスクを分散し、損失を補填する保険業が、港のコーヒー・ハウスで船主、貿易商人、資産家が談合を重ねるなかで生まれます。保険事業は、海上保険から始まったのです。船が損害を被ったときの保険が「船舶保険」、積み荷が損害を被った際の保険が「積み荷保険」ですが、そのふたつが総合されて「海上保険」になります。保険業者は、船主、貿易商から保険金を集めて事故がなければそれを収益とし、事故が起こった場合には約束していた保険金の支払いに応じました。

イギリスの海上保険への取り組みは、既にエリザベス一世（在位一五五八〜一六〇三）の時期から散発的に始まっていましたが、一七世紀後半から一八世紀にかけて世界を代表するロイズの保険グループが誕生することになります。

保険については、誕生の場となるコーヒー・ハウス（喫茶店）から話を始めることが必要になります。エチオピアが原産地のコーヒーは最初はその実が食べられていたのですが、やがて焙煎されて香りを楽しむ飲料となり、イエーメン地方からイスラーム世界に広がりました。一七世紀、オスマン帝国のチャイハネという喫茶店文化が商人によりヨーロッパに持ち込まれ、コーヒー・ハウスとしてヴェネツィアなどの港町から内陸部に広がります。イギリスでは一六五〇年、オックスフォードでシリア生まれのユダヤ人、ジェイコブがトルコ人から手に入れたコーヒーを飲ませるコーヒー・ハウス（ジェイコブの店）を開いたのが最初です。

一六五二年には、ロンドンでもトルコ人の貿易商人がコーヒー・ハウスを始めました。一ペニーでコーヒーを飲みながら談笑できるコーヒー・ハウスは、庶民の「社交」場として急速に普及し、一七世紀末にはロンドンだけで約三〇〇〇軒を数えたと言われます。

個人会員制の船舶保険業者の集団ロイズは、一六八八年頃にロンドンの港付近で二四時間営業していた船員向けのコーヒー店ロイズ・コーヒーの店主のエドワード・ロイドのアイデアから始まりました。船の入港時間が不定期だったため船員相手のコーヒー店も終夜営業でしたが、そこに船主や貿易商人、金融業者などが集まり、海洋情報の交換や保険の交渉が適宜行われたのです。

ロンドン証券取引所の戯画（1750年頃）

一六九六年以降、店主のエドワード・ロイドは客の業者の便宜を図り、航路情報、出入港情報、船の売買や建造状況、経済概況を記したリスト（ロイズ・リスト）を作って配布し始めます。コーヒー・ハウスのマスターの顧客へのサービスといったところです。一七一三年、エドワード・ロイドは死去しますが、有用なロイズ・リストの発刊は船主や貿易商人が引き継ぎ、保険引受業者たちが保険共同組合「ロイズ」を結成しました。この時代、イギリスの船会社は世界各地に海外拠点を持ち、ロンドンには航海情報が集中していたため、航海の危険率の予想精度が高く、海上保険分野でのイギリスの優位が不動のものになっていったのです。

◉喫茶店から始まった株取引

ユダヤ人を中心とするロンドンでの株取引も、簡単な集会場所として利用できるコーヒー・ハウスから始まりました。一七世紀末に金融街シティにあったギャラウエイ、ジョナサンズというふたつのコーヒー・ハウスが、株取引の場所になります。

名誉革命（一六八九年）後、多くのユダヤ人がアムステルダムから新興経済都市ロンドンに移住したことは既に述べましたが、彼らがロンドンの金融街シティに株取引と「投機」を持ち込みました。

ロンドンでの株取引は、特許会社の東インド会社とモスクワ会社（イギリスで最初に設立された特許会社。モスクワ大公国との貿易を独占した）の株の取り引きから始まりますが、一六九五年には、既に一四〇の会社の株が、国債、証券、外国通貨とともに王立取引所（ロイヤル・エクスチェンジ）で取り引きされました。しかし、品が悪いとして、新参のユダヤ人仲買人は王立取引所から締め出されてしまいます。

そこでユダヤ人の業者は取引所の近くの小路に株取引の場を移し、近所のコーヒー・ハウスで取り引きを始めることになりました。当時、王立取引所がある取引所通り付近はユダヤ人仲買人であふれかえっており、一部の建物は「ユダヤ人の縄張り（Jews Walk）」と呼ばれる程だったと言われています。一七四八年、コーヒー・ハウス、ジョナサンズが火災で焼失し、再建されたジョナサンズが一七七三年、ロンドン証券取引所になりました。

ゾンバルトは『ユダヤ人と経済生活』で、「一七世紀末にロンドンの株式投機が体験した大発展は、その頃ロンドンに移住したアムステルダム・ユダヤ人の活動に帰することができるということだ」と述べています。

ついでに記しておきますと、イギリスでは「政党」も、学者の組織の「王立協会」も、コーヒー・ハウスでの社交と情報交換から成立しました。日本でもかつては「学生街の喫茶店」だけではなく、都心や地方都市に知的雰囲気に満ちた素晴らしい喫茶店が多数あり文化の中心でした。焦土と化した戦後の日本を復興させたのは、熱い議論が交わされ、多くのアイデアが行き交った喫茶店だったのかもしれません。日本の喫茶店文化の再興が望まれるところです。

3 造幣局長官ニュートンによる金本位制への転換

◉イギリスで「金」が着目された理由

一七世紀末から一九世紀にかけてのイギリスでは、「新大陸」の銀を中心とする銀本位制から、金本位制、そして金に価値を担保された紙幣というように貨幣システムが変化しました。そこでまず、イギリスで銀本位制が維持できなくなって、金本位制に移行せざるをえなくなった経緯から説明を始めたいと思います。

一七世紀末、イギリスではアジア経済との関係から銀高が進んだヨーロッパ大陸と比べて銀が割安だったことから、鋳潰されて地金として大陸に輸出される銀貨が増えて、銀貨不足が大問題になりました。一六九〇年の六カ月間だけで、過去五年間に鋳造された銀貨の一〇分の一以上が地金にされて流出したのです。

そうしたなかで一六九六年、万有引力の法則を明らかにした科学者アイザック・ニュートン（一六四二〜一七二七）が、友人の大蔵大臣モンターギュの誘いで、ロンドン塔にある造幣局の監事になります。監事は給与のほかに、金貨、銀貨が発行される度ごとに貨幣鋳造税から収入が得られるという、実入りの多い仕事だったのです。ニュートンは、良質の銀貨を鋳造する体制を整え、削り取りを防止するためにコインの縁にギザギザをつける方法を発明するなど造幣局でも活躍しました。

三年後にニュートンは造幣局長官に出世し、銀地金の海外流出への対抗策として金を基準とする新たな通貨システムを提案します。当時はイスラーム社会の銀不足がヨーロッパ大陸に影響して、銀貨が高騰していたのです。その提案が結果的にイギリスの貨幣が金本位制に移行する契機になりました。おおげさに言えばニュートンが、銀本位から金本位への転換を促したと言えます。一九世紀初頭まで世界の富の半分を支配していた清帝国とムガル帝国は銀経済を採用していましたから、イギリスがアジアに対抗して独自の経済圏を築く際に金本位制は大きな役割を果たすことになります。

一七一七年、ニュートンは大蔵省に対し、①中国やインドでは格段に金が安く、銀価格との不均衡があり、それがヨーロッパの銀価を押し上げておりイギリスからの銀地金流出の原因になっている、②安い金の産地はヨーロッパではなく新大陸である、③紙幣によって不足するコインを

ジョージ三世のギニー金貨（1775年頃）

補うことができるが、そのためには紙幣の「信用」を高めなければならない、という三点を上申しています。

当時のイギリスでは、一六六二年以後に鋳造された良質の機械製銀貨と、それ以前の古い銀貨がともに流通していましたが、銀の含有量が高い機械製銀貨が次々に融解されてヨーロッパ大陸に輸出され、イギリスには縁を削り取られた低品位の古い銀貨が残るという、まさに「悪貨は良貨を駆逐する」を地で行く状態にあったのです。造幣局が苦労して良質の銀貨を供給しても、次から次へと国外に流出してしまうわけですから、貨幣を造るニュートンには忸怩たる思いがあったのでしょう。

そこでニュートンは相対的に安価な金に着目し、機械で鋳造されていたギニー金貨（アフリカ貿易会社が西アフリカでの金取引に成功したのを讃えて鋳造された）を標準金貨にします。

ニュートンは、ギニー金貨を基準にし、金の価格を少し下げて銀貨の流出を抑えようとして、金と銀の交換比率を一対一五・二一（ニュートン比価）に定めました。しかし逆に、その比率に見合うように銀価が上昇することで折りあいがついていきます。

イギリスでは銀貨が鋳潰されて減少したことから通貨の基準が金貨に移り、銀貨は補助貨になったのです。

ギニー金貨は、二一シリングという中途半端な数値の基軸金貨として一〇〇年余り流通し、一八一七年、ぴったり一ポンドの価値を持つソブリン金貨（後述、以後「ソブリン」と表記）にその座を譲りました。

イギリスで金本位制が進んだ背景には、一六九〇年代にブラジル南東部のミナスジェライス州で大量の金が産出され、ゴールドラッシュが起こっていたこともありました。イギリスはポルトガルとの間に一七〇三年にメシュエン条約を締結して毛織物製品を独占的に輸出するようになり、ポルトガルに輸出されたミナスジェライスの金はそっくりそのままイギリスに流れます。金の積み出し港になったリオ・デ・ジャネイロは鉱山で使役する奴隷の輸入と金輸出で栄え、一七三〇年代には年間一二トンを輸出するに至りました。一八世紀全体でブラジルは一〇〇〇トンにも達する金を産出しますが、その大部分がイギリスに流れて金本位制を支えたのです。

◉金融は国債から始まる

イギリスでは名誉革命以前に国家の歳出が二〇〇万ポンドを越えることはありませんでしたが、フランスとの間に百年を越える第二次百年が戦われた一八世紀には、平時で四〇〇万から五〇〇万ポンド、戦時には一〇〇〇万ポンド以上の軍事費が必要になり、国家歳出の六割から七割を占めるに至りました。

そうした厖大な軍事費を捻出するためには、宮廷ユダヤ人の助けが必要になります。イスラーム世界で考え出された「手形」がオランダで改良され、イギリスで国債として定着するようになるのはそのためです。

ヨーロッパ大陸でフランスのルイ一四世（在位一六四三〜一七一五）が強大な陸軍を創設したことで、オランダ、イギリスは危機に直面し、イギリスはオランダと組んでフランスと対抗せざるをえなくなります。オランダの統領ウィレムが、イギリスから嫁いだメアリーとともにウィリアム三世（在位一六八九〜一七〇二）としてイギリスの王位についた名誉革命（一六八八〜八九）は、ルイ一四世に対するイギリスとオランダの軍事同盟の成立を意味しています。

もともと海軍国で陸軍が弱く、人口がフランスの三分の一だったイギリスは圧倒的に劣勢であり、莫大な戦費の調達が必要になりました。そこで、オランダから移住した財務の専門家ユダヤ商人が宮廷ユダヤ人として辣腕《らつわん》を振るうことになるのです。

名誉革命時にウィリアム三世がオランダからイギリスに遠征する費用を負担したユダヤ商人が、国債発行を担当しました。彼らはウィリアム三世のコネでイギリス宮廷に食い込み、戦費の捻出に困っていた政府にオランダの国債制度を取り入れさせることで儲け口を確保したのです。

歴史家ポール・ニコルは、「一六八九年から一八一五年までの一二五年間に、フランスとイギリスは実に二年に一度の割合で敵対してきたことになる。外見上では勢力の優劣はきわめて明瞭であった。当時人口六百万から一千二百万に達していたイギリスも、人口一千八百万から三千万に達するヨーロッパで最も人口が多いフランスに対して常に劣勢であった」（『英国史』）と記していますが、実際にはどの戦争でもフランス軍が劣勢で、国力の低いイギリス軍が勝利を収めました。それは宮廷ユダヤ人のサポートによる国債発行が、戦費の調達面で威力を発揮したからです。

移住ユダヤ人の金融業者は、オランダが公債の発行を議会の権限とし、王が私的に資金の借り入れやデフォルトを宣言できないようにしていたことを参考にして、王の短期借入金には議会の承認が必要とし、国債の返済のために創設される税により確実な利払いが保証される、商人に有利な投資の道具に転換させました。

国債は、国の債務を「国債という証書」に転換し、通貨に移し替える信用創造の手法です。経済先進地域のイスラーム世界の「手形」を国家が応用、変形させた資金調達法であり、軍事費を議会を通じ利用して民衆の負担に転嫁する巧妙な方法でした。

国債は国民一人一人の借金だったのですが、巧みに取り入れられましたから税金ほどには痛痒が感じられなかったのです。

◉国債はなぜ「ソブリン」と呼ばれたのか

名誉革命で「王権の執行には議会の同意が必要、課税には議会の承認を要する」とする「権利章典」が出され、統治権は王から議会に移りました。当時のイギリスでは有産層のみが選挙権を持っていたため、国王の主権が有産層に移ったことになります。つまり、イギリスでは国王をオーナーとする「主権国家」から、「国民国家」へのなし崩し的な移行がなされたのです。

一六九二年、有産層を代表する議会は、国王がしょっちゅう踏み倒していた恣意的な国の借金を、議会が認可した特定の税金を担保とする国債に切り替えました。国債の担保になった税金は、「ファンド」と呼ばれます。ファンドは、後に公債全体を意味するようになりました。

償還が確実な国債の発行により、利子が保証される確実な大口投資先がつくりだされました。商人や金融業者にとってみれば、ウエルカムです。商人は、安心して国に金を貸せることになったのです。現代でも国債は株式と並ぶ有力な投資の受け皿で、国債などの世界の債券市場は約一八兆ドルにも達しています。

国債は「ソブリン」と呼ばれますが、もともとソブリンは「神の主権」を意味する言葉でした。一六四四年に結ばれたウエストファリア条約により、ヨーロッパに王をオーナーとする主権国家が広がると、ソブリンは王権神授説に基づく「王の主権」の意味に転換し、さらにイギリスの名誉革命により「議会の主権」に替わります。つまり民衆は、「ソブリン(主権)」を有するという神聖で輝かしい地位と引き換えに、戦費の負担を肩代わりさせられたわけです。

イギリス初の国債には、年率一〇パーセント(その後一四パーセントに引き上げられる)の高い利子が付けられました。しかし、高い利子にもかかわらず、政府は必要額の半分にも満たない九〇万ポンドしか戦費の調達ができませんでした。そうしたことから、国債の引き受け手捜しが政府の重要な課題になっていきます。国債に信用がなかったのはなぜでしょう。

◉国債の起源はヴェネツィアにあった

国債がヨーロッパで最初に発行されたのは一二六二年で、ジェノバとの間で激しい戦争を繰り広げていたヴェネツィアでした。

当時の戦争は傭兵に担われていたため、底抜けの「金食い虫」だったのです。ヴェネツィア政府は厖大な戦費を賄うために、将来の税収を担保にして、「貸付証書」を発行します。その額は、ヴェネツィア市民の資産の実に四分の一にも達しました。国債（強制国債）には年率五パーセントの「補償」（補償は、利子が禁止されていたための呼称で実質的な利子）が、支払われることになっていました。

ヴェネツィアの「市の借金」を管理する組織は、山のような借金を処理する公庫という意味で il Monte（山）と名付けられました。トスカナ地方のフィレンツェでも、一五世紀初頭には「モンテ・コムーネ」と呼ばれる公債の山が市の歳入の七割にもおよんでいます。借金により、政治が動かされたのです。富裕な市民には納税ではなく、公債の引き受けが義務づけられたのです。国債証書は、債券として売買されました。そうしたイタリア都市のシステムが「強制」の部分を取り除き、売買可能な証券としてイギリスに移植されたのです。

イギリスの国債は、オランダ商人、ユダヤ商人にとっては都合のよい投資先になりました。オランダではデフレが続き、儲け口が少なくなってきていましたから、議会が支払を保証するイギリスの国債が新たな投資対象として持て囃されたのです。経済が成熟すると先進国の利潤率が低下し、ハイ・リターンが期待される後発国に資金が移動するのは、今も昔も同じだったということです。

4　紙幣の出現

◉紙幣の原型と見なされる金匠手形

次に、手形を変形、進化させた紙幣（架空の金貨、銀貨）がイギリスで発行されるに至る過程を、①金匠手形、②イングランド銀行券という二段階に分けて述べてみましょう。

一六四〇年、スコットランドの反乱を鎮圧するための増税案を議会に拒否されたチャールズ一世（在位一六二五〜四九）は、ロンドン商人がロンドン塔内の造幣所に預けていた一三万ポンドの貴金属を、一方的に差し押さえました。抗議の声が高まると、王は四万ポンドの貸し付けを条件に貴金属を商人に返済しますが、強制的に貸し付けさせた四万ポンド分は返済に応じませんでした。

王に財産を奪い取られたロンドン商人は、ロンドン塔の貴金属を、頑丈なシティの金匠（金細工職人）の金庫に移しました。思いがけず大量の「金」を預かることになった金匠たちは、当然のことながら「預かり証」（ゴールドスミス・ノート）を発行しますが、額が大きかったために「預かり証」は分割されて「金匠手形」とされ、それが一種の約束手形（架空の貴金属）として流通するようになりました。

「金匠手形」とは、手形の名宛人あるいは持参人に、記載された額の金貨を払い戻すことを保証する証書（Gold Security）で、まさに金の「引換証」でした。「証券」は英語で security といいますが、それは「安全な交換証」を意味します。「金匠手形」の所有者は、合法的な譲渡であることを証明するサイン（「裏書き」）をすることにより、金貨の請求権を他人に譲渡することも可能でした。

経済学者ジョン・ケネス・ガルブレイス（一九〇八～二〇〇六）は、「人々は、（金を）引き出すことができるとわかっている限り、もはや引き出すことを欲しない」と指摘しています。金匠に「金」を預けた顧客は、面倒な手間を必要としない「金匠手形」の使用に慣れていき、それをいちいち実物の「金」と交換しようとはしなくなりました。慣れとは、そういうものです。顧客が「預かり証」の名義を書き換えるように依頼した金匠宛の依頼書が、「小切手」の起源になります。

やがて金匠は、自分が保管する「金」のうち、引き出される可能性のあるのは全体の一割から二割程度の量に限られることに気が付きます。そこで預かっている「金」の一部を他人に貸し出し、利子を取り始めるようになります。さらには、一定の枠で実体のない「金匠手形」の発行も始めました。信用さえあれば、金と「金匠手形」は同等に扱われたのです。

その結果、金そのものは動かずに、「金匠手形（架空の金）」の流通量が増大していきます。本当は価値のない「金匠手形」で、利子収入が得られたのです。それを「信用の創造」と言います。たまに何かの事情があって、大量の金の返済を迫られる場面もありましたが、そのときの対処の仕方が「信用」の試金石になりました。「金匠手形」と金との交換ができなければ、「信用」に基づくシステムは一挙に崩壊することになります。そこで業者たちは互いに金庫の中から金を融通しあって返済に応じ、システムに対する信用を守り通しました。

つまり、利便性を求める顧客が金匠に寄せる信頼と依存が、金と同等の価値を持つ「金匠手形」という紙片を流通させるマジックを成り立たせたのです。こうした「金匠手形」も、国債と同じくヴェネツィアに起源があります。長期の手形革命の流れのなかで、イギリスに移植されたわけです。

「イギリス銀行業の父」と称される代表的な金匠エドワード・バックウエル（一六一八頃～一六八三）は政府の財務代理人となり、金匠の預金を集めて政府に融資して「支払い指図書」（事実上の国債）を得るシステムを作りました。しかし、一六七二年には、第三次英蘭戦争の巨額の出費で政府財政が破綻し、多くの金匠が破綻してしまいます。

◉民間のイングランド銀行の紙幣発行の背景

「金匠手形」と同じ仕組みを大規模化したのが、民間のイングランド銀行による無記名手形（銀行券、紙幣）の発行でした。

初めて国債が発行された二年後の一六九四年、国債の引き受け手がいなくて困っていた政府に、商人たちが巧みに付け込みました。商人は政府に低利で融資し、その見返りに後に述べるような紙幣（銀行券という特殊な手形）の発行許可を得ます。

つまりスコットランド人の貿易商ウィリアム・パターソンは「ロンドンやオランダの資産家が株主となる新銀行」を設立し、一二〇万ポンドの紙幣の発行を条件に軍事費を八パーセントの低利で融資し、フランスとの戦争（ウィリアム王戦争）で財政が逼迫していた政府を助ける提案をしました。手数料は四〇〇〇ポンドです。

それに財務大臣チャールズ・モンタギューが乗り、新しい民間銀行のイングランド銀行を許可する法案を通過させます。イギリス政府は、既に利子が一四パーセントのトンチン公債（酒類への消費税を担保とする終身年金）一〇〇万ポンド、富籤公債一〇〇万ポンドを発行していたのですが、戦費が足りずに困っていたのです。

ウィリアム・パターソンは、一六五八年にスコットランドに貧農の子として生まれ、七五年に北アメリカのボストンに渡り、そこからバハマ諸島、中米に移住した経験がありました。彼は八〇年代初頭にヨーロッパに舞い戻ってアムステルダムなどを転々とした末、イギリスで「カンパニー・オブ・スコットランド」を設立して、パナマ（ダリエン）に植民地を建設することを建言していた山気のある人物でした。

イングランド銀行の誕生

彼は旗振り役を務め、イングランド銀行の創設に漕ぎ着けますが、後に零落して貧窮のなかで人生を終えたと言われています。イングランド銀行に資金を提供したのは主に、ユダヤ商人、オランダ商人、イギリスの新興商人でした。こうして、年利八パーセントという当時としては格安の利子で政府に資金を融通するイングランド銀行が誕生します。銀行が政府に出資した一二〇万ポンドは、当時の金匠上がりの個人銀行の資産が一〇万ポンド程度だったことを考えると、かなりの額だったと言えます。しかし大半の金匠は、ウィリアム・パターソンの怪しげな提言に懐疑的で、当面の出資を手控えました。

ウォルター・パジョットの『ロンバート街』はイングランド銀行について、「創設当初の同銀行は金融会社、それもホイッグ党の金融会社だった。イングランド銀行を創設したのはホイッグ党政府だったが、これは同党が深刻な資金難にあえいでいたからであり、また同銀行が『シティー』に支持されたのも、シティーがホイッグ派だったからだった」、「出資者にすみやかに資金を貸し付けさせるため、出資者らは『イングランド銀行（Governor and Company of the Bank of England）』の名称で法人化されることになった」と記しています。大層な名称が認められたわけです。イングランド銀行の創建には、一定の政治的背景があったのです。

◉紙幣の元になったのは無記名手形

イングランド銀行は、戦費貸し出しの代償として、出資金と同額の「金貨、銀貨と交換できる持参人払いの捺印手形」（銀行券）の発行の権限を政府に求めました。政府が国債を発行する代わりに、国の借金証文を分割して紙幣として発行するというのです。

金繰りに困っていた政府は、後先を考えずにその権限をイングランド銀行に与えましたが、それが民間商人の銀行が紙幣を発行する権限を持つきっかけになりました。最初の紙幣は、誰でもそれを持参すればイングランド銀行の金庫に蓄えられている金貨と交換できる「無記名手形（銀行券）」で、手形の形式に準じていました。

世界史的に見ると、民間商人の銀行が紙幣発行権を得たことは、アケネメス朝（ペルシア帝国）以来ずっと通貨の発行権を帝国、国家に奪われてきた商人が、二千数百年ぶりにそれを奪回した出来事だったと言えます。イギリスの政治家は自らが紙幣を発行し、軍費を調達するという知恵を持ち合わせていなかったのです。

後になると、莫大な資金を有する「ヨーロッパの銀行」ロスチャイルド家が理事のひとりとしてイングランド銀行を牛耳り、ポンドの発行に大きな発言権を持つようになります。銀行家はイングランド銀行の理事にはなれないという不文律があったのですが、ユダヤ人の金融業者のロスチャイルドは外国為替仲介業者という名目で理事の座についたのです。つまり、かつては王の権力の源泉だった通貨発行権が、大金融業者の手に移ったわけです。

◉初期の紙幣には利子が付いた

イングランド銀行の銀行券は一種の手形でしたから、最初は利子付きで発行されました。紙幣の「信用」が確立されるにつれて、利子が払われなくなっていきます。

イングランド銀行は、かつての金匠と同様の手法で不特定多数の人々の間に手形（無記名の手形、銀行券）を引き受けさせ、それを利子を取って国に貸しつける（銀行券の運用）ことで大きな収益を上げました。そうした貨幣増殖の技法は無記名手形を広範に流通させることによるものであり、ユダヤ商人などがオランダからイギリスに移植した手法です。

イングランド銀行が初期に発行した紙幣は、ほとんどが中流家庭の年収の二倍にあたる一〇〇ポンドの高額紙幣にとどまりました。現在の紙幣とは、色合いが違ったのです。

当時のイギリスでは地方の銀行にも銀行券（紙幣）の発行が認められていましたが、政府から御用銀行としてのお墨付きを与えられたイングランド銀行は、国庫金の出納、国債業務などを行う政府直結の銀行として別格でした。やがて一般向けの預金業務の権限をも獲得していきます。

当時は金匠に貴金属を預けると管理料が取られた時代ですが、イングランド銀行は四パーセントの預金利子を支払いました。そのために民間資金がイングランド銀行に集中するようになり、金匠までもが利子を求めてイングランド銀行に預金するほどになります。銀行は多くの紙幣を回転させれば多くの利子が得られますから、イングランド銀行は高い預金利子を払っても収益が上がったのです。

設立当初のイングランド銀行は一一年間だけ存続が認められ、国がその借金を完済したときには閉鎖されるという約束になっていました。しかし、フランスとの間の英仏第二次百年戦争がきわめて長期間続いたために政府の財政難が続き、一八一二年まで一二回にわたりイングランド銀行への特許状が書き換えられました。イングランド銀行の紙幣の発行は、長期の戦争が、なし崩し的に定着させたということになります。

◉失敗に終わっていたスウェーデン紙幣

イングランド銀行が紙幣を発行する数十年前に、オランダ人のヨハン・パルムストルヒはスウェーデンで半官半民のストックホルム銀行を創始し、一六六一年に、政府から保有する金、銀と交換できる銀行券（手形）の発行を許可されました。スウェーデンでは銅板貨幣が使われていたのですが、重くて不便だったために代用通貨として紙幣が使われたのです。このストックホルム銀行の紙幣が、ヨーロッパの最初の紙幣とされています。

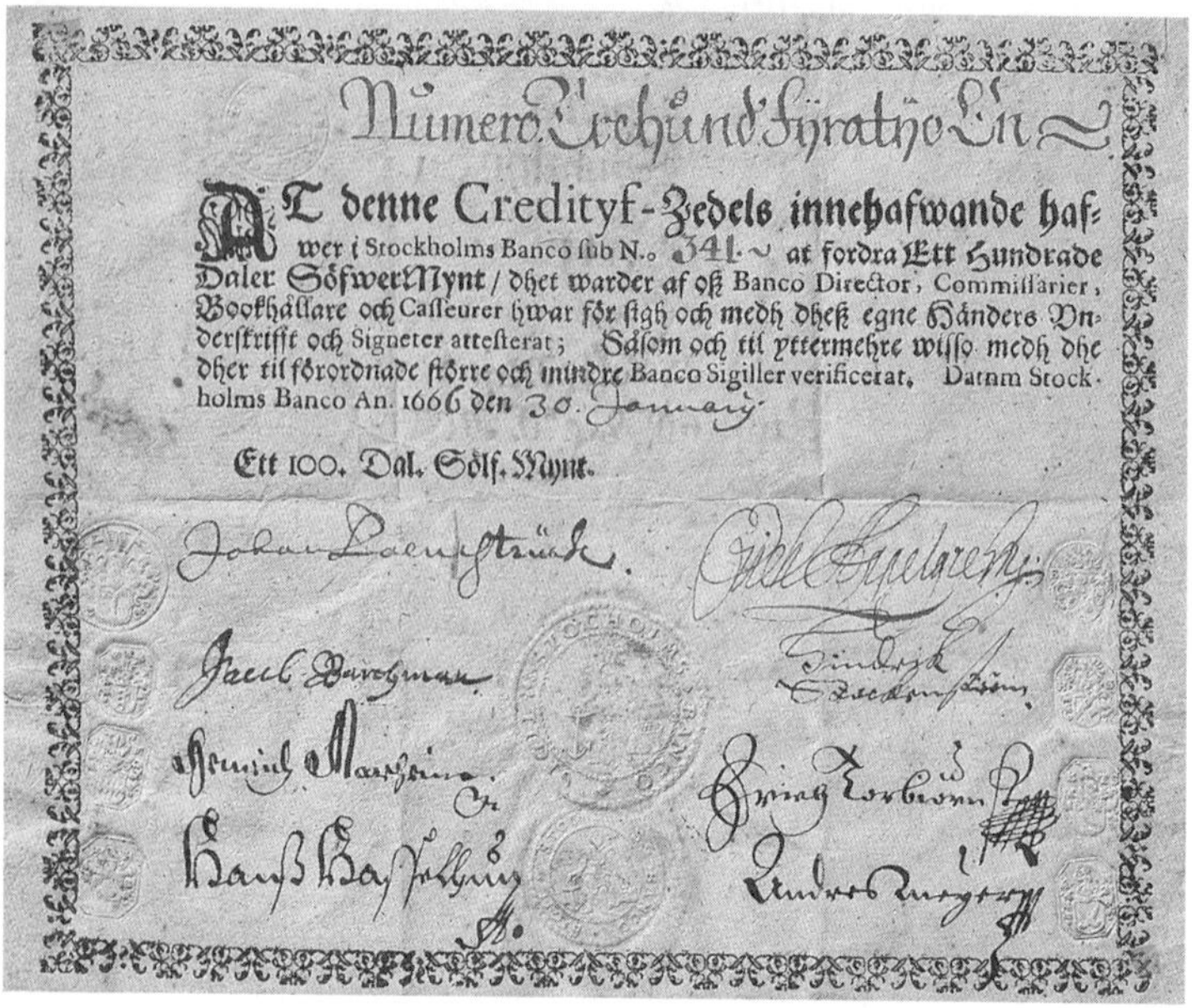

ヨーロッパ初の紙幣（スウェーデン銀行）

ただ、ストックホルム銀行は、保有している金、銀よりも多くの紙幣を発行し、過剰に貸し付けたためにインフレを起こし倒産しました。パルムストルヒは、責任を問われて投獄されています。一六六八年、ストックホルム銀行にかわる新銀行が設立され、一八六六年にスウェーデン国立銀行と改称します。

当時は民間銀行が紙幣を発行するのは一般的であり、イングランド銀行の紙幣発行には先行モデルがあったわけです。イングランド銀行はそうした失敗に学び、保有する金、銀と紙幣の発行量を注意深く管理することにより基盤を固めました。

◉金貨・銀貨に代わったイングランド銀行の紙幣

イングランド銀行の設立後も一九世紀前半まで、イギリスでは地方の有力者が二〇七の個人銀行を設立し、七二の株式銀行が総額八〇〇万ポンド分の銀行券（紙幣）を発行していました。

そうした地方銀行の紙幣は、もともとは金貨、銀貨で価値を担保されたのですが、イングランド銀行の銀行券の信用が高まるにつれ、地方銀行はイングランド銀行の紙幣（イングランド銀行券）を担保として利用することになります。摩耗したり縁が削り取られて価値を減ずる金属貨幣よりも、イングランド銀行の紙幣のほうがより安心というのがその理由でした。信用が高まるなかでイングランド銀行は地方に支店網を広げ、合法的に地方銀行の紙幣発行権を吸収していきます。

結果としてイングランド銀行の紙幣は、イギリス全土で金貨、銀貨と同等の価値で流通するようになりました。イングランド銀行に蓄えられている金貨、銀貨がイングランド銀行券（ポンド紙幣）の「価値」を担保し、イングランド銀行の紙幣が地方銀行の紙幣の「価値」を担保するという仕組みができあがっていったのです。

金融恐慌が起こったときには、イングランド銀行は一般銀行が所有する証券の現金化を支援し、取り付け騒ぎを回避するのを助けました。銀行の銀行（中央銀行の）の地位が積み上げられていったのです。

経済学者アダム・スミス（一七二三〜一七九〇）は『国富論』で、イングランド銀行を「通常の銀行であるのみならず、国家を動かすエンジン」であると記しています。

5　崩れ去った英・仏の国債バブル

◉ロンドンの南海泡沫事件

北アメリカの覇権をかけたイギリスとフランスの大規模な植民地戦争（第二次英仏百年戦争）が財政の悪化をもたらし、両国とも戦費の捻出に苦しみました。莫大な戦費を調達するための国債の引き受け手がなかなか見つからなかったのです。そこで、イギリスでもフランスでも、一七二〇年頃に国債がらみの政策的なバブルが起こされ、崩壊していきます。奇しくも同時期に起こったロンドンとパリのバブルを、まずロンドンのほうから見ていきましょう。

一七一一年、イギリスで第二の東インド会社ともいうべき南海会社が設立されました。南海会社は南アメリカ、北アメリカの大西洋岸、東インド会社の独占地域外のアジアでの貿易独占権を持つ特許会社ですが、資本金は三三八〇万ポンドで、東インド会社を遥かに凌駕しました。

この会社は、デフォーの『ロビンソンクルーソー』、スウィフトの『ガリバー旅行記』などの海洋冒険物語の影響を受けて考案され、イギリスがスペイン領の南アメリカを植民地として経営するために設立された会社でした。しかし、もともとスペインの権益を奪い取ることを前提とする会社ですから、経営基盤が軟弱でした。

そうしたなかで一七一九年、イングランド銀行との入札競争の末に南海会社は議会から、国債を自社株に転換して販売する許可を獲得します。つまり、会社が新たな株式を発行し、それを購入した人々が国債に交換するという仕組みです。本業が振るわない南海会社は、政府の国債を引き受けることにより、金融面で活路を見いだそうとしたのです。

◉株価の吊り上げによる国債引き受けの増大

南海会社は、多額の国債を引き受けるにはそれに見合う大量の株式発行が必要と主張しました。他方で、陰で首相や蔵相などの有力政治家に株の購入権（ストックオプション）を賄賂として贈り、会社は新株の発行価格を自由に決定できる権限を手に入れます。

その後、南海会社は、スペイン継承戦争（一七〇一〜一七一四）でイギリスがスペインから獲得した「スペイン植民地における奴隷貿易の独占権（アシェントト）」に目を付けて、あたかも会社が奴隷貿易で高収益を上げられるかのようなキャンペーンを意図的に展開します。その上で一七二〇年、会社は政府の国債発行を全額引き受ける計画を発表しました。すると奴隷貿易の収益はそんなに大きいのかということで会社の人気が一挙に高まり、高配当の期待からバブルが起こりました。一月に一〇〇ポンドだった同社の株価が、半年で一〇倍以上に値が吊り上がっていったのです。オランダ商人、ユダヤ商人などが積極的に投資したことも、株価の高騰を誘いました。

バブルを利用して、イギリス政府は買い手がつかなかった国債の八割を南海会社の株式に転換することができ、南海会社も株価の高騰で大儲けをしました。バブルを見抜いていたオランダ人やユダヤ人の投資家は南海会社の株を高値で売り抜き、安全なイングランド銀行に投資先を移しました。ちなみにユダヤ商人は、この時期にはイギリス政府が発行する公債の四分の一を引き受ける大金融集団に成長しています。

南海会社が起こしたバブルに便乗して、イギリスでは無許可の株式会社が次々に設立されますが、いずれの会社の株価も高騰。東インド会社やイングランド銀行の株価も高騰して資産バブルが過熱化しました。そこで、政府は泡沫会社禁止法を制定して南海会社以外の会社の設立を禁止せざるをえなくなります。

ところが南海会社の業績は一向に上向く気配がなく、熱狂は不安に転換していきました。もともと、根拠に欠けるのがバブルです。株価はわずか二カ月の間に五分の一に暴落し、最終的には額面を割り込みます。そこで、多くの投資家が大損をしましたが、直感力に優れたお雇い音楽家のヘンデル（一六八八〜一七五九）は幸運にも大儲けをし、その収益で王立音楽アカデミーを設立しています。

先に述べた物理学者のニュートンはロンドン塔にあった造幣局の長官でしたが、バブルの崩壊により二万ポンドもの大損をしたといわれます。彼は一度は株を売却したのですが、再度、高値づかみした株により損失を被りました。その際にニュートンは、「天体の運行は計算できるが、人間の狂気は計算できない」と言ったとされます。

バブルの崩壊後、破綻した南海会社の役員は責任を追及され、調査の過程で政治家の収賄も次々に明らかになりましたが、政治家たちは資産を妻名義にするなどして、なんとか逃げ延びていきます。問題の解明にあたったのがイギリス初の責任内閣の首相になったウォールポール（在任一七二一～四二）ですが、友人としてウォールポールの調査を助けたのが、当時の政府の財政顧問だったユダヤ人、サンプソン・ギデオン（一六九九～一七六二）でした。

事件後の一七二〇年、議会は泡沫会社禁止条例（バブル・アクト）を制定し、七名以上の出資者からなる株式会社の設立には、議会の承認、あるいは国王の勅許が必要としました。その条例は、一八二五年まで存続することになります。ですから一八世紀後半以降の産業革命の時期に、イギリスでは議会の承認を受けなければ株式会社が設立できなかったことになります。また株式会社のガヴァナンスが問題になり、監査制度や公認会計士の制度も始まりました。

◉不換紙幣を金・銀と見なしたロー

長期の戦争の戦費調達に悩んだのはフランスも同じで、イングランド銀行をモデルにした不換紙幣の発行が試みられました。しかし、紙幣の価値づけに利用されたミシシッピー会社の資産価値が乏しく、一時的に起こったバブルは弾けてフランスの紙幣発行は失敗に終わります。

そうした一連の騒動の仕掛け人が、スコットランドの金匠の息子、ジョン・ロー（一六七一～一七二九）でした。彼は二三歳のときに女性を巡る決闘で相手を殺して死刑宣告を受けたものの、友人の手引きで脱獄しボートでの逃亡に成功するという、小説のような青年期を過ごします。その後、彼はアムステルダムで金融技術を学んでスコットランドに戻り、貨幣と商業に関する著作を発刊するなどしています。

やがてローはイングランド銀行の紙幣発行に学んで、フランスでの不換紙幣の発行を目指しました。彼はフランスに国立銀行を創設し、発行量に限界がある金貨や銀貨に代わって紙幣を大量に発行すれば、景気も良くなるし、国は莫大な発行益を得られると主張しました。

「信用があり、購買力が保証されていさえすれば、紙幣は金、銀となんら変わるところがない」というのが彼の持論でした。ジョン・ローは、「信用は一〇万リーブルの財で一〇〇万リーブルの商業を営ませる」ことができるとも主張しています。そうした彼の考え方は、債権を証券化してレバレッジを効かせ多額の資金を得る、現代のヘッジ・ファンドの手法に通じるものがあります。

ジョン・ローはフランスの最大の権力者ルイ一五世の摂政だった、ルイ一四世の甥のオルレアン公に巧みに取り入り、一七一六年、紙幣発行権を持つ私的な銀行バンク・ジェネラールを創設し、フランス初の紙幣の発行にこぎつけました。イングランド銀行創設の二二年後のことです。

◉国債と株券を連動させる試みの失敗

同行は、一七一八年、バンク・ロワイヤル（王立銀行）として国営化され、発行された紙幣リーブルはフランスの通貨とされました。ブルボン朝は、納税をすべてリーブル紙幣で行うことを命じて流通を促進し、フランスの景気を上向かせることに成功します。

次いでローは、植民地ルイジアナの開発と、二五年間にわたりフランスとルイジアナの間の貿易を独占する権限を認められたミシシッピー会社を設立しました。ローが狙ったのは、ミシシッピー会社がローの銀行から借りた紙幣で貴族の保有する国債を買い上げ、貴族が紙幣でミシシッピー会社の株券を買い入れるという資金の循環を作ることでした。循環を軌道に乗せる鍵は、ミシシッピー会社の株価の上昇にありました。

そこでローは、会社の収益を増すために国からタバコ貿易の独占権を獲得し、タバコ栽培を促進するためにルイジアナに多数の入植者と奴隷を送り込みました。その際の足場として築かれた拠点が、現在のニューオルリンズということになります。

ローは、会社が持つ貿易特権の拡大、高配当、株式の分割購入、既存株主への株の割り引き販売など、株価を吊り上げるための思いつく限りの手段を尽くしました。ブルボン朝にとっても、国債発行に協力してくれるミシシッピー会社の存在は重宝ですから、気前よく多くの特権を会社に分け与えたのです。

ブルボン朝を後ろ盾とするミシシッピー会社の収益は万全であるという評判が広まるなかで株は異常な人気を呼び、フランスだけでなくイギリス、オランダをはじめヨーロッパ各地に購入希望者が激増して、一七一九年中に株価は実に一八倍にまで高騰しました。一〇〇〇リーブルの株価が一万リーブル以上に高騰したのですから、株の購入者は大儲けです。「ミリオネア（百万長者）」

という言葉が生まれるほどでした。

国家財政の建て直しの功労者としてローは、フランスの財務長官に大抜擢されます。しかし、一七二〇年、バンク・ロワイヤル（王立銀行）の管理をミシシッピー会社からフランス東インド会社の後継会社であるインド会社に委託する布告が出されたのをきっかけに、収益を生み出せないミシシッピー会社への期待が一挙に冷め、株価の大暴落が起こります。バブルは気分で起こりますから、何でもないことが呼び水になって瞬事に崩れるものなのです。

同時に、ミシシッピー会社の高株価により「信用」が担保されていたバンク・ロワイヤルの紙幣も紙屑と化しました。フランス経済は、バンクロワイヤルが倒壊することで一挙に崩れ去ったのです。

財産と地位を失ったローはイタリアに亡命し、ヴェネツィアで客死しました。バブル崩壊の翌年、ミシシッピー会社の全株式の廃棄が決定されます。

このように、一七一九年から二〇年にかけて、ロンドンとパリの二大都市で双子のような国債がらみのバブルとその崩壊が起こりました。バブル崩壊の背景には、①戦費不足と過剰な国債発行、②国債を株式で担保しようとした特許会社の収益が上がらない、という共通の要因がありました。

第6章 宮廷ユダヤ人ロスチャイルド

1　ナポレオン戦争とヨーロッパ社会の金融化

◉環大西洋革命と国民国家の広がり

新大陸は、スペイン・ポルトガルの植民、一七世紀以後のオランダ、イギリスの植民というふたつの段階を経て「第二のヨーロッパ」に変わります。

その後、一七世紀末以来の北アメリカを巡ってイギリスとフランスの間で断続的に続けられた植民地戦争（第二次英仏百年戦争）は、フレンチ・インディアン戦争（一七五六〜六三）でのイギリスの勝利で一応の決着がつきました。けれどもイギリスには一億三〇〇〇万ポンドもの赤字国債が残され、その償還が財政を圧迫しました。困ったイギリス政府はアメリカ一三植民地への本国並み課税で危機を切り抜けようとしますが、植民地側が課税に猛反発しました。それが、アメリカ独立戦争（一七七六〜八三）の発端になります。

　フランスのブルボン朝やヨーロッパ諸国がバランス・オブ・パワーの立場から一三植民地を助け、イギリスとフランスの間のリターン・マッチが始まりました。アメリカ独立戦争はヨーロッパ諸国を巻き込む大戦争となり、ヨーロッパとアメリカ大陸は連鎖的な大動乱の時代に入ります。イギリスはそれまでの一連の戦争とは桁違いの軍事費の負担を迫られ、軍事支出が三〇〇〇万ポンドを越える年もありました。

　アメリカ合衆国の独立の後に、財政破綻したヨーロッパの混乱が続きます。財政が破綻したフランスでは、六年後にフランス革命が起こりました。しかし、イギリスとフランスは、フランス革命の際のフランスと対仏大同盟との戦争、さらにはナポレオン戦争（一七九六〜一八一五）というかたちで大戦争を継続させ、疲弊したヨーロッパは「貴族の時代」から「ブルジョワの時代」へと転換していきます。

　ナポレオン戦争でスペインが弱体化すると、アメリカ独立の影響もあって、ラテン・アメリカでもかつての移民の子孫（クリオーリョ）が、一八一〇年代から二〇年代にかけて次々と建国し、スペイン植民地が崩壊しました。

　ですからアメリカの独立、フランス革命、ナポレオン戦争、ラテン・アメリカの独立は一連の政治変革として、「環大西洋革命」と総称されています。環大西洋世界には国民国家という共通の政治システムが広がり、蒸気船・電信の発達もあってヨーロッパと新大陸の一体化が強まりました。

◉ナショナリズムの風潮とユダヤ社会の変貌

ナポレオン戦争はヨーロッパ規模の大戦争となり、軍事費の捻出に悩む各国で宮廷ユダヤ人が活躍しました。ヨーロッパは、金融の時代に転換していきます。

他方で国民国家が強化されると、広域に分散する共同体をネットワークで結び付けるユダヤ社会は、各地の国民国家という垂直型の政治システムに同化を強いられることになりました。宮廷ユダヤ人や一部のエリートを除く、ユダヤ社会の実体が段々と見えづらくなっていきます。

一八〇七年、ナポレオン（一七六九～一八二一）は古代のユダヤ人の議会の名前をとった「大サンヘドリン」という名のユダヤ人代表者会議を開催し、ユダヤ人がフランスを祖国とみなすことを前提に、ユダヤ人に対する法の適用を認めました。つまりユダヤ人社会を解体して国民国家に統合し、ユダヤ人の生活を規制していたユダヤ教を私的領域に制限しようとしたのです。

第一帝政のサンヘドリン会議

ドイツやイタリアでは、ナポレオン軍がユダヤ人を隔離していたゲットーの壁を崩すと、ユダヤ

バーゼルの橋にたたずむテオドール・ヘルツェル。生誕百年を記念して発行されたイスラエルの記念切手。

社会を国民国家の一部のユダヤ教コミュニティと見なしました。そうした動きに呼応するように、ドイツやイタリアでは詩人のハイネの「改宗はヨーロッパ文明への入場券」という有名な言葉が示すような、キリスト教への改宗と同化が進みました。その先駆者になったのが、「古来のユダヤ教は信条集も信仰箇条も持たなかった」と説き、キリスト教に改宗しても本来のユダヤ性は失われないと主張した、ドイツの哲学者モーゼス・メンデルスゾーン（一七二九～一七八九）です。彼はハスカラ運動と呼ばれる啓蒙運動を進めて、ユダヤ人のドイツ語の使用、ヨーロッパの非ユダヤ社会への同化を提唱しました。

逆に、ユダヤ社会でもナショナリズムの動きが強まりました。一九世紀末に、シオニズム運動が勃興します。シオニズム運動とは、一八九四年、フランスのユダヤ人陸軍大尉ドレフュス（一八五九～一九三五）がドイツに軍事機密を漏らしたとして終身刑に処された冤罪事件を取材して衝撃を受けた、ブダペスト生まれのユダヤ人新聞記者テオドール・ヘルツェル（一八六〇～一九〇四）により進められました。

紀元七三年のディアスポラにより亡国の民となり、各地で迫害され続けてきたユダヤ人が、父祖の地に戻り民族国家を再建することを目指す運動なのですが、イェルサレムの一角にあるシオンの丘を目指したことからシオニズムと呼ばれました。

ヘルツェルは三五歳のときに『ユダヤ人国家』を著し、ユダヤ問題の解決は、ユダヤ人による独自国家の建設によるしかないと説き、一八九七年、スイスのバーゼルで第一回シオニスト会議を開催して運動の推進母体とし、富裕なユダヤ人層が支援しました。

しかし、一九世紀末にヨーロッパのユダヤ人の推定人口は約一〇〇〇万人（八割強はポーランド、ロシア、東欧に居住）にもおよび、しかも当時イェルサレムを支配していたオスマン帝国が帝国内にユダヤ人の民族国家の建設を許可することはありえませんでしたから、ヘルツェルの主張は絵空事でした。そこでロスチャイルドやイギリスの支援の下に東アフリカのウガンダ（現在のケニア）にユダヤ人を移住させる現実的な案が出されますが、シオニスト会議でロシア代表がパレスチナへの帰還にこだわって強く反対したために立ち消えになりました。

2　ヨーロッパ最大の金融業者の誕生

◉御用商人の座を得たマイヤーの幸運

莫大な軍費が費されたナポレオン戦争はヨーロッパに「金融の時代」をもたらし、ユダヤ商人の活動領域が広がりました。そうしたなかでナポレオン戦争にうまく便乗し、フランクフルト出

マイヤー・アムシェル・ロスチャイルド

身のアシュケナージム（ドイツ系ユダヤ人）のロスチャイルドの一族が、ヨーロッパの「金融王」にのしあがっていきます。経済史家のゾンバルトは『ユダヤ人と経済生活』のなかで、「一九世紀の半ばにはヨーロッパにただひとつの権力しか存在しない、それはロスチャイルド家だ」と極言しています。ナポレオンの覇権は短期間で消滅しましたが、ロスチャイルドの一族の金融覇権は世界全体に大きな影響をもたらしました。ロスチャイルド一族の土台を築いたのは、マイヤー・アムシェル（一七四三～一八一二）の才覚と「運」ですが、その成功譚はどこにでもありそうな話でした。

ライン川の支流マイン川流域のフランクフルトに、ユダヤ人の大規模なゲットーがありました。当時のユダヤ人には姓もなくゲットーへの居住が義務づけられ、土地所有が禁止されており、ギルドにも入れないよそ者として扱われていました。ユダヤ人にだけは、ライン川とマイン川が合流するマインツの渡河料金が徴収されたと言われています。そうした恵まれない境遇から身を起こし、ナポレオン戦争を利用してヨーロッパ最大の銀行を一代で築き上げたのが、マイヤーです。

フランクフルトのゲットーでロートシルト（「赤い表札」の意味、英語ではロスチャイルド、フランス語ではロチルド、本書ではロスチャイルドを用いる）の一族は代々古物商を営んでいましたが、父親は少年のときから賢かったマイヤーに期待をかけ、ユダヤ教の神学校に入学させました。しかし、一二歳のときに両親が早死にして授業料が払えなくなり、マイヤーはハノーバーのユダヤ人の銀行家の徒弟になります。

二〇歳のときにマイヤーはフランクフルトに戻り、古銭のカタログ販売を行うようになりました。彼の志は、銀行家、宮廷ユダヤ人になることだったのですが、そのためには貴族とのコネと資金が必要でした。そこでマイヤーは、幼少の頃からのユダヤ教の学習で身につけた歴史知識を生かし、安く買い集めた古銭に説明書を付けて、地方貴族へのカタログ販売を始めました。後のロスチャイルド金融帝国の出発点は、安物の古銭を貴族に高く売り付けるカタログ販売だったのです。

一九歳のとき、マイヤーは後にヘッセン伯となる二〇歳の有力貴族、ハーナウ伯ヴィルヘルム九世を古銭の顧客に加えるという幸運を手にしました。貧しいユダヤ人が有数の貴族と知り合うなどということは稀有のことです。マイヤーはヴィルヘルム九世の財力と将来性に自分の人生を賭け、メダルや古銭を低価格で提供し、骨身を惜しまずに関係の強化に努めました。

マイヤーの処世術は、これぞと見込んだ権勢のある人物に、金、サービス、情報を提供し、太いパイプを築いて後の「大利」を期待する弱者の行為でした。でも彼には、それしかなかったのです。その行動はタルムードの「権力者に密着せよ、そうすれば人々はあなたに頭を垂れる」という格言を地で行くものでもありました。

一七七五年、ハーナウ伯ヴィルヘルム九世がヘッセン伯になると、才覚を気に入られたマイヤーは弱冠二五歳でヘッセン伯の「御用商人（ホーフファクトアー）」の座を射止めます。宮廷ユダヤ人、ロスチャイルド商会の始まりです。

当時フランクフルトのゲットーにあったマイヤーのロスチャイルド商会は一二平方メートルの広さで、一〇人の子供たちが一室で暮らすという状態でしたから、決して楽な生活ではありませんでした。

◉ナポレオン戦争を最大限に利用したマイヤー

マイヤーが四五歳の一七八九年、フランス革命が勃発しました。革命はやがてオーストリアを巻き込み、ナポレオン戦争により全ヨーロッパ規模で古い体制が音を立てて崩れ落ちます。ヨーロッパ規模の大戦争が長期間持続したため王侯・貴族は戦費の調達が難しくなり、金融業者への依存を余儀なくされました。マイヤーのロスチャイルド商会が、ヘッセン伯の「宮廷ユダヤ人」になったのは、動乱が始まる時期です。

歴史でも、運は重要です。マイヤー率いるロスチャイルド一族は、ヘッセン伯の財産運用に関われた幸運を利用して「ヨーロッパの銀行」への坂を駈け上っていきます。

ヘッセン伯ヴィルヘルム九世には、父親のフリードリヒ七世がアメリカの独立戦争の際にイギリスに傭兵を貸し付けて蓄積した二〇〇〇万ターラーにおよぶ莫大な遺産があり、ヨーロッパ有数の資産家でした。ヘッセン伯は、戦費の捻出に苦労する諸侯への融資や、軍需物資の売買で大儲けしますが、それを増幅させたのが資産管理を担ったマイヤーの才覚でした。「君臣水魚」の関係が育ったのです。

マイヤーは、ヘッセン伯が父親フリードリヒ七世以来イギリスと深いつながりを持っていたこともあってイギリスの事情に通じるようになり、安価な機械製綿布に着目します。一七九七年、経済の混乱で綿布が高騰していることに目を付けたマイヤーは、三男のネイサン（一七七七〜一八三六）を綿業都市マンチェスターに駐在させて大量の綿布を仕入れ、染色して売り出すことで莫大な利益を上げました。

マイヤーは、ヴィルヘルム九世がイギリスから受け取った傭兵代金の小切手を割り引いていたのですが、その小切手を直接綿布の購入代金に充てれば、数倍の利益が上げられることに気が付いたのです。

やがてナポレオン軍がドイツに迫ると、一八〇六年にヘッセン伯はイギリスに亡命。その莫大な貨幣、証券、宝石の管理と運用がマイヤーに託されることになりました。

一八〇三年、三男のネイサンは本格的にロンドンに移住し、翌年にはイギリス国籍を取得してロンドン・ロスチャイルド銀行を創設します。ロスチャイルド一族の本格的な金融活動の始まりです。

ネイサンは、マイヤーから委託されたヘッセン伯の資産を担保にして、二〇〇〇万ポンドのイギリス国債の販売を請け負うシンジケートに参加します。ネイサンはイギリス政府に毎年一一〇〇万ポンドを貸し付けたほか、イギリスが対仏大同盟の加盟国に貸し付けた約一五〇〇万ポンドの軍費（同盟の軍費の約半分）を専用馬車で各地に送り届けました。ネイサンは財政面で反ナポレオン戦線を支えたのです。

一八〇六年にナポレオンが大陸封鎖令を出してイギリス製品をヨーロッパ大陸から締め出すと、ロスチャイルド商会は販路を失ったイギリスの綿布、砂糖、コーヒーなどを買い叩いてヨーロッパ大陸に密輸し、商売でもしたたかに利益を上げました。

◉情報の先取りで大儲けしたネイサン

一八一三年、ライプチヒの戦いに敗れてエルバ島に流されていたナポレオンが、エルバ島を脱出してフランス皇帝として返り咲き、覇権をかけて連合軍と再戦しました。一八一五年、ブリュッセル郊外で戦われたワーテルローの戦いです。実はその戦争が、ネイサン、さらにはロスチャイルド一族の千載一遇のチャンスになりました。運をもたらしたのは、ロスチャイルド一族が組織した優秀な情報網です。

ワーテルローの戦いは、事前の下馬評ではイギリス軍に分のない戦争とされていました。ところが蓋をあけてみると、番狂わせでイギリスとプロシア側が勝利します。ネイサンは軍用伝書鳩によるプライベートな情報網、ドーバー海峡の快速船、早馬などを駆使して、イギリス軍勝利の情報を公式情報が伝えられる前に入手していました。戦争でナポレオン軍が勝てばイギリスの公債は大暴落、逆ならば暴騰ですから、情報には大きな経済価値があったのです。

前哨戦のキャトブラの戦いでイギリス軍が敗れたとの情報で、債券市場では下落が始まっていました。ネイサンは証券取引所で、わざと人目につくように債券を大量に売却します。ロンドンの投資家たちはネイサンが大陸に情報網を持っているのを知っていましたから、てっきりイギリスのウェリントン軍がナポレオン軍に敗れたに違いないと判断して、狼狽売りに走りました。ネイサンは公債が値を下げ、コンソル債が二束三文になった頃合いを見計らって、その六割以上を買い占めます。

コンソル債というのは、元金の償還がなされない代わりに満期がなく、永久に一定額の利子が支払われる年金型の債券です。ですから敗戦すれば利子が支払われなくなることが予測され、コンソン債が、ただ同然になったのです。コンソル債は、ナポレオン軍敗北の報が伝えられると、今度は大暴騰です。

ネイサンは八百長ともいうべき取り引きで、一挙に資産を二五〇〇倍に膨らませたと言われています。後に金融界で活動するための原資を一挙に手に入れたのです。草創期の証券取引は、かなり荒っぽかったわけです。

ネイサンの成功は、家柄とコネにより動かされてきた貴族の時代が崩れ、情報と才覚と策謀で大金が得られる「金融の時代」へと転換したことの象徴的な出来事でした。そうしたチャンスを土台にして、ロストチャイルド一族はヨーロッパ規模に金融ネットワークを拡げて、ヨーロッパ

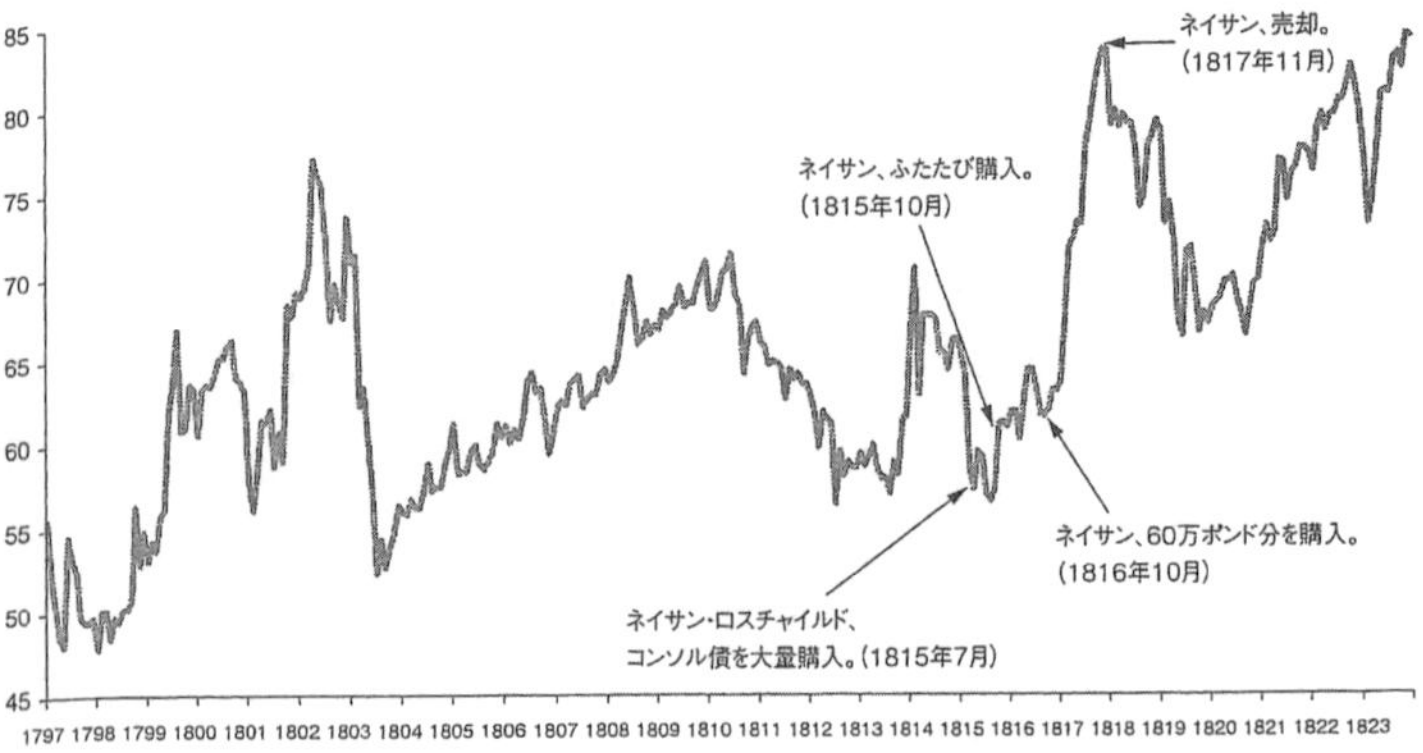

コンソル公債（イギリスの無期債権）の価格変動（1791 ～ 1823年）

ネイサン・マイヤー・ロスチャイルド

経済を牛耳るようになります。ロスチャイルド一族は、一九世紀末には四億ポンド以上の資産を所有していたという説もあります。

◉初のヨーロッパ規模の銀行ネットワーク

マイヤーは、五人の息子にそれぞれ異なる国籍を取らせ、一八一〇年に創設した本拠地フランクフルトの銀行を長男のアムシェル（一七七三〜一八五五）に託して一族の銀行を総括させ、次男サロモン（一七七四〜一八五五）にウィーンのロスチャイルド銀行を、三男ネイサンにロンドン・ロスチャイルド銀行を、四男カール（一七八八〜一八五五）にナポリのロスチャイルド銀行を、五男ジェームズ（一七九二〜一八六八）にパリ・ロスチャイルド銀行を託すという具合に、五人の息子たちにヨーロッパの主要都市で銀行を開かせました。フランクフルトを中心に国境を越え、多国籍化した金融の五極体制を築き上げたのです。

マイヤーは、兄弟・一族の団結、同族結婚、男の血統の重視（娘、娘婿の家業への参加の禁止）などでユダヤ社会の伝統を重んじ、現在の多国籍企業と同じような仕組みで五つの銀行を束ねたのです。小共同体とネットワークで維持されてきたユダヤ社会の仕組みが存分に生かされたことになります。それぞれの国で、銀行は宮廷ユダヤ人として国の財務と深く関わりました。

ロスチャイルド銀行は、ヨーロッパでは諸政府や王侯・貴族と結び、ヨーロッパ以外の南北アメリカからアジアに至る広域では融資活動を行って、情報収集と情報交換、資金の相互融通により機敏に利益を上げました。ロスチャイルドは、企業秘密を守るため、情報伝達にヘブライ語を混ぜて使ったとも言われます。

ナポレオン失脚後のフランスの賠償金の貸し付けは、ロンドンのロスチャイルド銀行が担当し、アメリカの南北戦争（一八六一〜六五）の際には、ロスチャイルド銀行を中心とするフランクフルトの金融市場が北軍の戦費を賄い、普仏戦争に敗れたフランスの賠償金五〇億フランを立て替えたのはロンドン、パリ、フランクフルトのロスチャイルド銀行でした。相次ぐ戦争による金融の膨張期に、ロスチャイルドは一挙にヨーロッパに金融帝国を築き、世界経済の新しいトレンドをつくり出したのです。小さな運がトレンドにつながることにより、世界史に新しい動きがもたらされます。

◉アーヘン会議でのロスチャイルドの勝利

ナポレオン戦争後の一八一五年から二五年の一〇年間は、産業革命（一七六〇～一八三〇）の進展、戦争からの復興によりヨーロッパの金融市場は、さらに規模を拡大しました。その一〇年間に、ヨーロッパではそれ以前の一世紀間に流通していた以上の有価証券が一挙に出回ったとされるほどです。一八二四年にマイヤーが死去した後、ロスチャイルド家もフランクフルトからイギリス経済の成長を支えるロンドンの金融街に拠点を移すことになります。

ウィーン議定書に基づき、ウィーン体制下のフランスではブルボン家のシャルル一〇世（在位一八二四～三〇）が復位しました。パリとロンドンのロスチャイルド家が、ウィーン会議後の新体制を金融面で支えようとします。それに対して旧勢力と強いコネを持つ金融業者たちは、シャルル一〇世に働きかけ、フランスでの起債や戦争の賠償業務からロスチャイルドを外し、ロンドンのベアリング家などの名門の金融業者に請け負わせようと画策しました。

一八一八年、ドイツのアーヘンに、オーストリア、プロシア、ロシア、イギリス、フランスの代表が集まり、ナポレオン戦争の賠償金一億二〇〇〇万ポンドの分配を決めるアーヘン列国会議が開催されます。会議では、ロスチャイルド家の締め出しが画策されました。そうした動きに対し、ロスチャイルド一族は決然と経済戦争を仕掛けます。パリのジェームズ・ロスチャイルドが、ブルボン朝を支えるために買い集めておいたフランス公債を一挙に売りに出しました。

ロスチャイルド一族の底知れぬ経済力を見せつけるかのように、フランス公債は大暴落し、アーヘンの会議場に困惑と衝撃が走ります。公債の暴落でフランス財政が破綻すれば、フランスからの賠償金の取り立てが困難になり、各国の財政の立て直しが行き詰まることになります。結局、封建勢力はロスチャイルドに妥協するしかありませんでした。

困り果てたオーストリアの宰相メッテルニヒ（一七七三～一八五九）が、会議に参加していたロスチャイルド家の次男のサロモン（ウィーンのロスチャイルド銀行、一七七四～一八五五）、四男のカール（ナポリのロスチャイルド銀行、一七八八～一八五五）を招いて協議を持ちかけると、公債の価格は一挙に安定の方向に転じることになります。

結果としてロスチャイルドが、フランスが支払う賠償金を融資することに決定しました。さらにロスチャイルドは、ユダヤ人であるにもかかわらず、ヨーロッパ各国の君主がキリスト教の理念のもとに盟約を結んだ神聖同盟の銀行としての地位を獲得し、ベアリング家に代わりロンドンの金融街シティを支配するに至ります。ロスチャイルド家が、大英帝国の財務部の地位を得たのです。

一八二二年、オーストリアのハプスブルク家は、ロスチャイルド一族の五人の兄弟とその嫡出の子孫に、「男爵」の称号を与えて懐柔を図りました。ウィーン体制は、ロスチャイルド銀行に頼らなければ立ちいかなくなっていたということです。名門のハプスブルク家がロスチャイルド一族を貴族に列したことで、ロスチャイルドはヨーロッパを動かす銀行として名実ともに認知されたことになります。

新興ナポレオンは最終的に旧勢力との戦いに敗れましたが、ロスチャイルドは金融戦争に勝利し、ヨーロッパ経済の覇者となったことを旧勢力が認めたのです。それは、時代の趨勢でもありました。ロスチャイルド家のほかにフランスのパレイラ家、プロシアのブライヒローデル家などのユダヤ人一族も、大銀行家としての地位を確立していきます。

3　法貨となったポンド紙幣

◉戦後の金本位制復活の手順

話を、イギリスに戻します。フランスとの戦争が断続的に続くなかで、一七八三年にイギリスの国債発行額は二億四五〇〇万ポンドというとてつもない額におよび（一七世紀末には一六七〇万ポンド）、国債の利払いが国家歳入の四〇パーセントにもおよぶ危機的状態になりました。

そうした状況の下でナポレオン戦争に突入しましたから、イングランド銀行の紙幣に対する信頼が揺らいで金価格が上昇し、イギリス財政が悪化しました。それに輪をかけるように、イギリ

1817年銘　最初のソブリン金貨

ス政府がイングランド銀行から金貨を借り上げて反ナポレオンの同盟諸国を支援したため、同行の手持ちの金貨は劇的に減少します。

経済の先行きに不安を募らせた国民は、手持ちの紙幣を金貨に換えようと競ってイングランド銀行に押しかけ、銀行保有の貴金属は遂に一三〇万ポンドを割り込んでしまいました。有事に紙幣の信用が低下し、その価値を担保する金貨、銀貨に換金する動きが起こるのは当然でした。

そこで、首相小ピット（任一七八三〜一八〇一、一八〇四〜一八〇六）は窮余の策としてポンド紙幣と金貨の兌換の停止を宣言することで、イングランド銀行を経営危機から救います。

しかしナポレオン戦争が終わると、民間のイングランド銀行を救うためにポンド紙幣の兌換を国が停止し続けるのは無理でした。そこで、新たに「イングランド銀行の紙幣と金の兌換再開のための方策を検討する秘密委員会」（委員長がピールだったために「ピール委員会」と呼ばれる）が設置され、紙幣と金の交換を回復する方法が検討されました。

イギリス議会は一八一六年に貨幣法を制定し、従来のギニー金貨に代えて二二金で約八グラムの金を一ポンドとするソブリン金貨を発行して本位金貨と定めました。ソブリン金貨は鋳つぶして地金にすることも認められましたから、金と同等の価値を持つことがわかりやすいかたちで示されて、ポンド紙幣の信用の土台がつくられたのです。

◉金本位制を提唱したリカード

議会でも、紙幣価値の低下により起こったインフレを収束させるには、ポンド紙幣と金貨の交換の再開が不可欠だとする声が強まりました。議員のウィリアム・ハスキソンは、金本位制が中断すると、通貨発行量の自由な裁量権をイングランド銀行が握り続けることになるとして、金本位制の復活を主張しました。同じく議員、経済学者だった、オランダから帰化した改宗ユダヤ人のデーヴィッド・リカード（一七七二〜一八二三）が同調しました。リカードはアダム・スミスと並ぶ著名な経済学者ですが、ロンドンの小学校、アムステルダムの商業学校を卒業した後、金融業や証券仲買人をしていた父親の影響を受けて、一四歳で証券取引の仕事につきました。しかし二一歳のとき、クウェーカー教徒の女性と結婚しようとして反対されたことで父親と絶縁し、キリスト教に改宗します。

リカードは、二二歳で八〇〇ポンドを元手に自立して株式取引所の仲買人になり、ナポレオン戦争で大儲けをし、二〇年の間に資産を七〇万ポンド、つまり九〇〇倍弱に増やしました。その後、ロスチャイルド家とイギリス公債の引き受けを争って敗れたのを機に、証券取引から足を洗います。

彼はアダム・スミスの『国富論』を読んで経済学に関心を持つと独学で経済学を学び、議会が先に述べた貨幣法を制定した翌年の一八一七年、主著の『経済学および課税の原理』を発表し、二年後には下院議員になります。

マネタリズム（貨幣数量説）を説くリカードは、イギリス社会を悩ませるインフレの原因がイングランド銀行の紙幣の過剰発行にあることを指摘し、紙幣発行を金貨にリンクさせる必要があると論じました。それに対し、ポンドの低下で輸出が有利になっていた商人や金との兌換を復活させたくない銀行は猛烈に反対しました。

一八一九年、ピール委員会の提言に基づき、段階的に紙幣と金貨の兌換を復活する法案が議会で可決されます。二一年五月に、イングランド銀行で紙幣をいつでもソブリン金貨と交換できることが定められ、紙幣の兌換が復活しました。その結果、イングランド銀行には金本位制というたがが嵌められることになり、ポンド紙幣が信用を回復できたのです。

リカードは金本位制を定着させる論陣を張っただけではなく、自由貿易論者として地主の利益を擁護するための穀物法の廃止も主張し、イギリス経済を自由貿易に導きました。

◉イギリスの金庫番となったロスチャイルド

一八二五年、南アメリカの鉱山会社への過剰融資が破綻して、ロンドンの金融街シティ発で「世界初の世界恐慌」と呼ばれる金融危機が起こり、イングランド銀行の経営基盤が揺るぎました。

そのときに、ロンドン・ロスチャイルド銀行のネイサンは、ロスチャイルド一族のネットワークを利用してヨーロッパ中から「金」を集めることでイングランド銀行の「信用」を守り通し、同様に危機に陥っていた地方銀行にも資金をテコ入れするなど、宮廷ユダヤ人としての力量を遺憾なく発揮しました。ロスチャイルドは融資には慎重で、主に国債の発行を助けて安定した収益を上げてきたのですが、いざとなれば危機を打開する力を持っていたのです。

一八二五年の危機は民間銀行であるイングランド銀行の最大の試練だったため、「信用」を守りきったロスチャイルド一族のイングランド銀行内での主導力が一挙に増しました。この年にイングランド銀行は経営を安定させるために庶民でも使える一ポンド紙幣の発行を停止し、高額の五ポンド紙幣のみの発行に切り替えています。

一八二六年、イングランド銀行に地方での支店の設置が許可され、三三年、イングランド銀行の紙幣が法貨（「法律で定められた貨幣、貨幣同等物」の意味）として認められました。イギリス国民は、イングランド銀行券という「手形（架空の金貨）」の受け取りを拒否することができなくなったのです。

◉イギリスの覇権を生み出したポンド紙幣

一八四四年、ピール銀行法が成立しました。法律はイングランド銀行を銀行部と発券部に分けたうえで、銀行部に政府の負債一一〇〇万ポンドを含む一四〇〇万ポンドの証券と金貨、地金を引き渡し、それをもとに発券部が銀行保有の金・銀の額に一四〇〇万ポンドを上乗せした枠内でのポンド紙幣を独占的に発行する権限を与えていました。

イングランド銀行に通貨発行権を集中し、通貨発行量の調整や金利操作により物価の安定と経済の成長の実現を求めたのです。その際に、スコットランドと北アイルランドでの発行が除外されたため、以前から通貨を発行していたスコットランドの三つの銀行と北アイルランドの四つの銀行は、今でもイングランド銀行の監督下で紙幣を発行し続けています。

ポンドの発行権がイングランド銀行に独占されると、ネイサンは「この国（イギリス）は総じて全世界のための銀行だ」、「インド、中国、ドイツなどの取り引きがすべてこの国を通じて決済される」と述べて、「宮廷ユダヤ人」から脱してイギリスのポンド紙幣を世界の決済手段にすることを目指します。それは、イギリス帝国の覇権にとり有要な手段になりました。

ロスチャイルドとイギリス政府の蜜月関係が続きますが、五八年、ロスチャイルド家の当主ライオネルはシティから下院議員選挙に立候補し、当選してユダヤ教式の宣誓による初の下院議員になりました。それにより、イギリスではユダヤ人の社会的地位が確立されることになりました。

ライオネルの立候補はユダヤ人に対する差別の壁を砕くことを目的としたため、当選した後、彼は一度も議会には赴きませんでした。八五年、新しい当主のナサニエル・ロスチャイルドは男爵に叙され、貴族院議員に選ばれています。

◉紙幣の価値を支えたゴールドラッシュ幻想

一八五〇年にヨーロッパでは金貨の約三倍の銀貨が流通していましたが、一〇年後の六〇年代になると、金貨と銀貨の発行量が拮抗するようになります。それは、銀貨の流通量が減少し、金貨により価値を担保される紙幣の発行量が激増したことを意味しています。鉄道建設などのための資金の需要が激的に増え、銀貨の発行だけではとても応じられず、紙幣の時代への転換が進んだのです。

金本位制ですから、紙幣の発行量が増加すると今度は金の量が間にあわなくなります。そこで、通貨発行を管理・操作し、巧みに紙幣の価値を操作するイングランド銀行の役割が一層際立つことになりました。しかし見せ金となる大量の「金」がなければ、金本位制の維持も、銀貨からポンド紙幣への転換も不可能です。そこで、カリフォルニアから始まる一連のゴールドラッシュが活用されることになりました。

一八四八年、カリフォルニアのサッターズミルでの金鉱の発見の後、オーストラリアのハーグレイヴズ、カナダ、アラスカなどで相次いで金の発掘が進み、金が無尽蔵にあるかのような「幻想」が生まれました。それが金本位制とポンド紙幣の価値を支えたのです。

そうした「ゴールドーラッシュ幻想」時代の雰囲気とイギリス帝国の躍進を背景に、一八七〇年代以降、普仏戦争の賠償金を金に換えて金本位制に移行したドイツ帝国の動向などが幸いして、ポンド紙幣による国際金本位制がトレンドになっていきました。

4　ヨーロッパを変えた通信社と鉄道建設

◉世界の情報を独占したユダヤ系通信社

一九世紀後半は、海底ケーブルによる通信網と鉄道、蒸気船により、最初のグローバリゼーションが一挙に進んだ時代でした。ロスチャイルド一族が正確な情報収集により金融覇権を握ったことでわかるように、金融活動には精度の高い情報の収集が不可欠です。ロスチャイルド家の情報網は、イギリス政府の情報網よりも優秀だったと言われるほどでした。

一九世紀中頃に電信が普及すると、経済・金融情報をヨーロッパの投資家に売る専門の通信社の設立が進みます。近代的な経済情報の通信社の先駆けは、ユダヤ系フランス人のシャルル・ルイ・アヴァス（一七八三〜一八五八）でした。彼は七月革命後の一八三五年に、パリでアヴァス通信（Agence Havas）を創設します。

アヴァスはもともとナポレオン戦争以来の国際戦争の時代に、軍部の情報を新聞社に配信する仕事をしていましたが、経済が国際化する時代の流れをいち早く察知すると、業態を経済情報の配信に転換していきました。彼はヨーロッパの主要都市に通信員を派遣し、株式や商品情報を集めて販売する通信社を立ち上げます。

アヴァスは、一八四〇年代にパリとロンドン、パリとブリュッセルの間に当時としては画期的な「伝書鳩便」を開設し、半日でブリュッセルとロンドンの経済情報をパリに集めました。当時は、一八三六年にアメリカ人により考案された伝書鳩を使う情報収集が最速だったのです。

アヴァス通信社はそれぞれの都市から送られてくる情報を翻訳するために三人の事務員を採用しましたが、そのうちの一人が、ベルリンのユダヤ人銀行家の息子ベルンハル・ヴォルフ（一八一一～七九）でした。彼は、一八四九年にベルリンとアーヘンの間に敷設された電信線が民間に開放される情報を得るとベルリンにヴォルフ電報局を創設し、有料で電信による情報を提供しました。電信線がパリやブリュッセルにまで伸びていくなかで、ヴォルフ社はドイツ最大の通信社に成長します。

同じアヴァス社から出てイギリスの世界的通信社を育てたのが、ドイツのカッセルのユダヤ人ラビ（教師・説教者）の息子、パウエル・ユリウス・ロイター（一八一六～九九）でした。彼は、ゲッチンゲンの銀行で為替業務に携わった後、一八四四年にキリスト教に改宗。翌年、ベルリンの銀行家の娘と結婚します。

一八四八年、三月革命下のベルリンでロイターは出版業を始めますが、その後「自由」を求めてパリに移住。アヴァス通信の三人の翻訳者の一人として半年間の修行生活を送り、翌年にはイギリスの株式市場の情報、商品価格を配信するロイター通信社をロンドンで創設しました。彼は最初、電信を利用してドイツでのニュースの配信を考えたのですが、先に述べたヴォルフとの競争に敗れてイギリスに転じました。その後ロイターは、一八五一年、ドーバー海峡に埋設された海底ケーブルを使ってパリの株価情報とロンドンの金融情報を相互に配信することに成功し、金融界での信頼を築き上げます。

一八五九年、ロイターが中心になってフランスのアヴァス社、ドイツのヴォルフ社との間で通信市場の分割協定が結ばれ、三社が独占的に取材・配信できる地域を、アヴァス社がフランスとイタリアとスペイン、ヴォルフ社がドイツとロシアと東欧と北欧、ロイター社がイギリスとヨーロッパ以外の地域というように分割しました。当時はアメリカ経済が急成長し、アジア・アフリカの植民地化が急速に進んだ時代ですから、ロイターが圧倒的な優位に立ったことは言うまでもありません。

その後、海底ケーブルの敷設が地球規模で進むと、ニューヨーク、ロンドン、パリへの情報伝達は、従来「週単位」の時間がかかっていたものが、「分単位」へと変わりました。一八七〇年になると、通信三社の間の勢力圏分割協定が結び直され、ユダヤ人の通信社による情報通信の独占はさらに強固になりました。ちなみに現在、ロイターと肩を並べるニューヨークの経済通信社ブルームバーグもユダヤ人による創業です。金融活動の土台となる経済情報の伝達ネットワークは、その黎明期から「ネットワークの民」ユダヤ人により確立されたのです。

◉鉄道建設ブームとマルクスの予見

次は鉄道を見てみましょう。イギリスで鉄道事業が大きな収益を上げるようになると、一九世紀の半ば以降に鉄道建設ブームが世界化して、ヨーロッパの工業化が一挙に進みました。裾野が広い鉄道建設の進展とともに株式会社が本格的に普及し、民間企業にも投資がおよぶようになります。経済史家ウィリアム・バーンスタイン（一九四八〜）が『「豊かさ」の誕生』で述べているように、迅速で効率的な通信と、輸送手段の発達が、世界経済の成長の大きな要因となっているのです。イギリスでは、一八三〇年代に鉄道建設バブルが起こり、四九年には沈静化しましたが、それ以後、鉄道建設ブームがヨーロッパ全土におよびます。ヨーロッパにイギリスのゲージ（軌道の横幅）を基準とする鉄道網が急速にできあがっていったのです。

巨額の鉄道建設費用の調達のために、株主が経営に参加する権利、利益の配分を受ける権利、残余財産の分配を受ける権利を保証する「普通株」、利益の配当や残余財産の配分で普通株より優先される「優先株」（一八三八年に初めて発行）などが工夫され、それとともに民間の信用経済が急成長を遂げました。

既にアダム・スミスが『国富論』（一七七六年）で「賢明な銀行は、金銀を紙に変え、空中を横切り道を敷くようなものだ」と記していた通り、一九世紀後半になると、銀行や証券会社が民間の鉄道会社の資金調達に当たるようになります。

企業の成長と都市への人口集中は、貧富の格差を拡大し、労働者は劣悪な生活環境におかれるようになりました。そうした状況下で、ロンドン在住のユダヤ人革命家カール・マルクス（一八一八～一八八三）は、資本家階級と労働者階級の階級闘争を説き、資本の増殖を、資本家による、労働者が生み出した剰余価値の略取とする剰余価値説を『資本論』により解明し、資本主義システムの打倒を唱えました。

しかし彼はロンドンで投資により生計を立てており、鉄道や安価な工業製品が世界を刷新する巨大エネルギーになっていることにも気がついていました。彼がエンゲルスとともにウィーン体制が崩壊した一八四八年に著した『共産党宣言』は、世界規模で広がりつつある資本主義経済の将来を次のように的確に予見しています。

ブルジョワの世界市場開拓によって、生産物と各国での消費には、全世界共通の特徴が備わる。反動主義者は無念だろうが、それは、産業の拠って立つ国家の基盤から生じたものである。古くから確立していたその国に固有な産業は、とうに滅ぼされたか、あるいは徐々に滅ぼされようとしている。そうした産業を駆逐した新しい産業の導入が、すべての文明国の死活を左右する。新しい産業では、国産の原料ではなく、遠隔地の原料を加工する。生産物は国内で消費されるのではなく、地球のあらゆる場所で消費される。昔はさまざまな欲求を国内生産だけで満たしていたが、いまは遠い国や地方の生産物によって欲求を満たすことが求められる。かつては地方や国が閉じこもって自給自足していたが、いまはあらゆる方面と交流し、世界各国が相互に依存している。物質ばかりではなく、知的生産物の面でも同じである。ひとつの国の知的創造が、共通の財産になる。国家が偏向したり狭い考えを持つことは、いよいよ難しくなり、無数の国や地方の文芸から、ひとつの世界文芸が生まれる。

昨今は高関税による自国産業の保護がかつて自由貿易の旗手だったアメリカで声高に叫ばれるようになってきましたが、マルクスは資本主義経済が広域のネットワークを前提にしており、知的生産物も含めて世界規模での新たなモノの結び付きを創造したと説きました。マルクスがそうした動きの中心と見なしたのが、鉄道に代表される近代的交通手段の進歩と工場で生産される安価な商品でした。マルクスはさらに続けます。

生産のためのあらゆる道具が急激に改良され、交通手段が飛躍的に便利になると、ブルジョワはきわめて未開に近い国までひっくるめて、あらゆる国を文明社会に取り込もうとする。商品価格の安さは、万里の長城をも打ち壊すことのできる巨大な大砲に匹敵する威力がある。外国人を毛嫌いしている非文明人すら降伏するだろう。絶滅を避けようとするなら、どの国もブルジョワの生産方式にあわせざるをえない。いわゆる文明を取り込むことを余儀なくされる。つまり、自分たちもブルジョワにならざるをえない。ひとことでいうなら、ブルジョワは世界を自分の姿そのままに作り変える。

こうした指摘は、一九世紀後半以降の世界の大規模な変化に符合します。マルクスは剰余価値説と階級史観で知られていますが、それだけではなく、広い視野から資本主義経済の将来を予見していたと言えるのです。

◉ロスチャイルド一族による鉄道の建設

鉄道建設によりヨーロッパは狭くなり、諸地方の結び付きが強まりました。機関車とレールなどの機材を提供し鉄道建設に奮闘したイギリスは、五〇年代には生産された鉄の約四〇パーセントを輸出に回しています。鉄道事業が「パックス・ブリタニカ」を牽引したのです。

鉄道建設には多額の資金が必要でしたから、利に聡《さと》いロスチャイルド一族は鉄道債券の起債と、ヨーロッパ大陸での鉄道建設に活躍しました。ウィーンのザロモンが中部ヨーロッパで、フランクフルトのアムシェルが中部ドイツ、バイエルン、ライン川流域で、「鉄道王」の異名を取ったパリのジェームズがフランスとベルギーでというように、ロスチャイルド一族はヨーロッパの鉄道建設に資金を投入し大きな収益を上げています。

ロスチャイルド一族が積極的にバックアップした鉄道網の拡張は、フランス、ベルギー、ドイツなど大陸諸国の産業革命の起爆剤になりました。

一八六〇年から九〇年にかけて、鉄道敷設距離はヨーロッパが五倍、北アメリカが六・五倍ですが、ラテン・アメリカは六六・三倍、アジアは四一・四倍、アフリカは三六倍に伸びました。

こうしたヨーロッパの周縁地域での鉄道の急速な普及は、植民地支配の急速な進展の条件となりました。

5 銀貨を追い落とすポンド紙幣

◉「世界の工場」からの転落

一八八九年に開催されたパリ万国博覧会では、短期間に組み立てられた世界で最も高い鋼鉄製のエッフェル塔がシンボルとなり、エジソンの白熱電球が会場の夜間照明として使われて、人々に新しい時代の到来を認識させました。一八七〇年代以降、「第二次産業革命」と総称される技術革新が急速に進みます。

資本主義経済は、新たな産業分野の開拓に取り組む企業家の冒険精神と専門的な技術教育を受けた技術者が担う新技術で規模を拡大しました。もともと「エンジニア」という言葉は軍事技術者を意味しましたが、諸産業でも専門教育を受けたエンジニアが活躍する時代に入ります。

ケインズと同時期の経済学者ヨーゼフ・シュンペーター(一八八三〜一九五〇)は、技術革新を「イノベーション」と呼びました。彼によると、イノベーションによる「創造」と「破壊」は表裏一体の関係にあり、旧い社会が破壊されて新しい社会が姿を現す現象が連続して起こり、その過程で資本主義経済が成長を遂げたと言うのです。

ヨーロッパの工業社会は一八七〇年代以降、新たに発明された科学・技術を組織的に応用した第二次産業革命（一八六五～一九〇〇）によって、産業の中心が多額の設備投資を必要とする製鉄、電機、合成化学、自動車などの重化学工業を中心とするようになりました。一八七〇年代からの一〇〇年間には工業が大型化し、地球規模でプランテーションや鉱山開発が進められて、世界経済が劇的に拡大していきます。

一九世紀前半にヨーロッパ全体の工業生産が二倍に伸びたのに対し、第二次産業革命期（一九世紀後半から第一次世界大戦まで）の工業生産は四倍から五倍に伸びました。経済規模が、全く違ってしまったのです。企業は巨額の設備投資を必要とするようになり、民間企業への金融が規模を拡大しました。

経済の著しい膨張に伴う資金需要の増大に金貨、銀貨だけではとても対応できず、紙幣が貨幣の中心となり、国家財政に依存していた金融が民間企業にも大きくシフトするようになるのです。

◉民間投資の増大と資本主義の本格化

この時期、企業の経営形態も、産業革命期に見られた無限責任のパートナーによるパートナーシップから、有限責任の株主から資金を集める株式会社に変わり、大衆から資金を調達して企業に貸し付ける銀行や証券会社（投資銀行）が著しい成長を遂げました。それまで国家が中心だった金融が、民間に大きな可能性を見出すようになります。

「商品」としての有価証券を発行する証券会社は企業の株式と社債の発行を代行し、そこで得られるプレミアム（上乗せ手数料）の鞘を取る業務を発明していきます。それは通貨発行時の発行益（シニョリッジ）を得る方法を、株券などの有価証券に応用したものでした。現代で言えば、ＩＰＯ（新規株式公開）の準備手数料・成功報酬などに当たります。

大規模な生産設備の拡張、流通網への投資の効率化には、マネージメントに対する投資も必要になりました。

一定の訓練を受けた経営者が社員を階層的に組織して動かす近代的企業経営が広がり、ホワイトカラーと呼ばれる事務労働者層が急速に増加します。アメリカやドイツでは第二次産業革命の波に乗って新しい技術、設備、経営方式による近代企業が姿を現しましたが、イギリスは構造的に立ち遅れてしまいます。

一七二〇年の南海泡沫事件（一五〇頁）が災いし、イギリスでは株式会社の設立が法律で厳しく制限されていました。イギリスで近代的な有限責任の株式会社が自由に設立できるようになるのは、①一八四四年の会社登録法により、会社の設立が勅許主義から準則主義に変わり、②一八五五年の有限責任法で株主の有限責任が法的に認められてからのことです。一八六〇年代から七〇年代になって、やっとイギリスで株式会社の設立ブームが起こります。

当時の会社経営は不透明で、経営の年次報告書の発行も、株主総会もありませんでしたが、投資が盛んになるにつれて、やっと『エコノミスト』や『インヴェスターズ・ガーディアン』などの週刊誌にも株式欄が登場し始めます。

◉絶大な信頼を得たポンド紙幣

一八七一年にドイツが、普仏戦争に勝利してフランスから得た賠償金五〇億フランを基礎に金本位制に移行したことで、銀貨の時代から紙幣の時代への国際的な流れができました。

ロンドンの金融の中心シティでは、「どの国も、それなりの代償さえ払えば資金を調達できる」仕組みが作られていきます。それを可能にしたのが、機能的なイングランド銀行のシステムであり、豊富な資金力でした。イギリスの経済ジャーナリスト、経済学者ウォルター・バジョット（一八二六～一八七七）の『ロンバード街』には、世界の主要都市の銀行の公表された預金量を記載しており、それは以下の通りになります。

ロンドン（一八七二年一二月）	一億三〇〇〇万ポンド
パリ（一八七三年二月）	一三〇〇万ポンド
ニューヨーク（一八七三年二月）	四〇〇〇万ポンド
ドイツ帝国（一八七三年一月）	八〇〇万ポンド

フランス、ドイツなどでは、銀行に預けずにタンス預金されている現金が多かったのですが、

ロンドンではユダヤ系の金融業者の活躍があって、他の諸都市を圧するかたちで銀行中心の貨幣循環の仕組みができあがっていたのです。イギリスでは、商人の資金調達が可能になり経済が活性化しました。つまり連続した資金借り入れのプロセスで、ロンドンのシティは巨大な仲介役としての機能を果たしながら利子を集積し、イギリス経済の成長を支えました。バジョットは、宮廷ユダヤ人が主導したロンバード街は、「経済的な力と敏感さの組みあわせが抜群に優れている、世界史上随一の存在」という評価が最も適切であると記しています。

◉金融帝国の不動の金庫番ロスチャイルド

一八七〇年代、ヨーロッパ経済は銀貨の時代から紙幣の時代へと転換しました。当時のドイツの有力政治家が、「ドイツが金を選んだのは、金が金だからではなく、イギリスがイギリスだからだ」と述べているように、ドイツは金本位制に移行することで、世界に経済強国として認知されることを望んだのです。ドイツは銀価を切り下げるフランスの妨害を乗り越えて銀を売却し、金本位制に移行するとマルク紙幣の発行を開始しました。

しかし、一八七三年から九六年にかけて、オーストリアのウィーン証券取引所の株の暴落に端を発する金融危機がヨーロッパからアメリカに波及し、「大不況（Great Depression）」となりました。電解精錬などの技術革新による銀の増産がもたらした銀価格の変動も、その背景のひとつでした。大不況は二二年もの間続き、物価が三〇パーセント以上も下落します。ドイツでは普仏戦争の賠償金の投資バブルの崩壊が、事態を一層深刻にしました。

一八九〇年になると、ロスチャイルドとともに一八一七年以来ずっとロンドン金融市場で君臨してきたベアリング・ブラザーズ商会が、南北戦争後にアメリカ政府の総代理店の地位を失ったのを挽回するために新たに投資先としたアルゼンチンの財政破綻で、経営が危機に陥りました（ベアリング恐慌）。

それを救って経済を維持したのが、イングランド銀行でした。ベアリング商会が恐慌により没落して以後、ロンドンではキリスト教徒の金融会社が力を弱め、ユダヤ人金融業者が幅を利かすようになります。

第二次産業革命に乗り遅れたイギリスは、アメリカとドイツに次ぐ三番手の工業国に転落します。イギリスの経済成長率が一八六〇年代の三・六パーセントから七〇年代の二・一パーセント、八〇年代の一・六パーセントと低下したのに対し、同じ時期のドイツとアメリカの経済成長率は約五パーセントと高率でしたから、どうしようもありません。経済の成長の途上にある国が急速に経済成長するのに対して、成熟した国の経済成長率が低迷するのはいつの時代も同じです。

世界規模の植民地体制と第二次産業革命下の大不況は、ヨーロッパ諸国の植民地獲得競争を激化させました。植民地がなければ、経済競争に勝てないと欧米諸国が血眼になったのです。そこで、不幸にも草刈場になってしまったのがアフリカ大陸でした。

日本の面積の六〇倍のアフリカ大陸は、一八八〇年代からの二〇年間にヨーロッパ列強に分割され尽くし、西アジア、東アジアでも植民地や勢力圏を巡る欧米諸国の軍事対立が激化しました。ドイツ、アメリカは植民地や勢力圏の拡大を目指す戦略（世界政策）を追求し、既得権の維持を図るイギリス、フランス、ロシアとの対立が強まります。第一次世界大戦（一九一四〜一八）への流れが一挙に強まったのです。

◉世界の決済手段になったポンド

一九世紀末、イギリスはポンド手形による貿易の決済を世界の慣行にしました。それは架空の金貨であるポンド紙幣が世界中で「信認」されたことを意味します。イングランド銀行が発行を管理するポンド紙幣が、イギリス以外の各地でそれまで流通していた銀貨に換わり、世界経済の「血液」になります。世界経済が、ポンド紙幣による決済で回るようになったのです。

一九世紀末のイギリスは、利子や配当収入に依存する「世界の銀行」に転換していきます。もともとイギリス経済は貴族やジェントリーなどによる金融、商業に依存しており、「物づくりの国」とは言えなかったのですが、一挙に宮廷ユダヤ人をパートナーにする金融国家に転身したのです。

その結果、イギリスでは新興国投資が盛んになり、アメリカ、オーストラリア、カナダ、インド、アルゼンチンなどに向けての証券投資が急増しました。一八七五年に一〇億ポンド余だった対外投資は、二〇世紀初頭には約三〇億ポンドに達します。

イギリス経済は、世界各地への投資の利子・配当金の収入と、アジアのインド・東アジア諸国・

オスマン帝国との貿易黒字が大きく、それによりヨーロッパやアメリカでの巨額の貿易赤字が補われて収支の均衡が保たれました。そうしたことから大量のポンド紙幣の発行が必要になり、ポンド紙幣の価値を担保するに足る「金」がイングランド銀行に蓄積されているように見せることが必要になりました。その際に、宮廷ユダヤ人の金融技術が生かされたのです。

「見せ金」により紙幣の「信頼」が保たれていれば、誰も紙幣を金と交換する面倒を敢えてしません。信用とは、そうしたものです。十分な「金」があるかのように装えれば、ポンド紙幣の価値と信用が維持できたのです。

ポンド紙幣の素材は安価な紙ですから、ポンドの発行自体がべらぼうな発行益をイングランド銀行にもたらしました。地球規模のポンド紙幣の循環は、莫大な利子収益をシティにもたらしたのです。

しかし、現在まで世界で掘り出された金の総量は約一八万三六〇〇トン（二〇一四年現在）で、オリンピックの競泳プール（五〇メートル×二五メートル）の四倍弱程度と言われます。アメリカの地質調査所の推計によると、金の推計埋蔵量も五万六〇〇〇トンにすぎません。そこで金不足が表面化しないように、巧みなシステム操作が必要になりました。それは、経験のない凡庸な政治家にはできないことだったのです。

◉銀貨 対 金貨・紙幣

一八五九年、アメリカのネヴァダ州で巨大な銀鉱山が発見されると、銀の過剰生産が明確になって銀価格が低落し、世界規模で銀貨の時代が揺らいでいきました。

ヨーロッパ最大の銀市場パリを擁していたフランスのナポレオン三世（在位一八五二～七〇）は、一八六五年にベルギー、イタリア、スイスとともに金銀複本位制によるラテン通貨同盟を結成し、一八六七年、パリにヨーロッパ主要国の代表を集めて世界初の国際通貨会議を開催。銀貨の復権を目指しました。

ナポレオン三世は会議で、ナポレオンにより発行されたジェルミナル金貨をヨーロッパの基軸通貨にすることで通貨を統一し、各国通貨が相互に支えあう仕組みを創設することを提唱しました。金価格と銀価格を一対一五・五に固定化した上で、①銀貨を通貨として蘇らせ、②各国通貨の交換比率を固定する、というのがナポレオン三世の提案の骨子でした。しかし、イギリスの圧倒的な経済力がフランスの提案を葬り去りました。

一九世紀後半はポンドで国際的な貿易決済が行われていましたから、イギリスのポンド紙幣と結び付かなければ貿易もままならない状態だったのです。

一八七一年、ドイツ帝国が金貨との兌換に裏付けされた紙幣マルクの発行を宣言したのに続いて、アメリカ（七三年）も、日本（九七年）も金本位制に移行していきます。

イギリス帝国が世界の土地と人口の四分の一を支配し、世界の海外株式投資の四三パーセントを占める（一九一四年）時代にあっては、ポンドの影響力が高まるのは当然だったのです。

アメリカでも、イギリスの金融に対抗する動きが強まりました。一八八九年、ワシントンで開催されたアメリカ主導の汎アメリカ会議で、アメリカのドルとメキシコのペソを基軸通貨とするアメリカ銀ドルを創設して、アメリカ大陸諸国の共通通貨とする案が可決されました。

同年、アメリカでは通貨のなかで銀貨の比重を高めることを目指す共和党の自由銀運動が西部の銀産州の利益と結び付いて高まりました。アメリカ議会は、国内で産出されるすべての銀を買い上げて銀貨を鋳造することを義務づける「シャーマン銀購入法」を成立させます。イギリスの経済に従属することを嫌った共和党はロンドンの金・ポンド経済圏に対抗し、ニューヨークを中心とする銀貨経済圏の形成を目論んだのです。

しかし一八九三年にアメリカの不況が深刻化すると、民主党の大統領クリーブランド（任一八八五～八九）は、銀貨が金融の混乱を生み出しているとして「シャーマン銀購入法」を廃止します。それに伴って銀価格が大暴落したことで、「アメリカ銀ドル」の構想は立ち消えになっていきました。

◉オズの魔法使いと自由銀運動

アメリカに銀貨経済圏を作り上げる構想は立ち消え、アメリカでは経済の混乱が続きました。

中西部の農業州を中心にして、「金本位制は、東部と外国資本が結託した陰謀」というウォール街、イギリスとユダヤ資本の経済支配に反対する声が根強く、一八九六年の大統領選挙では、七三年に採用した金本位制をどうするかが改めて議論の中心になりました。

共和党の候補者マッキンレーは金本位制の存続を唱え、民主党・人民党の指名を受けたブライアンは、自由銀運動（銀貨の自由鋳造を求める民間の運動）を支持して、自動的にデフレを防止する安定機能を備えているとして金銀複本位制を主張しました。

当時のアメリカでは経済の成長に金の供給が追いつかずデフレの状態にありましたから、銀貨を担保とする紙幣を発行することでインフレを助長することが必要だと主張されたのです。農民は、デフレの下での農産物価格の下落に悩んでいました。しかし選挙では僅差で共和党が勝利し、アメリカでは金本位制が存続されました。

作家ライマン・フランク・ボームが一九〇〇年に書いた童話『オズの魔法使い』は、竜巻でオズの国に吹き飛ばされたドロシーという少女が、ライオンやカカシの助けをかりて魔女を滅ぼし故郷に帰る話ですが、経済学者ケネス・S・ロゴスは、この話は自由銀運動の寓意ではないかという説を紹介しています。

童話に登場する、カカシは農民、ブリキの人形は労働者、臆病なライオンは大統領候補者のブライアンを示し、緑一色のエメラルド・シティは紙幣、黄色い道は金本位制の罠であり、主人公のドロシーは銀の靴をはいている。それらは、全部、自由銀運動に関わっているというのです。銀の靴は自由銀運動を指しており、ドロシーは平和な故郷に帰るには銀の靴に頼るしかないことに気が付くという解釈です。

◉銀経済を最後に捨てた中国

一九世紀後半以降のアメリカや中国の貨幣経済については、それぞれ第8章、第7章で述べますが、世界史上の銀貨の時代の終わりを概観するため、時系列は前後しますけれども、ここで二〇世紀の中国についても先取りして述べておきたいと思います。

辛亥革命（一九一一～一二）後、政治の混乱が続いていた中国では、依然として銀が秤量貨幣として流通していました。しかし、満州事変以後の銀価の高騰、三四年にアメリカが正貨準備の四分の一を銀とするために大量の銀を中国から購入したことによる更なる銀貨の高騰で、中国経済の動揺が強まりました。通貨不足による、デフレです。

一九三五年、国民党の蒋介石政権は、イギリス人の経済顧問リース・ロス（一八八七～一九六八）の指導を受けて、銀本位制の放棄とポンドと直結する管理通貨制を採用（幣制改革《へいせいかいかく》）し、銀両（銀の秤量貨幣）を廃止して政府が銀を買い上げ、通貨を政府系銀行が発行する紙幣（「法幣」）のみに統一する改革を行いました。

中国の「法幣」はイギリスのポンドにリンクされ、ポンドで価値を裏付けされる紙幣になりました。最後まで残った銀経済圏の中国が、ポンド経済圏に組み込まれたわけです。

ところで、イギリスの「ポンド」は、正式には「ポンド・スターリング」と言います。「ポンド」

はもともとは古代ローマで宝石や貴金属の重さを量る「リブラ」に由来し、「スターリング」は古い英語で「星がついたもの」の意味で、プランジネット朝（一一五四～一三九九）で銀貨の鋳造に携わっていたスターリング家の紋章でした。

つまり、中世イギリスでは銀本位制がとられており、古代ローマで銀一ポンドから二四〇個の銀貨が造られたのにならって銀貨の鋳造がなされたのです。そのためにポンドの標記はリブラのLを取って「£」となっています。銀貨の時代を終わりに導いたポンドは、その名前に銀本位制の痕跡を残しているのです。

◉強引に南ア戦争が戦われた理由

金不足を情報操作で弥縫しながら、なんとか金本位制を維持してきたイギリス政府が目の色を変えた出来事が、一九世紀末の南アフリカでの厖大な量の金の発見でした。

一八八四年、アフリカ南部のブーア人（オランダ系移民の子孫）が建国したトランスバール共和国のウィトウォーターズランドで、大規模な金鉱が発見されます。共和国政府はこの地域を国有化し、押し寄せるイギリス人採掘者に対して、地区に分けて採掘権を認める貸区制度をとりました。

帝国主義者として知られるイギリスの政治家セシル・ローズ（一八五三～一九〇二）は、一八七〇年以降、南アフリカ地域でダイヤモンドと金の採掘を独占し、八〇年にはロスチャイルド家からの融資を受けてダイヤモンドの採掘に当たるデビアス鉱山会社を創設し、世界のダイヤモンドの九割を独占しました。

また彼は、南アフリカのケープタウンとエジプトのカイロを鉄道と電信で結ぶ計画を促進し、「アフリカのナポレオン」と呼ばれました。九〇年にはケープ植民地の首相になりますが、豊富な金の埋蔵が明らかになったトランスバール共和国を併合しようとする策謀が露見し、九六年に失脚してしまいます。

一八八七年、スコットランドの三人の科学者によりシアン化合物法という金の精錬法が実用化されたことでアフリカの金鉱での採掘が採算ベースに乗ります。その二年後になると地表近くで金の大鉱脈が見つかり、南アフリカは一挙に世界最大の金産地として注目されることになりました。一八二三年の通貨法で金の保有高によりイングランド銀行のポンド発行額が抑えられていたことから、世界の厖大なポンド紙幣の発行を担保するための金が大幅に不足するイギリスでは、南アフリカの金の獲得が至上命令になりました。

金本位制を維持しなければならないイギリスは、世界中からあびせかけられた「侵略」という非難をしり目指に、なりふり構わずブーア人のトランスバール共和国、オレンジ自由国に対する南ア戦争（ブーア戦争、一八九九～一九〇二）を続行せざるをえなかったのです。ブーア人の激しい抵抗で、当初は六週間の予定だった戦争が二年七カ月にもおよび、当初の五万だった軍隊も約四五万人に膨れあがりました。

しかしイギリスは、赤字国債で調達した二億三〇〇〇万ポンドの戦費をかけて、ゲリラ戦で抵抗するブーア人に対する徹底した焦土作戦を展開し、強引に両国を併合してしまいました。つまり見せかけは安定を装っていた金本位制が実際には金不足で火の車であり、何としても南アフリカの豊富な金を獲得しなければならなかったのです。

セシル・ローズの失脚後、彼が創設したデビアス鉱山会社は、オレンジ自由国のキンバリー鉱山でのダイヤモンドの買い付け人から身を起こしたユダヤ系ドイツ人、アーネスト・オッペンハイマー（一八八〇〜一九五七）の一族が引き継ぎました。

息子の代になると、デビアス社は建国間もないイスラエルでダイヤモンドを加工することとし、ダイヤモンドの加工がイスラエルの重要産業になりました。デビアス社は現在でも世界のダイヤモンド市場の八割を支配しており、一二五人からなる「サイトホルダー」という第一次仲買人の制度が維持されて、彼らにのみダイヤモンド原石が売りさばかれています。

第7章　アジアの銀経済を掘り崩したイギリス

1　綿布と紅茶とアジアの三角貿易

◉イギリス帝国 対 ムガル帝国・清帝国

一九世紀は、四大文明の誕生からイスラーム帝国、モンゴル帝国、そしてモンゴル帝国が崩壊した後のオスマン帝国、ムガル帝国、清帝国の分立の時代まで、長きにわたり世界史をリードしてきたユーラシアの大乾燥地帯に対する、ヨーロッパの大逆転がなしとげられた時代でした。先頭に立ったのが、イギリス帝国です。「大航海時代の唯一の遺産相続人」となったイギリスは、蒸気船、海軍力、自由貿易、ポンド紙幣、情報収集、謀略などによりムガル帝国、清帝国、オスマン帝国を掘り崩し、アジア経済を従属させることに成功しました。

一八世紀の段階では清とムガル帝国が世界の富と人口の約半分を支配していたのですが、インドの綿布（キャラコ）、中国の紅茶を購入するのに必要な銀が圧倒的に不足していたイギリスは、アヘン戦争、セポイの反乱の鎮圧などでムガル帝国、清帝国を劇的に掘り崩し、ヨーロッパ経済圏に組み込んだのです。

アメリカ独立戦争で一三植民地を失ったイギリス帝国は、ヨーロッパの強国との戦争を極力避ける方針に切り換え、アヘンの密貿易による銀の獲得、ムガル帝国・清帝国の内部対立を巧みに利用してローコストで両帝国を切り崩したのです。イギリスは、蒸気船と鉄道と電信を利用して新タイプの海洋帝国を作り上げていきます。

◉一九世紀のグローバリズムと蒸気船・電信

イギリスでは陸軍が、海外領土へ派遣されるための軍隊だったため、戦時に招集された軍隊は戦後に解散されるのが常でアジアの諸帝国を正面から征服するだけのパワーはありませんでした。そこでイギリスは、ヨーロッパとアジアに軸足を置く陸軍国ロシア、東欧のオーストリア・ハンガリー帝国、新興のドイツ帝国という強大な陸軍を持つ帝国との紛争を回避せざるをえませんでした。そこでイギリスは、商船隊、それを警護する軍艦、各地に設けた石炭補給基地、植民地などからなるシー・パワー（海上権力）を強め、海底ケーブルでの情報の収集、巧妙かつ狡猾な外交政策・策謀によりアジアの伝統社会を蹂躙しました。

イギリスはインテリジェンス（諜報機関）が収集したアジア諸地域の宗教対立や部族対立、地域紛争などの情報を巧みに利用して地域戦争を繰り返し、傀儡《かいらい》や買弁の育成、崩壊寸前の伝統社会の温存、旧勢力の懐柔などで、巧みに自国優位の世界を築きあげたのです。

一九世紀のイギリスの「覇権」は、「武力をなるべく使わずに影響力をおよぼす」ソフト・パワーを重視するもので、通貨システム、留学制度、教育、文化、スポーツなども大きな力を発揮しました。イギリスなどのヨーロッパ諸国がアジアの旧体制を都合良く温存・利用してきたため、現在のように欧米勢力の力が弱まると、バランスが逆に振れて伝統アジアが古さを保ったまま復権する動きがでてくることになります。

2　インド経済を崩した機械製綿布

◉綿布生産と綿花プランテーション

一八世紀後半にイギリス東インド会社が評判の高いインドのキャラコ（綿布）を大西洋市場に持ち込むと、吸湿性と丈夫さでたちまち人気商品になりました。キャラコの輸入が増えたためにイギリスでは一八四〇年代から五〇年代にかけてインド貿易に従来の四倍もの銀が必要とされるようになり、産業革命後に国内の紅茶の需要が激増したため、清との紅茶貿易でも大量の銀が要求されました。しかし、先に述べたようにイギリスには銀貨の蓄積がありません。

そこでイギリスは、西インド諸島のプランテーションで綿花を大量に栽培し、それを国内の毛織物産業の織布技術で加工・輸出することになります。それが、産業革命につながったのはご存じの通りです。

産業革命後のイギリスは安価な機械製綿布の輸出によりインドの綿業を壊滅させ、ベンガル地方で専売制により栽培させたアヘンを清に大量に密輸させて紅茶を確保しようとしました。イギリスは植民地政府の力を借りて伝統的なインドの綿布を、イギリスの工場で織られた機械製綿布に切り替えていきます。

◉ディズレーリとロスチャイルド

大英帝国のアジア支配の土台石になったのが、インドでした。その青写真を描いたのが、イタリア系ユダヤ人の首相ベンジャミン・ディズレーリ（任一八七四～一八八〇）とロスチャイルド家の当主ライオネル（一八〇八～一八七九）です。

一八七五年、両者の協力でなされたエジプト大守からのスエズ運河会社株の購入が、一八七七年のインド帝国の成立、後述するアジア支配のための航路（エンパイア・ルート）開発の基礎になっています。一八六九年に開通したエジプトのスエズ運河は、ヨーロッパとアジアの航路を三分の二に短縮します。それによりヨーロッパ勢力の海からのアジア進出が、一挙に進んだのです。

スエズ運河の建設を進めたのは、フランスの外交官で技術者フェルディナンド・レセップス（一八〇五～九四）でした。彼は乗馬を教えることで親密になったエジプト総督サイード（在位一八五四

〜一八六三）の支持を得て、スエズ運河の建設に着手。五八年には、万国スエズ運河会社が創設され、フランス資本とエジプト総督の資金で、六九年にスエズ運河が完成しました。一〇年間にのべ一五〇万人が動員され、約一億ドルの巨費が費やされる大工事でした。

エジプト総督は、アメリカの南北戦争により価格が高騰していた綿花の栽培で建設費用を賄おうとしたのですが、終戦で綿花価格が大暴落することになり、エジプト財政が行き詰まりました。そこでやむなく一八七五年、エジプト総督は全株式の四四パーセントの持ち株を売りに出します。ところが、普仏戦争でプロイセンに敗北を喫したばかりのフランスには、株式の買収資金を捻出できませんでした。

その際に外務省からスエズ運河株が売りに出された旨の極秘情報を得たのが、イギリス首相ベンジャミン・ディズレーリでした。彼はセファルディウムのユダヤ人として生まれ、一二歳のときにイギリス国教会で洗礼を受けキリスト教徒になっています。イギリス社会で出世するための改宗でした。イギリスでは一八五八年まで、ユダヤ教徒は法律により国会議員にはなれませんでした。

ベンジャミン・ディズレーリ

ディズレーリは、二二歳で小説家としてデビューし、三五歳で保守党の下院議員に初当選します。その後六四歳で首相になりますがわずか一〇カ月で失脚してしまい、七〇歳のとき、首相に返り咲きました。彼はスエズ運河会社株の購入はアジア進出の絶好のチャンスであり、逡巡は許されないと判断します。「時間をものにする者はすべてをものにする」が彼のモットーでした。

スエズ運河会社株が大量に売りに出されているという情報を得たディズレーリは、保守党にも休会中の議会にも相談せず、個人的に親しいロスチャイルド家の当主ライオネルから独断で四〇〇万ポンド（二〇〇〇万ドル）の購入資金を借り入れ、運河会社株の四四パーセントを購入して筆頭株主になりました。ライオネルはディズレーリと個人的に親しく、アイルランドのジャガイモ飢饉の救済に尽力し、クリミア戦争の際には政府借款を引き受けています。

ライオネルから借金の抵当を求められたディズレーリが、即座に「イギリスを抵当にする」と答えた話は有名です。議会の承認を得ずに厖大な額の購入資金をロスチャイルド家から借り入れたことを、自由党のグラッドストーンは後に憲法違反として告訴しています。

スエズ運河を支配した二年後の一八七七年、ディズレーリはビクトリア女王（在位一八三七～一九〇一）をインド帝国の皇帝とすることで、本格的なインド支配に乗り出しました。

またスエズ運河を利用してアジアの外洋航路を担うP&O社と、インド沿岸・近海航路を担うBI社（ブリティッシュ・インド蒸気船航行会社）の民間二社の航路を、イギリス帝国のアジアの海の大動脈にしました。政府は、郵便事業を補助する名目で二社に資金を提供します。そうしてできたのが、イエーメン地方のアデン、インドのムンバイ（ボンベイ）、カルカッタ、スリランカのコロンボ、シンガポール、香港、上海をつなぐ、イギリスのエンパイア・ルート（帝国の道）でした。

ディズレーリはイギリス王室をインド支配に利用し、ビクトリア女王を皇帝とするインド帝国を創設することにより、巧妙にインドをイギリス帝国の一部に組み込みました。それはグローバル企業が合弁会社を作ることにより、現地経済を飲み込むのと同じ手法です。インド併合の立役者になったディズレーリは、イギリスの首都をロンドンからインドに移してもよいと言ったとされていますので、彼がユダヤ人のネットワーク社会の発想を生かして、新タイプの経済帝国を作ろうとしていたことが理解できます。

一八七〇年代初頭、スエズ運河にイースタン・テレグラフ・カンパニーにより通信用のケーブルが敷設されてアジアの海底ケーブルとの接続が実現しました。同社に出資したのがロスチャイルドと、奴隷貿易で財をなしたバークレイズでした。

一九世紀後半のイギリス経済は、大西洋貿易で年間一億二〇〇〇万ポンドの赤字を出していましたが、インドの植民地支配と中国貿易（アジアの三角貿易）で得た厖大な黒字によりそれを補いました。

機械製綿布などの工業製品の輸出によりインド貿易では毎年六〇〇〇万ポンドの黒字を出し、清へのアヘンの輸出により、厖大なアヘン代金がインドに還流しました。アヘンによるインドの対清貿易の黒字は、年平均二〇〇〇万ポンド（一八七〇年から一九一四年）に上ったと言われます。紅茶を大量に購入していたにもかかわらず、イギリスは清との貿易で毎年一三〇〇万ポンドの貿易黒字をあげ続けたのです。

3 アヘンで崩壊した清経済

◉銀の大量流出と太平天国

次に、世界最大の経済大国だった清の衰退について述べてみたいと思います。

イギリスでは紅茶の大衆化に伴い、清からの紅茶輸入が激増しました。紅茶の輸入額は一七世紀末には年平均二万ポンド程度だったのですが、一七二一年には一〇〇万ポンド、一七五七年には四〇〇万ポンドに達し、アジアからの輸入の四割に達しました。しかし、イギリスには紅茶の輸入に当てる銀がありません。

そこでイギリスは、ベンガル地方で栽培させた常習性の強い麻薬のアヘンを「薬品」と称してアジアの地方商人の手で広州に持ち込ませ、紅茶の購入代金に充てました。

一八一八年に安価で強力なアヘンの混合物が開発されると清でアヘンの吸引が大流行するようになり、アヘン中毒患者は二〇〇〇万人以上に達します。インドからのアヘン輸出は一八〇〇年から三八年の間に九倍に増加しました。アヘンの代価として毎年大量の銀が流出し、清の銀価は二倍以上に高騰します。清では「地丁銀」が実施され、農民が穀物を商人に売って「銀」に替え納税していましたから、銀価が二倍になると、税も二倍になりました。

アヘン戦争

アヘンの大量流入は、大航海時代以降中華帝国に蓄積され続けた厖大な量の銀を短期間で国外に流出させ、銀不足によるデフレと、税負担の倍増により、清の経済は短期間のうちに崩壊させられました。

各地で農民反乱が頻発し、プロテスタント系のキリスト教の影響を受けた「拝上帝会」が民衆を率いて樹立した太平天国（一八五一～六四）が清の領域の南半分を占領するなど、清の崩壊が急ピッチで進みます。太平天国と清が二〇〇〇万人の死者を出す悲惨な内戦を繰り広げたことにより大運河が寸断されて穀物輸送が滞り、海上輸送の拠点の上海が急成長しました。上海は、イギリスのアジア航路と中国市場と結び付ける一大経済センターに変わっていきます。

◉中国の大財閥になったアヘン商人

インドと清の間の貿易は東インド会社に独占され

てきましたが、自由貿易の風潮の高まりのなかで、一八一三年に茶を除く東アジア貿易の独占権が放棄され、三三年にはその商業活動が全面的に停止されてアヘン貿易が地方商人に委ねられることになりました。

東インド会社が専売制の下で栽培したアヘンの販売権を得て莫大な富を築いた人物が、一八三一年にバグダードからインドのボンベイ（現在のムンバイ）に移住してサッスーン商会を設立した、セファルディウム系のユダヤ人で、オスマン帝国の政商だったデビッド・サッスーン（一七九二～一八六四）です。

サッスーンは、ボンベイにサッスーン商会を設立し、ベンガル地方で東インド会社が大量に栽培したアヘンを清に輸出して巨利をあげました。サッスーン商会はロンドンに本部を置き、上海に営業所を設ける大会社になります。

他方、スコットランド人のジャーディン・マセソン商会、デント商会などもアヘン貿易に乗り出しました。スコットランド人は一七世紀頃から積極的に海外移住を進め、インドのカルカッタやボンベイを拠点にアジアの域内貿易に従事していたのです。

元東インド会社の船医のウィリアム・ジャーディンとカルカッタの貿易商だったジェームズ・マセソンが一八三二年にマカオで設立したジャーディン・マセソン商会（怡《い》和《わ》洋行）は、ベンガル地方で栽培させたアヘンの販売と中国紅茶のイギリスへの輸出で大儲けし、一八六〇年代になると東インド会社を引き継ぐ大商社に成長しました。

ジャーディン・マセソン商会の預金と送金の目的で作られた銀行が、今も資産額で世界第五位のイギリスのＨＳＢＣ（香港上海銀行）です。ジャーディン・マセソン商会はアヘン戦争後の香港で土地を買いあさり、経営を多角化して、醸造業、紡績、保険、海運、鉄道などにも乗り出し、一大コンツェルンとして成長しました。

また二一歳で来日して幕末の長崎で活躍したスコットランド人の冒険商人、トーマス・ブレイク・グラバー（一八三八～一九一一）が率いるグラバー商会は、ジャーディン・マセソン商会の長崎代理店でした。グラバーは一八六一年の商会設立から七〇年に倒産するまでの一〇年間に貿易商として活躍し、後になると「三菱」財閥となる土佐の岩崎一族を助けてキリンビールや長崎造船所の創設、高島炭鉱の開発などに尽力しています。

坂本龍馬の海援隊もグラバー商会から南北戦争で北軍が使った中古のライフルを購入して長州の大村益次郎に売りさばき、薩長を勝利に導きました。

アヘン戦争（一八四〇～四二）後に清が上海に租界の設立を認めると、サッスーンは直ちに拠点を上海に移して事業を拡張しました。同社は、イングランド銀行、ＨＳＢＣを親銀行とし、ロスチャイルド家とも血縁関係を結んでロスチャイルドの東アジア代理人として資金を確保し、三代で金融、不動産、建設、交通、食品、機械製造を傘下に収める大財閥を築き上げます。

◉上海経済を支配したユダヤ商人

デビッドの曾孫で「東洋のモルガン」（モルガンについては二三四頁以下を参照）の異名を持つ最盛期のエリス・ビクター・サッスーンの代になると、サッスーン財閥の資産は上海の富の二〇分の一を占めるようになります。現在、上海の観光名所となっている和平飯店は、かつてはサッスーン財閥の拠点のサッスーン・ハウスでした。

サッスーン財閥は、上海の租界の買弁（外国人の商取引を請け負った中国商人）から身を起こして中国最大の金融資本に成長した浙江《せっこう》財閥とも協力関係にありました。浙江財閥のなかでも最大とされた宋氏一族は、キリスト教の牧師だった宋嘉樹（一八六三～一九一八、チャーリー宋）が創始者ですが、サッスーンやロスチャイルドなどのユダヤ資本と密接な関係を築き、政治に大きな影響力を発揮しました。

宋家の三人の美人姉妹はいずれも国民党の要人と結婚し、中国現代史に大きな影響をおよぼしています。宋慶齢と結婚した孫文や宋美齢と結婚した蔣介石は、一九二〇年代以降の国民党を中心とする民族運動のリーダーとして活躍しました。孫文がとった国民党とソ連・コミンテルンとの提携政策が、現在の中華人民共和国を出現させる出発点になっています。サッスーン家だけではなく、カドーリ家、イラクの出自のハードン家、エズラ家などユダヤ人の一族が、中国経済の中心地の上海で活躍しました。

イギリスは、一八五四年に上海の海関（税関）をフランスおよびアメリカと共同で管理し、一八五六年には太平天国の鎮圧に苦しむ清の窮状を利用して、フランスとともにアロー戦争（一八五六〜六〇）を起こします。イギリス、フランス軍は北京を占領し、清をヨーロッパの世界秩序（国民国家体制）に組み込み、中国国内の旅行の自由、キリスト教の布教の自由などを獲得して、経済進出を進めました。

イギリスは自由貿易のスローガンを掲げながら、アジア諸国や南米諸国の関税自主権を奪い、三パーセントから五パーセントの低率関税で製品を輸出できる「経済空間」を地球規模で広げました。ブラジル、アルゼンチン、ペルーといった南米諸国は一八一〇年代から三〇年代に、アジアでは二〇年代から五〇年代にかけてオスマン帝国、清帝国、イラン、シャム（タイ）、日本が関税自主権を失いイギリスの「経済空間」に組み入れられていきました。イギリスは、自国を中心とする自由貿易圏を世界に広めたのです。

◉金本位制に転換した日本

ユーラシアの東端に位置する日本では、明治維新の翌年の一八六九年、大隈重信が新しい通貨の製造について、①貨幣の形を円形とする、②単位を十進法とするという意見を具申しました。それを受けた一八七一年の新貨条例で、金を基準に「円」を単位とする、金銀復本位制（実態としては銀貨中心）の通貨制度が確立されます。その時点で、一円が金一・五グラムと定められました。

ところが、明治維新の時期の日本の金銀比価が一対四・一だったため、金銀比価が一対一五の国際価格と比べて圧倒的に金の価格が安く、大量の金が国外に流出していきました。その代わりに日本に大量に流入したのが、銀貨の「メキシコ・ドル」です。

インドや清の経済がイギリスに切り崩される前の東アジアの国際通貨が銀貨だったため、日本が貿易通貨にしたのも新貨条例に基づいて発行された一円銀貨でした。

一八八二年には、三井銀行の為替部をもとに政府と民間銀行の共同出資による日本銀行が設立され、準備した銀の三倍までの枠内で銀兌換紙幣が発行されることになります。一八八四年の紙幣の発行額の一〇〇〇万円が、八九年には五〇七〇万円になりました。つまり明治初期の日本では銀貨が優勢で、日本経済は東アジアの銀経済圏に属していたと言えます。しかし、日清戦争（一八九四〜九五）後にヨーロッパ勢力の東アジア進出が本格化すると、日本政府は世界経済の動向に合わせて金本位制への移行を決断します。

一八九五年に、①日清戦争の下関条約で清から獲得した賠償金二億三〇〇〇万テール（中国の秤量銀貨の単位「両」の英語名）、②三国干渉を受け入れて清に返還した遼東半島の還付報償金三八〇〇万ポンド、③威海衛守備費償却金約三億六〇〇〇万円をもとに、一八九七年に日本は、七〇〇ミリグラムの純金を一円とする金本位制に移行しました。東アジアの外れの日本も、イギリスのポンド経済圏に加わることになったのです。

第8章　新興アメリカの金融をリードしたユダヤ系資本

1　アメリカ社会に適応したディアスポラ共同体

◉ユダヤ移民が活躍できた庶民の国

ユダヤ人の三千数百年におよぶ歴史のなかで、出自が問われない各地からの移民により構成されるアメリカは、かつてのイスラーム帝国以上に、成長にとっての最適の場所でした。

南北戦争後のアメリカが経済大国に成長する時期に、近代国家の形成に挫折したドイツのユダヤ人が、次いでロシア、東欧で迫害された多数のユダヤ人難民が大挙入国し、苦しい状況のなかで自らの人生を切り開くとともに、アメリカにディアスポラ社会を成長させました。

もともとネットワークの民としての長い歴史を持つユダヤ人は、情報交換、資金の融通、相互扶助などの面で優位性を持っていましたが、何よりも学習好きであり、商業民としての先見性を備えていたために、着実に地歩を築きました。彼らは商業民としての経験の蓄積と勘を生かし、商業の勃興期のアメリカでたちまちのうちにビジネスを広げて行きました。

「ごちゃまぜスープ」のような移民国家のアメリカでは、イングランド系、ドイツ系、アイルランド系、イタリア系、ユダヤ系、ヒスパニック系、中国系、黒人などのコミュニティ（共同体、地域社会）がパッチワークのように混じりあい、民族集団などの数多くの人工的中間団体（アソシエーション）が組織されることで国が組み立てられていきました。ユダヤ人のディアスポラ共同体も自然に組み込まれる状況にあったのです。

アメリカでも諸々の既得権と偏見がありましたが、差別に満ちたヨーロッパとは違って、国土が広大で自立自助を基本とするアメリカではディアスポラ共同体に対する干渉が弱く、棲み分けが可能だったのです。

南北戦争後になると、解放された黒人奴隷に一括して市民権を与えるためにアメリカで出生しさえすれば無条件でアメリカ国民とみなされるようになり、ユダヤ移民のアメリカ化が容易になりました。ユダヤ移民も二世からはアメリカ人になったのです。ユダヤ商人は、アメリカで最大の成功の場を見出します。

◉ユダヤ移民の三段階

アメリカへのユダヤ人の移住は、西欧で活躍したセファルディウムの移民から始まりますがその数は極めて少なく、一九世紀中頃以降のドイツ系、一九世紀末のロシア、東欧系のアシュケナージムが移民の大多数を占めました。アメリカに向けてのユダヤ移民は、以下のように三段階に分けて考えることができます。

初期段階——少数のセファルディウムの移住

セファルディウム系のユダヤ人が、最初にイギリス領のアメリカ植民地にやってきたのは一六五四年であり、大西洋岸の六つの港で貿易に従事したとされます。一八世紀後半の独立戦争期になってもユダヤ人の数は、イギリスから移住したセファルディウム系（五一頁以下）を中心に、約二〇〇〇人を数えるにすぎませんでした。ユダヤ人の数は、一八二〇年代中頃には六〇〇〇人、一八四〇年には約一万五〇〇〇人と徐々に増加しますが、いまだ大した人数とは言えませんでした。

当時のアメリカは北部の自営農民、南部のプランテーションに大別される農業社会でしたから、ユダヤ人の活動の場は限られ、移民の数も限定されたのです。一七八七年に制定された合衆国憲法は公職に就任する際の信仰上の差別を否定しましたから、ヨーロッパと違いユダヤ教徒であるという理由で公職から排除されることはありませんでした。

第二段階――ドイツ系アシュケナージムの移住

一八四八年のウィーン体制の崩壊後、ドイツ統一の失敗と自由主義的改革の挫折に失望した、勤勉なドイツ系のアシュケナージムが、新天地を求めて大挙してアメリカに移住しました。ドイツではユダヤ人に対する職業選択上の差別、結婚許可の制限などのさまざまな差別があったこと、産業革命の進行でユダヤ人が従事していた伝統的な手工業が廃れてしまったこと、などが移住の理由になりました。

南北戦争（一八六一～六五）の直前のユダヤ人の数は約一五万人に上ったとされます。その後、南北戦争後の「金メッキ時代」と呼ばれる経済の爆伸期には約二五万人にまで増加しました。ドイツからのユダヤ移民は大多数が貧しい所帯でしたが、衣料の販売、不動産業などで財をなしていきます。

一八四八年以後のゴールドラッシュの際には、約一万人のユダヤ人がカリフォルニアに押し寄せ、約四万人のユダヤ人がニューヨークに住み着いていたとされます。

ヨーロッパの金融を支配したロスチャイルドの一族が、新興国のアメリカに目を付けてアメリカに進出したのも一九世紀の後半ですが、そのパワーは絶大で、強力な金融力を生かして経済基盤の弱い新興国アメリカに勢力を植え付けていきました。一八七七年の段階でも、ユダヤ人の人口は、アメリカの全人口の〇・五パーセントにすぎなかったと言われます。

第三段階――ロシア・東欧からの大規模難民の流入

一八八〇年代になると、ロシアでアレクサンドル二世（在位一八五五～八一）がサンクト・ペテルブルクでナロードニキに爆弾テロで暗殺された事件にユダヤ人の女性革命家ハジャ・ヘルフマンが関わっていたことから、ウクライナ南部（一八世紀後半のロシア、プロイセン、オーストリアのポーランド分割でロシア領となっていた）を中心にポグロム（ロシア語で「暴力的に破壊する」の意味）という反ユダヤ暴動が広がり、多数のユダヤ人が虐殺されました。

後を継いだアレクサンドル三世は、八二年に五月法という臨時法を発布して、ユダヤ人の政治的、社会的、経済的権利を制限し、ユダヤ人排斥の政策を強化します。そのために、生活を圧迫された多くのユダヤ人がドイツに移住しましたが、ドイツからも追われてイギリス、アメリカというように西に向かっての移住を余儀なくされました。

一八八一年から一九二〇世年代までのユダヤ人難民の数は約二五〇万人（イギリスには一〇万人）に上りました。それが、アメリカへのユダヤ人移民の第三段階です。

2　アメリカ社会の深刻な分裂

◉折りあわない国家像と通貨観

アメリカの最大の弱点は、一三植民地の歴史に由来する国家像の分裂でした。強力な中央政府を求める北部に対して、南部、中西部は州の自治を求めたのです。経済面では、通貨を独占的に発行する権限を持つ中央銀行が必要か否かが問題になりました。

独立戦争に際して一三植民地では莫大な戦費を調達するために、連合して大陸紙幣（Continental）を発行しましたが、濫発で大インフレが起こってしまい経済が混乱に陥りました。今でも価値が全くないもののたとえとして、"not worth a Continental"と言われるように、政府発行の紙幣に対する信頼が全く失われたのです。その失敗以来、北部の連邦主義者と南部の州権論者の通貨の発行に関する意見の食い違いはずっと持続していきます。アメリカは分裂に悩み、今も悩み続けているのです。

そうした対立は、通貨問題で尖鋭化しました。北部の連邦主義者が国家の通貨発行権を拡大解釈して中央政府が銀行を規制できると主張したのに対して、南部の州権論者は中央政府とニューヨークの大銀行の支配を受けることを嫌い、各州が金融に対する監督権を持つと主張しました。たとえば、南部のヴァージニア州出身の第三代大統領トマス・ジェファーソン（在任一八〇一〜〇九）は、ヨーロッパや東部の銀行家は資金調達の名目で出費を後世の子孫に強制する仕組み（国債発行の仕組み）を作ろうとしているが、それは「軍隊よりも危険である」と述べたとされます。

一七八七年の憲法制定会議で通貨の発行権は中央政府が握りましたが、実際には妥協の産物として金銀複本位制の下で、①連邦政府が、免許・監督権を持つ国法銀行、②州政府が免許、監督の権限を持つ州法銀行が併設されました。

◉財務長官ハミルトンによる中央銀行の設立

独立戦争の際に大陸紙幣の発行に失敗した連邦政府は、商人やフランス政府、オランダの銀行などから多額の借金をしました。独立は達成されたものの、政府は内・外に四〇〇〇万ドルもの負債を負ってしまいます。

一七九〇年、国の財政の窮迫を議会に報告した初代財務長官アレクサンダー・ハミルトン（一七五五〜一八〇四）は、「政府が経済上積極的な役割を果たすべき」であるとして、旧債務を連邦政府の国債に転換することを提案しました。

彼は、最初の連邦議会の議決により、一七九一年、イギリスのイングランド銀行をモデルにして、統一通貨ドルの発行権を持つ第一合衆国銀行（中央銀行、公認期間二〇年）をフィラデルフィアに設立し、東部沿岸の主要都市には支店を設けます。資金の二割は政府が出資し、八割はニューヨークの銀行とヨーロッパのユダヤ系金融業者が出資しました。翌年には正式に連邦通貨として、ドルが採用されます。

独立後にアメリカは、かつての宗主国イギリスのポンドではなく、メキシコ・ドルを通貨として採用しました。ドルの記号「$」は、メキシコ・ドルの単位のペソ（peso）と銀（silver）の頭文字の組みあわせでできています。

初代財務長官ハミルトンは一〇ドル紙幣に肖像が描かれていますから、現在でも目にすることができます。彼はカリブ海のネイビス島に私生児として生まれ、一五歳でアメリカに渡り、独立

第一合衆国銀行（最初の中央銀行）

10ドル札に描かれた初代財務長官ハミルトン

戦争ではワシントンの副官として活躍しました。後に彼はニューヨークの名門の娘と結婚し、ワシントンが大統領に就任すると財務長官に就任します。

ハミルトンは財政の確立こそが国家の権威につながると考え、フランスの重商主義を手本にしてアメリカ財政の確立に奔走しました。一七九四年、連邦政府は金銀複本位制を採用し、ドル金貨とドル銀貨を鋳造します。

ハミルトンの集権的金融政策に対して、南部諸州は、連邦政府と北部諸州、イギリスのユダヤ系金融資本が手を結んで南部諸州の経済を支配しようとしているのだと主張し、第一合衆国銀行に対する警戒を強めました。一八一一年に、二〇年間と定められていた合衆国銀行の認可期限が切れると、同行を存続させるか否かで各州が対立しますが、上院と下院はともに一票差で、第二合衆国銀行の設立を否決してしまいます。

しかし、翌年にイギリスとの間に米英戦争（一八一二〜一五）が始まったため、戦費を賄う必要から、一八一六年に急遽、第二合衆国銀行が設立されました。

アメリカがイギリスの植民地のカナダを狙った米英戦争は両国が疲弊して講和に至りましたが、戦争中にホワイトハウスがイギリス軍に占領され、焼き払われてしまうという体たらくでした。

◉コーヒー店から始まる株取引

独立戦争の時期に、戦費調達の債券取引からアメリカの証券業が始まりました。一七九二年には、株式の売買も行われるようになります。しかし当時の株の取り引きはオークション形式で行われており、競売人が株の売買を取り仕切っていました。それに不満を募らせた二四人の仲買人は、ニューヨークのウォール街六六番地にあるすずかけの木の下に集まり、株取引から競売人を排除するという「すずかけ協定」を結びます。

「すずかけの木」は何となくロマンティックなイメージを与えますが、かなり俗っぽい話しあいが行われたようです。

「すずかけ協定」に参加した仲買人がもとになり、一八一七年、会員制のニューヨーク証券取引所が設立されました。といっても株式売買の「場」になったのは、一七世紀のロンドンがそうであったように「トンチン」という名のコーヒー・ハウスでした。株の取り引き資格を得るための会費は、二五ドルだったと言われます。

二五ドルの会費を払うのが嫌なブローカーたちは、ウォール街の歩道で株を取り引きしました。それが場外市場、さらには店頭市場につながったと言われます。ウォール街に現在のようなニューヨーク証券取引所の建物が建てられるのは、日露戦争直前の一九〇三年になってからのことです。

◉ジャクソン大統領の中央銀行潰し

米英戦争という緊急事態によって辛くも存続できた第二合衆国銀行（中央銀行）は、その後保守的な農民を支持者とし、ポピュリズムの波に乗って大衆の熱狂的支持で第七代大統領に選出された、ジャクソン大統領（在任一八二九～三七）の手であっさりと葬り去られてしまいました。草の根民主主義の国アメリカは、大衆迎合のポピュリズムにより度々政治が左右された国でもあったのです。

南部テネシー州の開拓地でアイルランド移民の子として生まれ、生涯に三度も決闘を行った暴れ者のジャクソンは、その腕力の強さやアクの強さで大衆の心をうまく摑みました。「能弁はいらない、何ができるかだ」という、アメリカ気質は今も昔も変わりません。ジャクソンが大統領に就任したときには、約二万人の支持者がホワイトハウスに押しかけて徹夜でドンチャン騒ぎをしたと言われます。ジャクソンはそれまでの政治家には見られない、破天荒なタイプの政治家だったのです。

話は戻りますが、ジャクソンは大統領に就任すると直ちに拒否権を発動し、議会が承認した第二合衆国銀行の延長法案を葬り去りました。第二合衆国銀行は、ニューヨークの金融貴族とユダヤ人金融業者、イギリスの銀行の金融支配の道具にほかならないというのが、彼の主張でした。南部には、ニューヨークの金融界に対する強いアレルギーがあったのです。

その結果、アメリカでは中央銀行がなくなってしまい、州が認可した多数の州法銀行に紙幣（銀行券）の発行権が移りました。一八二九年には三〇〇行だった州法銀行が、三七年には七八八行にまで増加していきます。金融が混乱するアメリカを、ヨーロッパの金融界は未熟でパートナーにはなりえない国とみなしていました。

◉七〇〇〇種類のドルの流通

その後、州政府は「銀行」を個人間の組合とみなして簡単に設立を認可し、銀行券の発行を認めました。各地の州法銀行は大量の紙幣を発行することで、べらぼうな利益を手にします。アメリでは、通貨の発行益が地方ボスにばらまかれたのです。

州法銀行が発行した紙幣は人の手から手へと渡り、最終的には銀行に戻って金貨と交換されることになっていましたが、流通の過程で多大の利子を州法銀行にもたらしたのです。しかし、地方の有力者はイングランド銀行のようには紙幣の操作に熟達していませんでした。

一八三六年、連邦政府は公有地の購入代金は金貨か銀貨、あるいは金や銀と兌換可能な銀行券に限るという布告を出すことで紙幣の濫発を抑えようとしましたが、時すでに遅く、翌年には紙幣の過剰発行によるバブルが崩壊して、六年間続く恐慌が発生してしまいます。連邦議会は、やむなく債務を帳消しにする連邦破産法を制定してやっとのことで危機を切り抜けましたが、貨幣のコントロールが難しい状態が続きました。

このように南北戦争前夜のアメリカでは、約一万六〇〇〇の銀行が推定七〇〇〇種類のドル紙幣を発行し、メチャクチャな紙幣の発行状況を利用して五〇〇〇種類の偽造ドルが出回っていたと言われます。そのため対外的にアメリカ経済はポンドへの依存から抜け出すことができず、貿易決済はポンドで行われました。アメリカは、きわめて未熟な金融国家だったのです。

◉ロスチャイルド一族のアメリカ進出

ヨーロッパの金融界を支配するロスチャイルド一族は当然のことですが、同じ英語圏のアメリカへの進出を策しました。先に述べた紙幣の過剰発行によるバブルが崩壊した一八三七年に、アメリカの金融市場への進出が始まります。

ロンドンのネイサン・ロスチャイルドは、一八三七年に、アメリカ人のジョージ・ピーボディがロンドンの有力金融業者ベアリング家の親戚を通じてロンドンに創設したキダー・ピーボディ証券に目を付けました。キダー・ピーボディ証券をアメリカに経済進出する際の手足として利用しようと考えたのです。

ピーボディには子供がいなかったために、アメリカ人のジュニアス・モルガンが後継者になりました。このジュニアス・モルガンが、ロスチャイルド家のアメリカ代理人になったのです。彼の息子が、アメリカを代表する大財閥を築きあげるジョン・ピアモント・モルガン（JPモルガン）になります。

JPモルガンは、ロスチャイルドの資金力を背景にしてアメリカの金融界を左右しただけではなく、後に述べるように金融、鉄道、海運、製鉄などからなるアメリカ最大の財閥を形成していきました。

他方、キダー・ピーボディ証券の創設と同じ一八三七年に、ドイツのフランクフルトのロスチャイルド商会の代理人オーガスト・ベルモントがアメリカに派遣され、ペリー家、モルガン家などのアメリカの富豪との協力関係を築き上げました。ボストン財閥です。ベルモントが、ドイツのロスチャイルド家のアメリカ代理人になったわけです。

ですから、ロスチャイルドは南北戦争前にアメリカに足場を築いていたことになります。

3 アメリカ経済の躍進とユダヤ移民

◉国家像の対立を決着させた南北戦争

人口増加に伴って、新たに西部に設けられた州の増加が、北部と南部の政治バランスを崩しました。自由州の増加で連邦の将来に期待を持てなくなった南部の一一州は「アメリカ連合国」を結成し、連邦離脱を宣言します。

エイブラハム・リーンカーン大統領（在任一八六一～六五）がそれを認めなかったことから、南北戦争（The Civil War 一八六一～六五）という合衆国を二分する内戦が勃発しました。南北戦争は、綿花の生産でイギリスの綿工業と密接な関係を持ち、自由貿易を主張する南部一一州が、連邦から離脱するための戦争です。イギリスも、南部諸州に連邦からの離れることを働きかけました。

一八六〇年、サウス・カロライナが連邦を離脱すると、六州が同調して南部連合を結成し、六一年には南部一一州がアメリカ連合として連邦離脱を宣言します。しかし、当時のアメリカ合衆国では、南部の綿花プランテーションが経済的に圧倒的な優位にあったため、南部が綿花輸出で稼ぐ外資を失うことを恐れた北部は南部の離脱を認めず、南北戦争が勃発したのです。

戦争が始まるとリンカーンは、一八六三年に奴隷解放宣言を出してイギリスの介入を阻止する戦略をとりました。奴隷制を非人道的と見なすと宣言していたイギリスは、奴隷の解放に反対する南部の側に加担できなくなります。

明治維新の直前の南北戦争は、結果的に約六二万人もの死者を出す世界史上最大の内戦になりました。後の第一次世界大戦、第二次世界大戦でのアメリカの戦死者を遥かに超える犠牲者を出したこの戦争は、実のところ、ふたつの異質なアメリカの間の戦争だったのです。ちなみにユダヤ人も分裂し、約七〇〇〇人が北軍に約三〇〇〇人が南軍に参戦しました。

◉紙幣発行権を争った政府と民間銀行

南北戦争では、言うまでもなく莫大な戦費が費されました。戦争が始まる直前に七五〇〇万ドルだった連邦政府の債務は、戦争中に三七倍の二八億ドルへと激増します。政府は、多額の国債の発行で対応せざるを得ませんでした。

南北戦争の際の大量の国債発行によりニューヨーク証券取引所（ＮＹＳＥ）が成長を遂げ、その後の経済成長を支える産業証券の取り引きの場になったのは皮肉な話です。アメリカの証券業

政府発行のグリーンバック

の興隆は、悲惨な南北戦争の予期せぬ副産物だったのです。

南北戦争の際に国債を引き受けて大儲けをしたのが、イギリスの金融業者でした。戦争中にロスチャイルドは戦費の貸付利子を、三六パーセントというべらぼうな率にまで吊り上げています。それでは、国家財政のパンクが必至です。そこで一八六二年、リンカーンはロスチャイルドからの借金を中止し、「グリーンバック」と呼ばれる財務省紙幣（財務省発行の金に裏打ちされない不換紙幣）の発行に踏み切りました。その際に七〇〇〇種類もあったドル紙幣が、政府発行の紙幣に統一されます。リンカーンは国民の支持の下に、一億五〇〇〇万ドルの国債を銀行の利子を上乗せせずに発行したのです。それは、画期的な出来事でした。ちなみにグリーンバックの名は、紙幣の裏面が緑色のインクで印刷されていたことに由来します。そのスタイルが、現在のアメリカ紙幣に基本的に引き継がれているわけです。

貨幣の発行権が銀行から国家へ移ることに対して、ヨーロッパの金融業者やニューヨークの銀行は猛烈に反対しました。これまで見てきた通り、通貨の発行益は銀行の最大の権益であり、国家に最大の儲け口を奪われてしまうことになるからです。リンカーン大統領は南北戦争を利用して、通貨の発行権を政府が回収する政策を一挙に実現したわけです。

それに対して「ロンドン・タイムズ」は、債務を負わずに国家により紙幣が発行されるとアメリカ政府の負債が完済され、世界の富がアメリカに向かってしまうとして強く反対しました。南北戦争直後にリンカーンは、合衆国政府は紙幣を発行する制度を永続させるという声明を出しますが、リンカーンが暗殺されたことで制度は旧に復しました。民間銀行が発行したドル紙幣を、合衆国政府が利子を払って借りるというやり方です。

一八七五年、正貨兌換復活法が成立して、グリーン・バックが回収されることになり、民間銀行に紙幣発行権が戻されました。南北戦争を舞台に、政府と金融業者との間では貨幣の発行を巡る暗闘が展開されたのです。

◉アメリカ経済が大躍進した理由

南北戦争の一因となった西部の開拓の進展は、アメリカ経済の躍進とヨーロッパ各地からの移民の増大を引き起こしました。まず、南北戦争中の一八六二年、リンカーン大統領は西部諸州を味方につけるためにホームステッド法（自作農創設法）を成立させます。これは、五年間西部の開拓に従事した二一歳以上の男性戸主に、登記費用のみの負担で約二〇万坪もの国有地を分譲するという人気取りの法律です。西部の広大な未開拓地は国有地でしたが、放っておいても仕方がないので貧しい大衆に開拓させようとしたのです。

西部の開拓に従事すればほぼ無料で広大な土地を取得できるという法律は、大不況下のヨーロッパでアメリカン・ドリームを呼び起こし、「アメリカ移民ブーム」を巻き起こしました。七〇年代以降二〇年間も続く「大不況」（一八七三〜九六、一九〇頁）の下で生活に行き詰まっていたヨーロッパの大衆は、渡航費用をなんとか工面してアメリカへと渡ります。わずか二五年で西部の未開拓地（フロンティア）が姿を消してしまうほどの、大変な移民ブームが引き起こされたわけです。

西部の開拓には、鉄道によるインフラ整備が必要でした。一八六二年には、太平洋鉄道法により東から西に鉄道を建設するユニオン・パシフィック鉄道会社、西から東に鉄道を建設するセントラル・パシフィック鉄道会社が、それぞれ国策会社として設立されます。これらの会社には当座の利益は見込めませんでしたから、政府の補助が必要でした。そこで政府は、鉄道会社が四〇マイル（約六四キロ）の鉄道を建設する度ごとに線路の両側の広大な土地を払い下げ、一マイル建設するごとに償還期限三〇年、年利六パーセント、額面一〇〇〇ドルの国債一六口を提供することにしました。丘陵地帯では補助金が二倍、山岳地帯では三倍に増額されました。

後の「日本列島改造」と同じような、政府主導の建設バブルです。南北戦争後のアメリカの金融業は、イギリスのような軍費の調達ではなく、鉄道などのインフラ整備との関係で巨大化したのです。

一八六九年、ユタ州のプロモントリー・サミットで、東からのユニオン・パシフィックと西からのセントラル・パシフィックの両鉄道が連結され、全長二八六〇キロにおよぶ最初の大陸横断鉄道が完成しました。七二年には、日本の岩倉使節団が、この大陸横断鉄道に乗車しています。その後、全部で四本の大陸横断鉄道が開通します。大陸横断鉄道の建設で、一八六〇年から九〇年にかけてアメリカの鉄道の敷設距離は五倍以上に増加しました。政府の財政出動もあって、六〇年には世界四位だったアメリカの工業生産力は、世界の工業生産の二三・六パーセント（イギリスは一八・五パーセント）を占める世界一へと大躍進していきます。

◉「金メッキ時代」とユダヤ商人

ヨーロッパで一八七〇年代から九〇年代にかけて二〇年間も「大不況」が続いていた時代に、成長著しいアメリカ西部はヨーロッパの余剰資本と余剰労働力の受け皿となり、大発展しました。現代の中国経済の大躍進と同じで、アメリカ経済はヨーロッパの食糧庫だけではなく、世界一の工業国に躍進します。

イギリスからの厖大な資本の流入と、イギリスやドイツなどからの大量の移民が、アメリカ経済躍進の源でした。ヨーロッパの余剰資本はロンドンの金融市場に集められ、ロスチャイルドと結び付くＪＰモルガン商会などが資本の受け入れ窓口になりました。経済急伸期のアメリカは、ユダヤ資金の格好の投資先になったのです。

アメリカに移住したアシュケナージム系のユダヤ人はこの時期に、少ない元手を人脈と知恵と素早い行動力で活用する小規模な投資銀行（インベストメント・バンク）を創設し、機敏な資金調達で急成長しました。

アメリカ経済の急成長の時代は、『トムソーヤの冒険』（一八七六年）を著した小説家マーク・トウェインが政治家の秘書だった経験を生かして、政治の腐敗と、堕落を扱った同名の小説『金メッキ時代』の名をとって「金メッキ時代（ギルデッド・エイジ）」と揶揄されたように、「金」が幅を利かす時代でした。驚異的高度成長の裏で、金儲け主義の蔓延と政治の腐敗、物質主義が同時に進行したのです。当時のアメリカでは、「金」と「虚飾」と「有名人（セレブリティ）」になること」に価値が見出されました。

アメリカ経済は、一八六〇年から一九〇〇年の間に工業生産額を一九億ドルから一一〇億ドルと五・八倍に増加させ、東部や五大湖周辺の工業化が進みます。農場の数も農場面積も、一九六〇年代から九〇年代の約三〇年間でほぼ倍増していきました。

◉JPモルガンとジェイコブ・シフ

アメリカ経済の躍進の時期にロスチャイルドの資金を利用して活躍し、アメリカでユダヤ人の活動の場をつくり出したのが、先に述べたJPモルガンとジェイコブ・シフです。

王や貴族が存在しないアメリカでは、イギリスのような「宮廷ユダヤ人」としての活動はありえず、ユダヤ商人はアメリカの財界人との人脈を育て、閨閥、学閥などを生かしたアメリカ固有の経済組織を作り出しました。

ジョン・ピアポント・モルガン（ＪＰモルガン）は、ヨーロッパに留学してフランス語、ドイツ語を身に付けた後、ジュニアス・モルガンがピーボディから継いだロンドンの銀行に入行します。翌年、彼はニューヨークに戻り、一八六〇年にウォール街でＪＰモルガン商会を開き、父親の銀行のニューヨーク代理店になりました。先に述べたように、ＪＰモルガン商会は、ヨーロッパ金融を支配していたロスチャイルドの支援を受け、イギリス資本のアメリカへの投資の窓口として成長します。

ところで、当時のニューヨーク株式市場の時価総額の六割強は、鉄道株により占められていました。ＪＰモルガンは、イギリスからもたらされた豊富な資金により鉄道会社を次々に買収し、「鉄道王」の異名をとります。それだけでなく彼は、一八九二年にゼネラル・エレクトリック（ＧＥ）を創設して電気事業に乗り出し、一九〇七年にはアメリカの電話事業を独占するＡＴ＆Ｔを買収し、加えて全国の水道会社も傘下に収めました。さらに鉄鋼業界の再編にも取り組み、「鉄鋼王」カーネギーの鉄鋼会社を買収して、一九〇一年、資本金一四億ドル、従業員一六万八〇〇〇人という、アメリカの鉄鋼生産の六割以上を支配する世界最大のＵＳスティールを設立します。彼は海運業にも進出して、イギリスのホワイト・スター・ラインを傘下に収め、北大西洋航路に進出しました。氷山に接触して沈没した映画でも有名なタイタニック号の実質的なオーナーだったのです。ロスチャイルドの資金がＪＰモルガンに流れ、債券、株式の購入によるＭ＆Ａで巨大財閥が作り上げられていったのです。

また、日露戦争（一九〇四〜一九〇五）に際して日本の国債の大部分を引き受けたことで知られるジェイコブ・シフ（一八四七〜一九二〇）のクーン・ロブ商会は、フランクフルトのロスチャイルド一族と強いつながりがありました。

同商会は、一八五〇年代にドイツからアメリカに移住したユダヤ人アブラハム・クーンとソロモン・ローブによって創始されます。六五年、フランクフルトのゲットーでロスチャイルド家と一緒に生活していたジェイコブ・シフが、アメリカに渡ってクーンの娘と結婚し、七〇年にはクーン・ロブ商会の頭取になりました。ユダヤ人は一族経営を重視しますから、創業以来四四年、同社の経営は、ユダヤ人のクーン家、ローブ家、ウルフ家に限られていたのです。

クーン・ロブ商会は、七〇年代以降、鉄道に積極的に投資し、モルガン財閥との間で投資競争を繰り広げました。また七〇年にスタンダード・オイルを創業してアメリカの石油市場を支配した「石油王」ジョン・ロックフェラー（一八三九〜一九三七）のメイン・バンクおよび財務アドバイザーとなり、ほかにも後に南満州鉄道の日米共同経営を提唱する「鉄道王」ハリマンや「鉄鋼王」カーネギーの事業もバックアップしています。

シフはかつてゲットーで一緒に住んでいたことからロスチャイルド家との関係が密で、ロスチャイルドの「アメリカでの代理人」とも称していました。ウォール街では、モルガン家、ロスチャイルドのパリ代理人のビドル家、JPモルガンの前身だったドレクセル・モルガン・カンパニーの共同設立者アンソニー・ジョセフ・ドレクセル一世を継ぐドレクセル家、クーン・ロブ商会のクーン家というように、ロスチャイルドと結び付く四大家族が金融を支配するようになります。歴史が浅く、いまだに経済の基盤が固まっていない新興国のアメリカでは、ロスチャイルドの資金力がモノをいったのです。

ところでジェイコブ・シフは、一八八一年に起こったアレクサンドル二世の暗殺事件にユダヤ人女性が関わったという理由でウクライナ、南ロシア一帯に広がった「ポグロム」（ユダヤ人の大量虐殺）に強い反感を持ちました。先述の通り、ポグロムからアメリカで移民制限法が制定される一九二四年までの間、ロシア・東欧から二〇〇万人以上の貧しいユダヤ人移民が、激しい弾圧を逃れてニューヨーク（ローワー・イースト・サイド、ブロンクス、ブルックリン）を中心とする東部の大都市に流入しています。

そうしたこともあって、シフは日露戦争の際に、日本政府が発行した戦時国債八二〇〇万ドルのうち三九二五万ポンドを、アメリカに渡った高橋是清日銀副総裁の求めに応じて引き受けました。シフはその功で、後に日本政府から勲一等旭日大綬章を授与されています。

シフは、ポグロムを繰り返す残虐なロシア帝国にユダヤ人として鉄槌を下さねばならないと考えており、ロスチャイルド家とともに日本国債の起債を助ける一方で、ユダヤ人のネットワークを利用してロシアの戦時国債の引き受け拒否を広げました。シフは金融力でロシアの専制権力に対抗し、日露戦争でのロシアの敗北を演出したのです。クーン・ロブ商会は後に、二〇〇八年に倒産してリーマン・ショックを引き起こした投資銀行リーマン・ブラザーズに統合されています。

◉波に乗るドイツ系ユダヤ移民

四〇年代以降アメリカに移住したドイツ系ユダヤ人（アシュケナージム）は、経験、勘、相互扶助を生かしてアメリカ商業の勃興をフルに生かして成功を収めました。

ドイツの「ゲットー」という閉塞された空間から抜け出し、アメリカに渡った勤勉なドイツ系ユダヤ移民は、アメリカの自由な大地で縦横に活躍します。差別と偏見が横行するヨーロッパとは異なり、資源は豊富、起業の場に恵まれたアメリカはユダヤ商人の「楽園」となったのです。

現在アメリカの金融界を牽引し、世界経済に大きな影響力を持つ投資銀行がゴールドマン・サックスですが、その創始者は、一八四八年にドイツ南部バイエルンから無一文でアメリカに渡ったユダヤ人移民のマーカス・ゴールドマンでした。彼はフォーティエイターズ（一八四八年のドイツの三月革命の失敗に失望したドイツ人の移民を指す）だったのですが、ニュージャージーで行商、衣料の売買を行って資金を貯め、明治維新の翌年の六九年に、ニューヨークのビルの地下室を借りて小規模なコマーシャル・ペーパー売買の会社を開きました。つまり、大銀行のゴールドマン・サックスも、最初は商取引の際の約束手形を割り引いて購入し、銀行に再販して鞘を取る零細な企業だったのです。

同社は、八二年に娘婿のサミュエル・サックスが共同経営者になってから「ゴールドマン・サックス」と社名を変更し、ゴールドマン家とサックス家の共同経営になりました。同社では創業以来の半世紀の間、両家の人々による小規模な経営が続きます。潤沢な資金が必要な商業銀行に参入するだけの資金力がないために、元手が少なくて済む投資銀行が選ばれたわけです。しかし、彼らは才覚によりマイナーな位置にあったビジネスを利益の上がるビジネスに変え、最終的には金融の中心に押し上げたのです。その力の源泉となったのが、ユダヤ人が長い歴史のなかで獲得してきた「ネットワークの民」としての特性でした。ゴールドマン・サックスも誠実な会社経営が認められてロスチャイルドの支援を獲得したことで急成長をとげます。ゴールドマン・サックスはひとつの例にすぎませんが、彼らは互いに競争しながら、才覚ではい上がっていったのです。

◉ジーンズで成功したリーヴァイ

息抜きに、少し柔らかい話題に転じます。アメリカを代表するカジュアル・ファッションといえば、映画『理由なき反抗』（一九五五）で多感な青年を好演したジェームズ・ディーンが履いて世界の若者を魅了したジーンズですが、それを考案したのもユダヤ人でした。

一八五三年、バイエルンからサンフランシスコに移住したユダヤ人のリーヴァイ・ストラウスは、カリフォルニアのゴールドラッシュに目をつけ、鉱山労働者向けに丈夫な幌馬車の幌やテントに使う帆布の端切れ（デニム、丈夫な繊維の厚手綿布）を販売する「リーヴァイ・ストラウス＆カンパニー」という会社を作ります。

一八七三年にリーヴァイと仕立て屋のデイヴィスが提携して、ポケットを金鋲で強化したデニム地の作業用のズボンを作りあげました。それが後にジェームズ・デーンの映画を媒介にして若者のカジュアル・ファッションとして世界的に大流行するジーンズということになります。ジーンズの名の由来は不明ですが、イタリア北部の港ジェノヴァのフランス名ジェーンが英語に転訛してジーンズになったという説があります。

◉格付け会社がアメリカで成長した事情

イギリスの投資家が大西洋を隔てたアメリカ企業に投資する際には、信頼できる正確な企業情報が必要になりました。そうした特殊な事情に支えられてアメリカで成長したのが、格付け会社です。

一八四九年、ヘンリー・ヴァーナム・プアーという人物が経済紙「アメリカ・レイルロード・ジャーナル」を買収し、「スタンダード・アンド・プアーズ」として鉄道債購入の参考になる経済情報をロンドンの投資家に提供すると、たちまちのうちに人気を集めました。情報伝達も交通も未発達な時代ですから、イギリスの投資家たちが遠く隔たったアメリカの経済情報を渇望していたからです。一九〇〇年には、ジョン・ムーディが鉄道以外の一般の事業会社の投資分析を「ムーディーズ」としてロンドンの投資家に提供し、これまた成功を収めました。

一八七〇年代から九〇年代にかけて、大規模な鉄道建設と西部の急速な開拓により、アメリカ工業はイギリスを抜いて世界第一位に躍進しますが、未熟なアメリカ社会では企業の倒産も頻発していました。そこで経済情報に価値が付き、正確な経営情報に多くの顧客がついたのです。日本人には格付け会社といってもピンとこないかもしれませんが、当時のロンドンの投資家にとっては、アメリカ企業の正確な情報はお金を払ってでも手に入れる価値があったのです。投資情報会社を引き継いだスタンダード・アンド・プアーズとムーディーズは、二〇世紀のアメリカ経済の急成長に伴い世界の二大格付け会社に成長し、現在では世界中の国債、社債などの債権の格付けを行っています。

一八八二年、ニューヨーク証券取引所の相場情報を担当していた新聞記者チャールズ・ダウ（一八五一〜一九〇二）は、ダウ・ジョーンズ・サービス社を設立して、株や債券の終値《おわりね》を一覧にした簡単な「カスタマー・アフタヌーン・レター」を発行しました。同社はやがて、より迅速な情報を求める顧客の要求に応えるために、電信情報の提供も始めます。このレターは数年後には、『ウォールストリート・ジャーナル』になりました。そうしたなかで、チャールズ・ダウは市場での株価のトレンドを先行期、追随期、利食い期に分けて予測するダウ理論を提唱し、株価指数を開発して株式投資の基礎を築きます。それが、現在の新聞に掲載されている株価一覧の報道の起源です。

◉ユダヤ難民が押し寄せたニューヨーク

一八八一年にロシアの首都サンクト・ペテルブルクでアレクサンドル二世がナロードニキ（人民主義者）に暗殺されますが、その事件にユダヤ人の女性がからんでいたことから、ポグロムと言われるユダヤ人への大弾圧が続き、ヨーロッパ諸国でロシア革命が「ユダヤ革命」と呼ばれることがあるように多くのユダヤ人がロシアの革命運動に参加したために、ユダヤ人への激しい弾圧が続きました。そのため先に述べたように、ロシア、東欧のユダヤ人が難民として大挙してアメリカに移住する動きが、一九世紀末から二〇世紀の初頭にかけて起こりました。蒸気船の定期航行が、それを可能にしたのです。

一九世紀末には約五〇〇万人を数えたロシアのユダヤ人（アシュケナージム）ですが、現在はロシアとウクライナあわせて約三〇万人、ポーランドでは数千人に過ぎません。ですからウクライナ、ロシアのユダヤ人の多くが、ごっそりアメリカ、イスラエルに移住してしまったことになります。

この時期には財力のあるユダヤ人とは違って宗教心が深く、絶望的に貧しいロシアの農村からのユダヤ人難民の大量流入が進み、アメリカ社会に多くの負担がかかりました。難民の数は、一九世紀末から第一次世界大戦の間に約二〇〇万人に上り、ほぼニューヨークという一都市に集中していました。

ニューヨークは難民都市ともいえる状況に陥り、一九一四年までにイースト川に囲まれたロウアー・イーストサイドは、約五四万人のユダヤ人難民が住む難民街になります。ユダヤの金融資本が支配力を強めるウォール街とは対照的な、ユダヤ人の難民街がニューヨークに出現したのです。アメリカに救いを求めたユダヤ人難民の数は、以下のように推移します。ユダヤ人の若者は、貧しい境遇に負けず大学の雰囲気を変えるぐらいの向学心で熱心に学び、アメリカ合衆国の諸部門での牽引役に成長していきます。

一八八〇年代　年平均　一万九〇〇〇人
一八九〇年代　年平均　三万七〇〇〇人
一九〇三〜一四年　年平均　七万六〇〇〇人

4　アメリカ流の中央銀行創設とウォール街

◉一九〇七年の恐慌

アメリカの金融は、先に述べたように連邦政府の権限強化を主張する連邦主義者と州の権限を擁護する州権論者の対立がありましたが、ジャクソン大統領が民衆の支持を受けて合衆国銀行を閉鎖したことで中央銀行がなくなり、地方の小規模な州法銀行が自由に紙幣を発行する「フリー・バンキングの時代」が続きました。

しかし二〇世紀になると、①「金メッキ時代」を経て規模を拡大したアメリカ経済の景気変動による資金需要に対応できない、②中南米との貿易取引が増大したにもかかわらずポンド決済がなされており、ドルの国際化が期待される、③一九〇七年の恐慌が起こった際に「最後の貸し手」となる中央銀行の必要性が痛感される、などの理由で「銀行の銀行」の役割を果たす中央銀行の設立を求める動きが強まります。

そうした動きのきっかけになったのが、一九〇七年の恐慌でした。同年、モンタナの「銅山王」と投機家がユナイテッド・コッパー社の株式を買い占めようとした大型買収が失敗する事件が起こると、買収資金を提供した銀行への取り付け騒ぎが広がりました。当時の銀行は小規模・乱立状態だったために連鎖倒産の不安が広がり、ニューヨーク証券取引所の株価が前年の最高値の半分にまで下落してしまいました（一九〇七年の恐慌）。アメリカ経済の動揺は、メキシコやチリ、さらにはオランダやイタリアにまで影響をおよぼします。新興のアメリカ経済に、大ピンチが訪れたわけです。地方銀行が都市銀行から、都市銀行がニューヨークの大銀行から先を争って預金を引き出すことになり、銀行、信託会社、証券会社の破綻が広がりました。

金融機関のなかでも最も大きな打撃を受けたのが、新興の信託会社でした。信託会社はもともとイギリスからアメリカに移管された遺産の管理などに携わっていたのですが、南北戦争後に鉄道会社や鉱山会社発行の社債を引き受け、大衆に販売することで急速な成長を遂げていました。

一九〇七年、ニューヨーク第二位の信託会社ニッカーボッカ社が倒産し、会長が銃自殺するという衝撃的な事件が起こります。ニッカーボッカ社に次いで、トラスト・カンパニー・オブ・アメリカの経営危機が表面化して連鎖倒産の危機が迫ると、ＪＰモルガンは自己資金三〇〇万ドルを拠出しトラスト・カンパニーを救済しました。同年末、ニューヨークの証券取引所（ＮＹＳＥ）が金融機関の証拠金を使った空売りにより危機に陥ったときにも、モルガンは二五〇〇万ドルを提供して危機を救っています。

◉やはり民間主導の中央銀行が必要！

深刻な金融危機を受けて一九〇七年に、ＪＰモルガンは、クーン・ロブ商会の頭取ジェイコブ・シフ、ファースト・ナショナル・バンクのジョージ・ベーカー、ナショナル・シティ・バンクのジェームズ・スティルマン、ロスチャイルド銀行、そしてクーン・ロブ商会をメイン・バンクとするロックフェラーなどと協議して政府に働きかけ、財務省が提供する資金二五〇〇万ドルをニューヨークにある国法銀行（連邦政府の認可を受けた商業銀行）に預け、その運用を大手銀行が主導する資金決済機構（クリアリング・ハウス）に委ねるシステムを作りました。

アメリカ財務省は金融崩壊を防ぐために資金を提供し、運用を大手銀行に丸投げしました。大手銀行は、その資金を「見せ金」として利用することで巧みに危機を切り抜けたのです。資金決済機構は、プールした貨幣を動かさずに「証書」を発行し、銀行間の決済でその「証書」を活用したのです。そうしたかたちで、銀行の連鎖倒産がくい止められたわけです。

モルガンは、一九〇七年の金融危機を機に、紙幣の発行権を独占する中央銀行の設立がアメリカでも必要だとアピールしました。当時のアメリカでは、先にも述べた通り、庶民の間にイギリス人やヨーロッパのユダヤ系金融機関と結び付くニューヨークの大銀行への警戒感が強く、中央銀行による紙幣発行の独占は受け入れられるような雰囲気ではありませんでした。

JPモルガンは、金融危機が深刻化したのは最後の貸し手となる中央銀行がなかったからだと熱心に説き、州法銀行に広く分散していた貨幣発行権を大銀行に集中することを目ざしました。アメリカ経済に強い影響力を持つロスチャイルドも、当然のことながら一枚咬むことになります。JPモルガンやアメリカのユダヤ系銀行、そしてクーン・ロブ商会をメイン・バンクに持つロックフェラー、ヨーロッパのユダヤ系銀行が連携して、新興国アメリカの通貨システムの変革を進めたのです。

◉ウォール街がドルの発行権を手にした過程

一九〇七年の金融危機が一段落すると、連邦議会は、再度起こるかもしれない恐慌を防止できるようにヨーロッパの中央銀行の制度を研究する必要があるとして、財政に明るい共和党院内総務のネルソン・オルドリッチを委員長とする通貨委員会を組織しました。委員会は、ヨーロッパ各国の中央銀行のシステムを調査することになります。

オルドリッチは、JPモルガンを初めとするウォール街の銀行家と親密な関係にあり、娘婿はロックフェラー家の二代目当主、ジョン・D・ロックフェラーでした。

二〇一〇年、オルドリッチは、一〇日間におよぶ法案検討の会議を秘密裏に開きます。彼は、個人秘書のアーサー・シェルトン、クーン・ロブ商会のパートナーであり英仏にまたがるロスチャイルド銀行の代表ポール・ウォーバーグ、モルガン銀行のトップを務めるベンジャミン・ストロング、ユダヤ系のファースト・ナショナル銀行の頭取チャールズ・ノートン、ナショナル・シティ銀行の副社長フランク・バンダーリップ、ナショナル・シティ銀行の会長ジェームズ・スティルマン、そして財務省の次官補アブラハム・ピアット・アンドリューを、ジョージア州沿岸で最も小さな島のジキル島にある、上流階級の冬用のクラブに集めたのです。

彼らは、同クラブの会員だったＪＰモルガンのゲストとして同島に集まり、外界から隔離された秘密会議（ジキル島会議）を開きました。モルガンは直接会議には参加しませんでしたが、背後には彼の意志が働いていました。

アメリカの中央銀行制度となる連邦準備制度の構想を推進したのは、クーン・ロブ商会のパートナーで、シフの義理の息子の兄である、ハンブルク生まれのユダヤ人ポール・ウォーバーグでした。彼は、アメリカの通貨を強くする中央銀行の設立が、ウォール街の国際的影響力を増すためには不可欠であると考えていたのです。ウォーバーグは後にウィルソン大統領によって連邦準備制度理事会の理事に任命されました。また、同じくジキル島会議に参加したモルガン銀行のベンジャミン・ストロングは、連邦準備制度を構成する連邦準備銀行のうち中心的な役割を担うニューヨーク連邦準備銀行の初代総裁に就任します。

連邦準備制度の原案作りで活躍した元新聞記者のフランク・バンダーリップ（一八六四〜一九三七）は、このジキル島の秘密会議において連邦準備制度の骨格が作られた、と後に述懐しています。

合衆国憲法第一条八項は通貨の発行権を議会が持つと規定しており、金貨や銀貨は財務省が発行することになっていましたから、オルドリッチが秘密議会を経て起草した法案で、地区ごとに設立される連邦準備銀行（地区の大銀行が株を持つ）は、「連邦準備券」という「金貨と交換されない紙幣」を発行すると定められました。

一九一三年の年末、金融界のバックアップにより新大統領に就任したウッドロー・ウィルソン大統領（在任一九一三〜二一）は、廃案になったオルドリッチ法を再編したオーウェン・グラス法（連邦準備法）に署名します。同法は、多くの議員がクリスマスで帰郷した隙をついて、一二月二二日に、上院の六八名中賛成四三票、反対二五票（三二名が不在）で強引に可決されました。

それにより、ウォール街とヨーロッパのユダヤ系銀行の合作になる連邦準備制度が誕生します。ドルは、金と兌換されない「連邦準備券」として、一二地区の連邦準備銀行により発行されることになったのです。

◉ドルとは？　連邦準備銀行とは？

連邦準備制度の下では、ドル紙幣は連邦準備制度理事会（ＦＲＢ）の指示に基づいて連邦政府の財務省が印刷し、それがそっくりそのまま各地区の連邦準備銀行（中央銀行にあたりますが、純然たる民間銀行です）に引き渡され、その後、諸銀行の預金を担保として「価値」を与えられた「連邦準備券」に置き換えられて、それが国債と交換されるという形をとりました。なかなかわかりにくいのですが、そこにあるのは「見せかけの」価値の転換でした。民間銀行は、最大の収益源である国債の利子を手離せなかったのです。

ドルはアメリカに金の蓄積が不十分だったため、イングランド銀行が発行するポンドのようには金貨の裏付けを必要とせず、アメリカ政府の「利子が付く債務（国債）」の支払いに充てるために連邦準備銀行が貸し付ける、預金で価値を担保された「紙幣」とされました。連邦準備券のドルには、「この銀行券は公的・私的なすべての債務に対する法貨である」と印刷されています。

ドルは、政府の徴税能力に依存する紙幣とされ、「金貨」の裏付けを必要としませんでした。イギリスのポンドとは全く異なる新興国の紙幣だったのです。そのため、必要に応じていくらでも印刷することが可能でした。

ちなみに連邦準備制度という名前は、連邦政府に対する根強い不信を持つ州権論者の反対を封じ込むためにつけられた名称であり、事実上は中央銀行にほかなりませんでした。

アメリカの金融界ではニューヨークがずば抜けた規模を持っていましたが、各州の不満を抑えるために、ニューヨーク、ボストン、シカゴなどアメリカ国内の一二の地区毎に連邦準備銀行が作られたのです。

連邦準備銀行（連銀）は各地区の加盟銀行からの出資により設立され、加盟銀行への貸し出しや国債を担保とした「連邦準備券」（ドル）発行の権限を持ち、それぞれの連銀は総裁を持ちました。銀行家たちは直接ＦＲＢ（連邦準備制度理事会）には参加せず、連邦準備銀行の理事として名を連ねました。諸銀行のうち大規模な国法銀行は連邦準備銀行への加盟を義務づけられましたが、州法銀行（州法により設立が認可された銀行）の加盟は自由とされ、システムの末端に位地づけられました。

連邦政府は、「連邦準備券」で連邦準備銀行からの貸し付けを受けるようになると合衆国国内歳入庁（ＩＲＳ）を設立し、翌年から所得税の徴収を開始します。この連邦所得税が、国債と利子の支払いに利用されたのです。

第9章

新大陸への覇権の移動とウォール街の興隆

1　世界最大の債権国アメリカの誕生

◉総力戦で没落したヨーロッパ

世界経済の大転換を誘発したのが、セルビア青年によるテロ事件（サライエヴォ事件）の事後処理の失敗から勃発した第一次世界大戦（一九一四〜一八）でした。五年間続いた総力戦で、ヨーロッパは勝者も敗者もないほどの大打撃を受け、自滅していきます。一九世紀後半にイギリスを中心に形成された地球規模の植民地体制が揺らぎ、新大陸のアメリカ合衆国が世界経済を主導する時代が始まることになります。それは、とりも直さず新興アメリカで経済の主導権を確立したユダヤ系金融業者が世界に影響力を広げることを意味しました。イングランド銀行はイギリスが求める戦費の調達に応じ切れず、イギリスは戦費の調達をアメリカのウォール街に頼らざるをえなくなったのです。

ＪＰモルガン商会は、イギリス政府とフランス政府の代理人として両国の国庫勘定を管理し、ヨーロッパ諸国の国債のアメリカでの発行を仲介しました。戦争が長期化して英・仏財政がさらに悪化するとアメリカは無担保の貸し付けに転じ、その額は一〇〇億ドルにもおよびます。第一次世界大戦の戦費は、両陣営あわせて二六〇〇億ドル（連合国は一七六〇億ドル）に達し、一九世紀初頭から第一次世界大戦が始まる前までの全世界の国債発行総額の六倍の額におよびました。そのうち英・仏両国が増税で賄えた戦費はわずかに二割程度にすぎず、外債に頼るしかありませんでした。ナポレオン戦争がヨーロッパに金融の時代をもたらしたのとは比較にならない規模で第一次世界大戦はアメリカの金融業を劇的に成長させ、イギリス、フランスが債務国に転落しました。アメリカのウィルソン大統領はヴェルサイユ講和会議に多くのＪＰモルガン商会の社員を随行させましたが、それは債務問題の処理のためだったとも言われています。

このように、大戦でイギリスのシティからアメリカのウォール街に、世界経済の中心が移りました。ウォール街のユダヤ系の金融家は、イギリスにおける「宮廷ユダヤ人」ロスチャイルドとは異なり、一九世紀に培ってきた財閥、政府、ＦＲＢ、大学などとの結合を生かし、ロックフェラー財閥、モルガン財閥、メロン財閥などとともにアメリカ的な金融支配の体制を作りあげました。長くヨーロッパで宮廷ユダヤ人の立場に甘んじてきたユダヤ商人は、アメリカにおいて表立って経済をリードするようになったのです。

◉国際連盟による新国際秩序樹立の試みの挫折

第一次世界大戦で、アメリカはもっぱら、ヨーロッパ諸国からの厖大な債務の回収が滞らないように配慮して戦争に臨みました。一九一七年、ロシアで三月革命が起こりドイツが有利になると、アメリカはドイツの潜水艦Uボートによる無制限・無差別攻撃を口実にイギリス、フランスの側に立って参戦します。大戦中のイギリスの債務は三六億九六〇〇ドル、フランスの債務は一九億七〇〇〇ドルに達していましたから、ウォール街はイギリス、フランスを敗北させられなかったのです。

大戦が勃発した一九一四年の末の時点で一五億二六〇〇万ドルだったアメリカの金保有高は、一九一七年末には約二倍になり、その後も増加の一途をたどり、大量の金がウォール街に入りました。

アメリカはヨーロッパに対してモンロー主義という内向きの外交政策をとってきましたが、ウォール街は、経済と新しい国際政治のシステムを組みあわせてヨーロッパからの覇権の奪取を目指しました。その線に沿って民主党のウィルソン大統領は、ヴェルサイユ会議で「国際連盟」を提案します。一九世紀にヨーロッパが作り上げた植民地体制がビジネスを阻害していると考えたアメリカは、国際連盟を中心とする国際秩序の再編を目指したのです。

ウィルソン大統領は各民族に国家建設の権利を認め（民族自決）、従来のヨーロッパ的なバランス・オブ・パワーに代えて、国際連盟を中心とするシステム化された新国際秩序を主張しました。

しかし、反対がアメリカ国内から起こります。

議会で多数を占めていた草の根保守の共和党が、国際連盟規約一〇条の、①加盟国が他の加盟国の領土保全と政治的独立を保障し、②外部からの侵略の際にはその独立を擁護する、という規定に対し孤立主義の立場から反対したのです。二〇年一一月、アメリカの上院は賛成三九票、反対五五票で、国際連盟の創設を含むヴェルサイユ講和条約の批准を否決しました。アメリカは伝統的な孤立主義への回帰を選択し、第一次世界大戦後の国際政治をリードすることを放棄しました。

◉ドイツを犠牲に再生を図った英・仏

第一次世界大戦は、一九一八年のドイツの降伏で終わりを告げ、オスマン帝国、ロシア帝国、ドイツ帝国、オーストリア・ハンガリー帝国の四大帝国が一挙に崩壊しました。

ロシアやハンガリーで社会主義革命が広がりを見せていた一九年一月、パリ講和会議が開催されましたが、敗戦国ドイツもソヴィエト政府代表も招かれず、戦勝国側の二七カ国のみの参加でした。会議でイギリスとフランスはともに、ドイツを犠牲にすることでの覇権の維持を画策しました。大戦後、イギリスとフランスがアラブ世界を一九一六年に結ばれた秘密協定（サイクス・ピコ協定）で分割したことでもわかるように、両国は勝者であることを疑わなかったのです。

フランスは、ロシアに貸し付けてきた莫大な債権をロシア革命で失ってしまいますから、イギリスとアメリカへの債務返済の目処も立たず、ドイツの巨額賠償金に頼るしかありませんでした。アメリカに対する戦時債務の返済を、ドイツから獲得する賠償金とリンクさせたのです。

パリ講和会議で英・仏両国は、ドイツから全植民地と国土の一三・五パーセントを奪ったほかに賠償金を課しました。後に賠償金の額は、ドイツのGDPの二〇年分と決定されます。悪いのはすべてドイツであり、第一次世界大戦の厖大な戦費はすべてドイツが負担すべきというのが、フランスとイギリスのポピュリズム政治家たちの主張でした。大戦の責任をすべてドイツに転嫁したのです。それは、今だに繰り返されている政治の手法です。

賠償金委員会のイギリスの代表団に加わった経済学者のケインズ（一八八五〜一九四六）は、ドイツが賠償金を完済するには桁外れの輸出が必要であり、賠償金が完済された暁にはドイツ製品の流入でイギリス工業は壊滅的な状態に陥っているであろうという冷静な見解を述べて、高額の賠償に反対しました。しかし旧世代の政治家たちには、経済と政治のつながりが見えませんでした。

◉ドーズ案とアメリカ資金の大循環

話をドイツの賠償問題に戻します。一九二一年、賠償金委員会はドイツの賠償金額をドイツのGDPの二〇年分の一三二〇億金マルク（三一五億ドル、純金で換算すると七一六・八二トン）と決定し、ドイツは年に二〇億金マルク（五億ドル）ずつ分割して支払うこととされました。現在の日本の

年	対ドル比率（1918年＝1）
1918	1
1919	4
1920	15
1921	24
1922	449
1923. 1	4,281
1923. 3	5,048
1923. 5	11,355
1923. 7	84,186
1923. 8	1,100,632
1923. 9	23,000,000
1923.10	6,000,000,000
1923.11	522,000,000,000
1923.12	1,000,000,000,000

マルクの大暴落

赤字国債がＧＤＰの一三年分であることを考えると、賠償金の苛酷さがわかります。当然のことながら、一年も経たないうちに戦争で国土が荒廃していたドイツは、賠償金の支払いを滞らせました。

一九二三年、普仏戦争でドイツに奪われたロレーヌ地方の出身で、ドイツに強い敵愾心を持っていたフランス首相のレイモン・ポアンカレー（一八九〇～一九三四）は、賠償金の支払いの遅延を名目に、ベルギーを誘ってルール地方（ドイツの中心的工業地帯）を占領します。それに対してドイツ政府が同地方の労働者にストライキを呼びかけ、工場や鉱山は無期限の操業停止に入りました。政府は労働者の賃金を保障するために大量の紙幣を増刷しますが、それが引き金になって半年間でマルクの価値が大戦中の一兆分の一に低下するという、ハイパー・インフレが起こりました。

一九二四年、ヨーロッパ情勢が不安定になることを嫌ったアメリカは、かつてハーディング大統領の下で予算局長官だったチャールズ・ドーズ（一八六五～一九五一）を長とする専門家委員会を組織して、①賠償金の支払いを暫定的に軽減する、②ドイツの中央銀行の立て直しを助けるために連合国はドイツの債務を再編する、③アメリカの銀行はドイツが債務を返済するための資金を提供する、を内容とするドーズ案をとりまとめてドイツとフランスの間をとりもちました。

賠償金の支払いは、ローンの返済のように年に一〇億金マルクから始めて、五年後には二四億金マルクというように増額していくとされました。

ドーズ案を有効にするには、ドイツの賠償金返済を可能にする条件作りが必要でした。そこでＪＰモルガンを中心とするアメリカの銀行団は、ドイツに賠償金の支払いに必要な二億ドルを融資します。しかしあくまでもビジネスですから、ウォール街の金融取引の慣行に基づいて、一割が引受経費として差し引かれました。ドーズは、後にヨーロッパの平和に貢献したとしてノーベル平和賞を受賞しています。

ドーズ案によって、アメリカ資本がドイツに投下され、それをもとにドイツ経済の再建と英・仏への賠償金の支払いが行われ、英・仏のアメリカ借款が返済されるという、ウォール街主導のドルの循環が生み出されました。五年間に、二〇億ドルの資金がドイツに流れ込みドイツ経済は危機を乗り越えましたが、それはドイツ経済のアメリカ資本への依存が進んだことを意味しました。実際のところドーズ案は、アメリカがヨーロッパ諸国に持っていた債権の一部をドイツへの貸付金として置き換えただけの、簡単なマジックでした。

◉アメリカが設立した賠償金管理銀行

ドーズ案では、ドイツの賠償金を債権国の中央銀行に送付するための賠償代理機関を設置する

設立当時の国債決済銀行（BIS）

ことが定められました。一九三〇年、アメリカの財政家オーウェン・ヤング（一八七四〜一九六二）によるヤング案で対独賠償請求権を証券化することが決定され、証券の発行や引き受けを行うための民間銀行の国際決済銀行（ＢＩＳ）が、アメリカのモルガン商会の主導の下でスイスのバーゼルに設立されました。

国際決済銀行は、ドイツに金を貸すためにウォール街が主導して作った民間銀行といえます。ドーズ案を修正して成立したヤング案では、ドイツの賠償額がさらに削減されたものの、アメリカの国際決済銀行がドイツの賠償に資金を提供するという仕組みは維持されたのです。

しかしドイツでナチスが政権を握ると、ヤング案は破棄されて賠償金の支払いが停止されました。その結果行き場がなくなった国際決済銀行（ＢＩＳ）は、後に世界各国の中央銀行のなかの中央銀行（スーパー・バンク）として甦らされます。現在ＢＩＳは、各国の中央銀行の外国為替の決済機関として再利用されていますが、もともとは民間銀行なのです。ＢＩＳは、世界の大手銀行に破綻を避けるための自己資本規制（ＢＩＳ規制）を課すという強い権限を掌中に収め、国家から通貨の発行権を切り離して、各国の中央銀行の大元締となる民間銀行となることを狙っています。

◉イギリスの金本位制復活の失敗

第一次世界大戦が始まると、厖大な戦費を捻出するために各国が金と紙幣の交換を停止して、紙幣の増刷で対処しようとしたために、諸国のインフレが昂進しました。

一九二〇年にイングランド銀行総裁となったモンラーギュー・ノーマンは世界金融の中心シティを復権させるために金本位制の復興を主張し、二五年に大蔵大臣チャーチルは、国内景気の復興を犠牲にして旧平価での紙幣と金の交換を復活させました。その結果、厖大な額のイギリスの海外資産は価値を保全されましたが、ポンドの価値が既に大幅に下落していましたから、旧平価でのポンド紙幣と金の交換の復活は実質的なポンドの切り上げとなり、イギリスの輸出は低下して景気が悪化しました。

フランスも平価を切り下げるかたちで、金本位制に復帰します。ヨーロッパは金本位制を復活させることで、かつての世界金融の主導権を取り戻したいと考えたのです。

しかし、後に述べるように世界恐慌がアメリカからヨーロッパに波及し、一九三一年、イングランド銀行が出資していたオーストリア最大の商業銀行、クレジット・アンシュタルトが倒産すると、イングランド銀行の債権も回収不能になります。そうしたことからイングランド銀行に対する不安が強まり、ポンド紙幣と金貨の換金を求める預金者がイングランド銀行に殺到すると、とても応じきれず、イングランド銀行は金本位制を放棄しました。

その後、ポンドが不換紙幣になったイギリスは、アメリカ、フランスに対して通貨戦争を仕掛けます。積極的にポンドを売ってアメリカ、フランスの紙幣を買い、それを両国の中央銀行で金に換えることでドル高、フラン高に誘導しながら、金を蓄積する政策をとったのです。それに、米、仏両国はとても耐えられず、三六年にはフランスが金本位制を放棄し、アメリカも後述するようにドルと金との交換比率を変えて対応しました。世界恐慌によりイギリスが主導した金本位制の再建は失敗に終わり、イギリスの金融覇権は回復されなかったのです。

2　アメリカ社会を揺るがすユダヤ難民

◉ロシア・東欧からのユダヤ難民の大量流入

第一次世界大戦で債務国から債権国に転換したアメリカは、「黄金の二〇年代」という繁栄期に入りました。大量生産、大量消費による大衆消費社会の出現です。自動車、映画、流通業が急成長します。

ポグロムによるロシア、東欧からの大量のユダヤ人難民の流入（「第三のディアスポラ」）については先に述べましたが、一八八〇年代からアメリカがユダヤ人難民の移住制限に乗り出す一九二四年までの時期、ミュージカル「屋根の上のヴァイオリン弾き」に見られるようなロシアでのユダヤ人への弾圧の激化にロシア革命やハンガリー革命などが加わって、蒸気船を利用したロシア・東欧から難民の群れ（新ユダヤ移民）が大挙してニューヨークに押し寄せ、その数は二〇〇万人を越えました。

映画にもなった、氷山との接触で北大西洋の海に沈んだ豪華客船タイタニック号（同時に移民船）の乗客には、多くの東欧、ロシアからのユダヤ人移民が乗船していたと言われます。

貧しく、保守的で、信仰心の強い東欧・ロシア系のユダヤ難民は、アメリカではイタリアやギリシアからの南欧系移民とともに「新移民」と呼ばれ、差別と偏見の対象になりました。ユダヤ人「新移民」の大部分が血縁を頼って住みついたニューヨークのロウアー・イーストサイドは、人口五四万人を越える世界一過密な貧民街になりました。現在でもニューヨークは、「世界最大のユダヤ人都市」です。

アメリカのユダヤ社会を取り仕切っていた有力者のジェイコブ・シフは、ユダヤ人の評判の悪化を避けるため、難民の西部や南部への移住を斡旋しようと試みますが、うまくいきませんでした。

一九二〇年代になると、自動車王ヘンリー・フォードがユダヤ人移民に対する反対キャンペーンを繰り広げ、ハーバード大学の学長は急増するユダヤ人二世の入学制限を訴えました。移民大国のアメリカをもってしても、ロシアの社会矛盾により大量に析出されたユダヤ難民は手に余ったのです。

第一次世界大戦後のアメリカでは、ロシアの社会主義革命とコミンテルンに対する警戒もあって、一九二一年には続々と押し寄せるロシアや東欧の移民の制限を議会が取り上げ、出身国別に移民数を割りあてる移民法（ジョンソン法）が制定されました。二四年にはさらに移民法が強化され、一八九〇年の国勢調査の出身国別人口の二パーセントにまで移民数を制限することになりました。難民の大量流入が始まる前の一八九〇年の東欧やロシアからの移民はきわめて少数でしたから、事実上ロシア・東欧からの「新移民」の入国を停止することになります。アメリカで移民の国別制限枠が撤廃されるのは、なんと一九六五年になってからのことです。

◉禁酒法の政治的狙い

一九二〇年一月、一九一七年に制定された禁酒法が全面実施になり、三三年まで「禁酒法時代」が続きます。イギリスやアメリカでは一八世紀以降、メソジスト派（規則正しい生活「メソッド」を重んじるイギリス国教会の覚醒運動から生じた諸派）などの禁酒運動が展開されていました。

ロシア・東欧のユダヤ人難民やイタリアなどの南欧の新移民が都市に滞留したために、社会不安が増大します。都市部では酒場が社会に不満を持つ新移民の結束の場になりましたから、酒場が政治活動の場になることに反発する反酒場連盟の活動が活発になります。一九一七年にアメリカがドイツに宣戦すると、当時はアメリカのビール会社の大部分がドイツ系だったこともあって、「ビールは悪」とする風潮が強まり、〇・五パーセント以上のアルコールを含有する酒の製造・販売が禁止されたのです。

「黄金の二〇年代」と言われる第一次大戦後の経済の活況期に、禁酒法はいかにも不釣りあいでしたから、当然の如くに破られました。ニューヨークだけでも三万以上の「スピーク・イージー」「ブラインド・ピッグ」と呼ばれる「もぐり酒場」が誕生し、マフィアと結び付いて密造酒の販売で大儲けをしました。粗悪で安価な密造ウィスキーがカナダで大量に蒸溜され、アル・カポネなどのイタリア・マフィアが売りさばいたことは有名ですが、移民一世と二世からなるユダヤ系ギャングも、それに劣らぬ収益を上げました。

禁酒法時代に最大の利益を上げたのは、アル・カポネのようなマフィア、ギャングではなく、実はカナダで安価なウィスキーを量産したベッサラビア（現在のモルドバの一部）出身のユダヤ移民サミュエル・ブロンフマンでした。

彼が蒸溜所を買収して密造酒の販売を始めたシーグラム社は、信じられないくらいの短期間に蒸溜した安いウィスキーをアメリカの「もぐり酒場」に流し、ブロフマンは「造酒王」の異名をほしいままにしました。

◉ユダヤ移民が育てたハリウッド映画

「黄金の二〇年代」に発展した産業のひとつである映画産業も、ユダヤ移民と深く結びついていました。困苦に耐えた逞しいロシア・東欧系の難民たちの手で、華やかなハリウッド映画が誕生するのです。

アメリカの無声映画の歴史は、一八八八年、エジソンが実用化したキネトスコープから始まりました。一律五セントという低料金の映画劇場は、「ニッケル・オデオン」と呼ばれました。「ニッケル」は五セント鋳貨、「オデオン」は劇場という意味です。

一八九〇年代末、五セントの映画はユダヤ移民が経営する下層民衆向けの「娯楽アーケード」と結び付きました。一九〇八年になると、ニッケル・オデオンはニューヨークだけで四〇〇カ所にもおよび、経営者の六割以上がユダヤ人だったとされます。短編のサイレント映画は、英語がよくわからないユダヤ移民にとって格好の娯楽になりました。英語が必要なかったからです。

歴史学者、佐藤唯行氏の『アメリカ・ユダヤ人の経済力』は、草創期の映画がユダヤ人の間に広まった理由として、①言葉がわからなくともわかる無声映画だったこと、②移民集住地区に活動小屋が作られ他のエンターテイメントと比べると大変に低料金であったこと、③家族総出で普段着姿で行けたこと、を上げています。

二〇世紀に入ると、ニッケル・オデオンの経営者たちが映画製作に乗り出すようになりました。映画を作ってフィルムを配給すれば大変に儲かりますし、彼らには観客であるユダヤ移民の好みがよくわかっていたからです。アメリカ社会の現実を反映する映画は、ユダヤ人がアメリカ社会の約束ごとやマナー、価値観などを学ぶ教科書の役割も果たしたのです。

しかし、映画関係の機材やフィルムなどの特許権を託された映画特許組合（エジソン・トラスト）が請求するべらぼうに高い特許料は、貧しいユダヤ人の映画製作にとって大きな負担となりました。そこで映画製作者は、ニューヨークからニュージャージー州のフォート・リーや、さらに法の規制が緩く特許会社の法律家たちの目がとどかず、いざとなったらメキシコに夜逃げさえできるカリフォルニアに拠点を移し、密に映画製作を行ったのです。この頃に設立された一〇〇以上の零細な映画製作会社は、やがて逞しい意欲と経営の才能をあわせ持つユダヤ人経営者たちによって現在も持続する七大会社に統合されました。

そのうちユニバーサル（一九一二年設立）、二〇世紀フォックス（一九一五年設立）、MGM（一九二四年設立）、パラマウント（一九一二年設立）、ワーナー・ブラザーズ（一九二三年設立）、コロンビア（一九二〇年創業）の六社は、それぞれポーランド、ハンガリー、ベラルーシ出身のユダヤ人の創設になるものであり、他のユナイテッド・アーティスツも、中心になったメンバーにユダヤ人の俳優チャーリー・チャップリンがいました。映画会社はやがて外国にも映画を配給するようになり、代表的なアメリカ文明の担い手になっていきます。

初期の映画産業の創始者の多くは、いろいろな職業を転々として世の中の辛酸をなめながら、なんとか五セント映画の製作にたどりついた人が大部分でした。一九二〇年代になると映画製作会社が多数集まるカリフォルニアのハリウッドが、映画産業の代名詞になっていきます。ハリウッドに移住したユダヤ人の映画製作者、監督では、大作「ベン・ハー」や「ローマの休日」で知られるドイツ生まれの映画監督ウィリアム・ワイラー（一九〇二～一九八一）が上げられますが、現在では「シンドラーのリスト」のスティーブン・スピルバーグ（一九四六～）が最も著名なユダヤ人映画監督でしょう。

ハリウッドに投資し映画産業をもり立てたのは、イタリア移民のアマデオ・ジアニーニがカリフォルニアで創始した庶民の銀行、イタリア銀行（後の世界最大の銀行バンク・オブ・アメリカ）でした。映画は総合芸術であり多分野の産業を伴いましたが、「メイキャップ」という言葉を作ったポーランド出身のユダヤ人マックス・ファクター（一八七七～一九三八）も弾圧から逃れて一九〇四年にアメリカへ移住しました。彼は一九〇八年にロサンゼルスで化粧品の店を開き、舞台用のメイク用品・かつらを提供してハリウッド映画の発展に貢献し、後に一大化粧品メーカーとなりました。

3　世界恐慌と第二次世界大戦

◉過剰な庶民の投資欲とバブルの発生

第一次大戦後のアメリカは、移民社会の特質もあって格差が広がる一方で、消費は思うようには伸びませんでした。自動車や家庭電気製品などの耐久消費財の需要も一九二六年には頭打ちとなり、ダブついた資金が土地や株式の投資へと向かっていきます。二四年からの五年間で、なんと株価が五倍も上昇していきました。

そうした株価の連続上昇は投資ブームを呼びましたが、大衆には投資するだけの十分な資金が手元にありませんでした。この時期のアメリカは、五パーセントの人々が国民の全所得の三分の一を占め、無貯金の家庭が八割にもおよぶ状態だったからです。

そこで貧しい大衆は銀行や証券会社から高い利子で借金し、株の購入に走ります。こうしてアメリカは株式の保有者が三〇〇万人に達する「大衆投資の時代」に入り、小口資金を集めて投資する仕組み（会社型投資信託）が流行して、バブルを一層過熱化させました。

大衆投資家は証拠金を積んで証券会社から高い利子で借金し、レバレッジを効かせた投資信託を購入しました。経済的基盤の弱い人たちに高い利子で金を貸して投資に向かわせる惰弱な投資システムが破綻して恐慌に至った出来事は、近年のアメリカで低所得層に対して高い利子で貸付けたサブプライム・ローンの破綻からリーマン・ショックが起こったのと、類似しています。アメリカ経済の病弊でしょうか。

当時は「雑貨屋、電車の運転手、配管工、お針子、もぐり酒場の給仕までが相場をやった。反逆しているはずの知識人さえも、市場にいた」（F・L・アレン『オンリー・イエスタデイ』）という状態だったのです。

株を買うために借金までした零細な投資家が支払う利子は、年利一〇パーセントにもおよびました。高利子のブローカーズ・ローンの銀行残高は、一九二五年の一五億ドルが三年後の二八年には約七割増えて二六億ドルに増加しています。

二八年の後半には株価が五〇パーセントも急騰し、二九年になってからも二五パーセント上昇しました。まさにギャンブルそのものです。そうした現象は、株売買の経験が未熟な庶民投資家がバブルに踊らされたことを意味しますが、上がりすぎた株価が調整されるのは、当然の出来事でした。

◉バブルの崩壊が世界恐慌に変わる

バブル現象が進行するなかで、株投資の過熱化を抑えるため、連邦準備制度（FRB）は公定歩合（民間銀行への貸出金利）を一九二五年の三パーセントから二九年八月には六パーセントに引き上げました。金利を上昇させることで、庶民の投資熱を冷まそうとしたのです。

1929年世界恐慌時のウォール街

そうした矢先に、一九二九年一〇月二四日木曜日のニューヨーク、ウォール街の証券取引所で、突然に株価の暴落（「暗黒の木曜日」）が起こります。

当時は信用取引が多かったため、追加保証金（追い証）が求められ、それが払えないために強制的に多くの株が売却されました。また、情報処理が未熟で、株価の変動の情報提供が大幅に遅れたことによる狼狽売りが重なり、週明けの一〇月二八日（月曜日）には株価がさらに一二パーセント余り低下、翌二九日の火曜日（悲劇の火曜日）にはさらに株価が一一パーセント余りと二日間にわたって壊滅的な株価の大暴落が続きました。

この暴落によって、一週間で当時のアメリカの国家予算の一〇年分もの大金が市場から消えていきました。その後も暴落は約一カ月間続き、その影響は世界各地の株式市場におよんでいきます。

「恐慌」は「恐れ慌てる」状態を指しますが、その言葉通りアメリカ全土で企業の連鎖倒産や銀行の取り付け騒ぎが広がり、経済はパニックに陥りました。それは冷静に考えれば、当たり前に起こったバブルの崩壊現象だったのです。

当時のハーバート・フーヴァー大統領（在任一九二九〜三三）は、アイオワ州の開拓村で育ち、八歳までの間に両親と死別しましたが、スタンフォード大学を卒業した後に鉱山技師として世界各地を巡り、ロンドンの鉱山会社の重役となって巨富を得たという、立身出世を絵に描いたような人物です。彼は「ホワイトハウスに入った初の百万長者」と言われ、ホワイトハウスの一〇の主要ポストのうち六つは、メロン財務長官を初めとする大富豪により占められました。金持ちのスタッフを集めたのです。

フーヴァーは、大統領就任演説で「アメリカ人は、どの国の歴史にも見られなかったほど、貧困に対する最終的勝利の日に近づいている」と述べており、アメリカ経済は強固であるとの強い信念を持っていました。そのため、しばらくすれば市場の混乱は収まるものと考え、政府の介入を極力避けて国内産業を守る高関税政策をとりました。

◉対応を誤ったFRBと政府

恐慌の影響で、一九二八年にアメリカ全土で二万六〇〇〇以上あった小規模な銀行が三三年には一万四〇〇〇行に減少し、総資産の三割近くが失われました。そのために資金の調達が難しくなった企業の倒産が相次ぎ、失業者やホームレスが町にあふれます。

アメリカでは一九〇七年の恐慌をきっかけに、恐慌を防止する目的で一九一三年に連邦準備制度理事会（ＦＲＢ）が創設されていましたが、ＦＲＢは大手の加盟銀行の債務レベルが一定に保たれることを優先し、中・小の銀行への資金供給を渋ったために恐慌をさらに深刻化させてしまいました。ＦＲＢは、一九〇七年の恐慌のときと同様に、モルガン商会やナショナル・シティ銀行などの主力銀行との関係の有無により、銀行の救済を決めたのです。三〇年一二月には約四〇万人が口座を持つ、ニューヨークのバンク・オブ・ユナイテッド・ステーツが経営破綻しました。

アメリカ政府は、保護貿易で危機に対応しました。三〇年にスムード・ホーレイ関税法を制定して、輸入品の五割以上の品目に保護関税を課しますが、六〇カ国が報復関税をかけたことでアメリカの物価が上昇し、景気はかえって悪化しました。三二年になると株価は恐慌前の十分の一となり、工業生産も半減します。

三三年には銀行に対する取り付け騒ぎが広がり、全銀行の四分の一以上の三四〇〇行の銀行が破綻しました。同年に大統領に就任したフランクリン・ローズヴェルト（在任一九三三〜四五）は、大統領令を出して連邦準備銀行を含むすべての銀行の営業を一時的に停止し（三月六日から一三日）、有名な炉辺談話で銀行を破産させないことを約束し、取り付け騒ぎを鎮静化しました。

三三年には、アメリカ国民の四人に一人が失業者になってしまいます。特に人口の四分の一を占める農民は世界恐慌の過程で所得を半減させ、南部の綿花農家にいたっては所得が七割減少という惨状でした。当時のアメリカには政府の失業統計もなく（一九三七年に初めて実施）、経済システムも整っていませんでした。

◉没落するヨーロッパとアメリカに蓄積される金

圧倒的優位に立つ経済大国アメリカのいきなりの経済破綻は、ドーズ案によりアメリカ資本への依存度を強めていたヨーロッパ経済を崩壊に導きました。

一九三一年、アメリカ資金の引き上げにより、国内の総預金額の半分以上を保有していたオーストリア最大のクレジット・アンシュタルト銀行が倒産します。それをきっかけにヨーロッパ各国の大銀行の連鎖倒産が進み、ヨーロッパ経済は危機的状況に陥ります。最も深刻な影響を受けたのが、ドイツの銀行でした。

この事態に対処するため、各国は必死の対策を探ります。アメリカが国内産業を守るために輸入品に高関税を掛けたことは既に述べましたが、広大な植民地を持つイギリスとフランスは本国と植民地の間に特恵関税を設け、ブロック経済で切り抜けようとしました。その結果、世界の貿易量が一挙に低下し、先進国の経済危機が植民地を直撃することになります。アメリカ発の経済の崩壊が、まさに地球規模におよんだのです。

アメリカは一九三四年、金の価格を市場価格より少し高めの一オンス三五ドルに切り下げて金の兌換を維持し、市民が金貨、金地金を退蔵することを禁止しました。その結果、金価格の切り下げによるインフレで政府債務が切り下げられ、実質賃金も低下して雇用が増加することになりました。

こうしたウォール街主導の巧みな金融政策は、ニュー・ディール政策よりも景気の押し上げに有効だったとされています。また、以後の六年間にそれまでの三倍もの量の金がアメリカに流入することになり、第二次世界大戦後に世界の金の三分の二をアメリカが保有することになって戦後のドル紙幣の覇権につながりました。各国が金本位制から離脱した時期に、アメリカは金との兌換を維持し、ドルを強化したのです。

4　経済危機が誘発した第二次世界大戦

◉中国の幣制改革と日中戦争

中国の国民党政府は、一九三五年、イギリス人の財政顧問リース・ロスの指導下で、伝統的な銀経済からポンドにリンクする紙幣への幣制（通貨）改革を実行しました。

中国では現銀（銀貨、銀塊）や多数の紙幣が流通する混乱が続いていましたが、世界恐慌の余波がおよぶなかで、政府は通貨を「法幣」という紙幣に統合することにより通貨主権を確立せざるをえなくなったのです。

中華民国政府は「法幣」を唯一の通貨とし、その価値を担保するためにイギリスのポンド（後にはドルも加わる）にリンクさせました。それまで使われてきた中国の銀はアメリカに売却され、法幣を安定させるための基金（外貨準備）として積み立てられます。

銀経済圏の最後の拠点だった中国がポンド圏に組み込まれたことは、銀貨により動いていた世界経済が紙幣による経済に転換したことを意味しました。通貨が混乱する中国の状況を利用してきた日本にとっては、経済的なチャンスが縮小されることでした。

世界恐慌による経済危機に直面していた日本は、「満州国」から華北へと円通貨圏を拡げ、劣勢の挽回を図ります。そうすると、日本の強硬策に反発する中国国内の抗日運動が強まり、一九三六年の西安事件をきっかけに国民党と共産党が接近して「一致抗日」に向かいました。

そこで一九三七年、日本軍は盧溝橋事件を口実に、宣戦布告なき日中戦争（一九三七〜四五）を起こして状況の転換を図ります。当初、日本の軍部は中国の抗戦力を低く見積もっていましたが、上海や南京などの大都市が陥落した後も国民党政府は奥地の重慶に拠点を移して戦争を継続し、戦争は泥沼化しました。

中国に進出するには日本を無力化する必要があると考えていた民主党のローズヴェルト政権は、ホワイト（二八〇頁）が起草したハル・ノートで日本軍が中国・満州から撤兵しなければ石油とくず鉄の供給をストップすると主張して戦争を挑発。日本軍の真珠湾奇襲攻撃で太平洋戦争が始まりました。同時に三国軍事同盟の規定によりドイツ、イタリアがアメリカに宣戦。アメリカは、ドイツ、日本の限界が見え始めていた有利な時期に、アジアとヨーロッパの戦線に加わることになります。

◉ドイツの東方生存圏とホロコースト

ここで、ナチスのホロコーストについても簡単に触れたいと思います。一九三三年にドイツで政権を握った国家社会主義ドイツ労働者党（ナチス）は、失業保険の「積立金」を利用した経済再建計画を立てました。高速道路網の建設と自動車産業の創出によるデフレ脱出策です。

ナチスはこの年、一万四〇〇〇キロにおよぶ「アウトバーン（ドイツ帝国高速自動車道路）」の建設計画を実施に移して、大規模な公共投資で失業者を吸収しようとしました。同じ年の三月二四日、ナチスは議会の承認を必要とせずに憲法に反する法律も制定できる「全権委任法」を成立させて権力の基盤を固め、指導者のアドルフ・ヒトラー（一八八九～一九四五）はアウトバーンの建設計画を実行に移します。

一九三二年の段階で、ドイツ国内の自動車の保有状況は一〇〇人に一台で、五人に一台というアメリカに大きく水をあけられていましたが、そこにナチスは経済回復の可能性を見いだしたわけです。

ヒトラーは、「フォルクス・ワーゲン（国民車）」を大量に生産し、給料からの天引きで販売を促進させました。自動車の大衆化です。自動車文明の移植と自動車工業の勃興により、ドイツ経済は世界恐慌前の一九二八年のレベルにまで回復していきます。ヨーロッパ諸国では、これまでに述べてきた通り、一二世紀頃からユダヤ人の隔離や差別があり、一九世紀以降の国民国家の形成やナショナリズムの高まりのなかで、東欧を中心にして反ユダヤ主義が強まっていました。

そんななか、ドイツでは、第一次世界大戦の敗戦や、経済危機を国内のユダヤ人のせいであるとする反ユダヤの動きが強まります。人種主義を掲げるナチスはユダヤ人への偏見や敵視を煽ってナショナリズムを高揚させ、東欧に食糧と安価な労働力を求める「東方生存圏」の主張を軍事侵略に転化させました。

一九三九年、ナチスはソ連のスターリン政権との間に独ソ不可侵条約とポーランド分割の秘密条約を結んでポーランドに進攻し、第二次世界大戦を引き起こします。一九四一年になると、石油確保のための独ソ戦を起こしました。

他方でナチスは、一九三九年に組織的なホロコースト（大量虐殺）を開始します。ドイツやポーランドで約五七〇万人のユダヤ人が殺害され、ドイツ・東欧のユダヤ人社会は再建不能の壊滅的打撃を受けました。

一九四一年に独ソ戦を始めるにあたり、ナチスは英・米がソ連を援助しないと踏んでいましたが、開戦の二カ月後に米・英両国は大西洋憲章を出してファシズムとの戦いを宣言し、ソ連を支援しました。第二次世界大戦の性格が、反ファシズムの戦争に変わったのです。

第二次世界大戦によって、世界各地で続いてきたユダヤ人のディアスポラ共同体（離散した土地での共同体）は、戦争中に決定的な変化をとげていきます。五〇年代以降、ドイツや東欧の迫害を逃れてパレスチナに渡った難民は、四八年に建国されるイスラエルの住民となり、その後各地からのユダヤ移民を受け入れて、ユダヤ人の国家を形成します。

5　戦後世界経済の青写真を描いたユダヤ人官僚

◉ブレトンウッズ体制

第二次世界大戦で、焦土と化したヨーロッパ諸国と日本、ソ連などが没落し、アメリカだけが無傷でした。それによって、戦場とならずに各国に物資を供給したアメリカ経済が圧倒的優位に立ち、ドルの覇権の時代に移ります。

アメリカに先行する覇権国オランダとイギリスは、資源に乏しい商業国・海運国という共通性がありましたが、資源大国、移民大国のアメリカはそれとは明らかに異質な国でした。オランダとイギリスが自由貿易によって各国経済の異質性を巧みにリンクさせたのに対し、アメリカは国連とドルと核兵器により一九世紀の植民地体制を否定することで、経済の覇権の確立を図りました。それは国境を越えて地球の一体化を図るアメリカ的な発想であり、ディアスポラ共同体を基礎とするユダヤ人との発想とも合致していました。

第二次世界大戦末期の一九四四年、アメリカのニューハンプシャー州にあるリゾート地ブレトン・ウッズのマウント・ワシントンホテルに連合国（四四カ国）の代表七三〇人を集めて開催された財務・金融担当者会議は、世界恐慌後の各国の保護貿易と為替の切り下げ競争が大戦を引き起こしたことを確認し、アメリカの主導下に世界経済の再編が協議、決定されました（ブレトンウッズ体制）。そこでは、各国の金本位制を再建する動きはみられませんでした。アメリカに世界の金の三分の二が集中していたためです。会議の決定は、以下の通りになります。

①金一トロイオンス（三一・一〇グラム）を三五ドルとし、ドルが世界で唯一、金と交換可能な通貨（一ドル＝〇・八八八五七一グラム）となる
②ドルを金と交換できるのは協定に参加した各国の通貨当局のみとする
③ドルを「基軸通貨」（世界経済の中心となる通貨、キーカレンシー）とし、国際貿易や決済にドルを用いる
④各国の通貨とドルの為替交換レートを一定に保つ固定相場制を採用する

その結果、ドルを基準とする世界経済の単一化が実現しました（ブレトン・ウッズ体制）。ドルだけが金と交換可能な紙幣とされ、各国の中央銀行はアメリカに申し出てドルと金との交換をいつ

でも行えるとしたのです。その際に、各国通貨を金と交換するには、各国がドルを所有することが前提となり、アメリカの「連邦準備券」であるドル紙幣が各国に流出することが必要になりました。

◉世界中にあふれ出たドル

ブレトン・ウッズ体制は、以下のような問題を抱えていました。

①ドル（「連邦準備券」）はもともと民間銀行である連邦準備銀行が発行する、「金」とは交換されない紙幣だったのに、「金」と無条件に兌換されると説明される矛盾を内包する、

②各国通貨が利子の付くアメリカ国債を求めるため、ドルが国際的決済手段となるには大量の国債発行が必要となり、それによりアメリカの国際収支が継続的に赤字化し、アメリカの対外債務が増え続けることが必要になる。

しかし、アメリカはドルを「金」と無条件に交換するという条件の下に、ドルを世界通貨とする経済システムの維持を図ります。ドルの発行を独占する連邦準備銀行は、かつてのイングランド銀行をはるかに凌ぐ世界規模の発券銀行にならざるをえなくなりました。

ブレトンウッズ会議でのホワイト（左）とケインズ

◉ホワイトが描いたドル覇権の青写真

このブレトン・ウッズの会議の立役者であり、ドルを基軸通貨とする世界経済システムの青写真を描いたのが、アメリカ財務省の官僚、エコノミストのハリー・デクスター・ホワイト（一八九二〜一九四八）でした。ホワイトはボストンで育ったリトアニア系ユダヤ人移民の子でしたから、第二次世界大戦後、アメリカのドルが世界通貨の地位を確立する局面でも、ユダヤ系のエコノミストが舵取りをしたことになります。

ホワイトはユダヤ系の財務長官ヘンリー・モーゲンソーの副官となり、四二年には早くも、安定化基金や復興開発銀行の試案を作成しています。それが、ブレトン・ウッズ協定によるＩＭＦ（国際通貨基金）とＩＢＲＤ（国際復興開発銀行、世界銀行）の原型になりました。アメリカは、大戦後の世界経済を支配するための青写真を大戦中に作っており、ユダヤ系の経済官僚が描いた構想が、戦後の世界経済の仕組みを作ったと言えます。

ホワイトの提案に基づくブレトン・ウッズ体制は、第二次世界大戦後のアメリカの軍事的、経済的、政治的な絶対優位を背景に、世界の金の三分の二を持つアメリカが、金により担保されたドル紙幣を世界規模で流通させるシステムでした。ドルが金と交換できる唯一の通貨とされ、ドルと各国通貨との交換レートが固定される固定相場制により、各国の通貨がドルの分身（またはドルが各国通貨の分身）と見なされて、世界経済はアメリカ中心の単一の経済システムになったのです。

◉アメリカのイスラエル建国への支援

イギリスは一九四七年二月、ロシアや東欧からのおびただしい数の難民の殺到によって統治が不能になったパレスチナの支配を放棄し、パレスチナ問題を、創立後二年しか経ていない国連に委ねました。

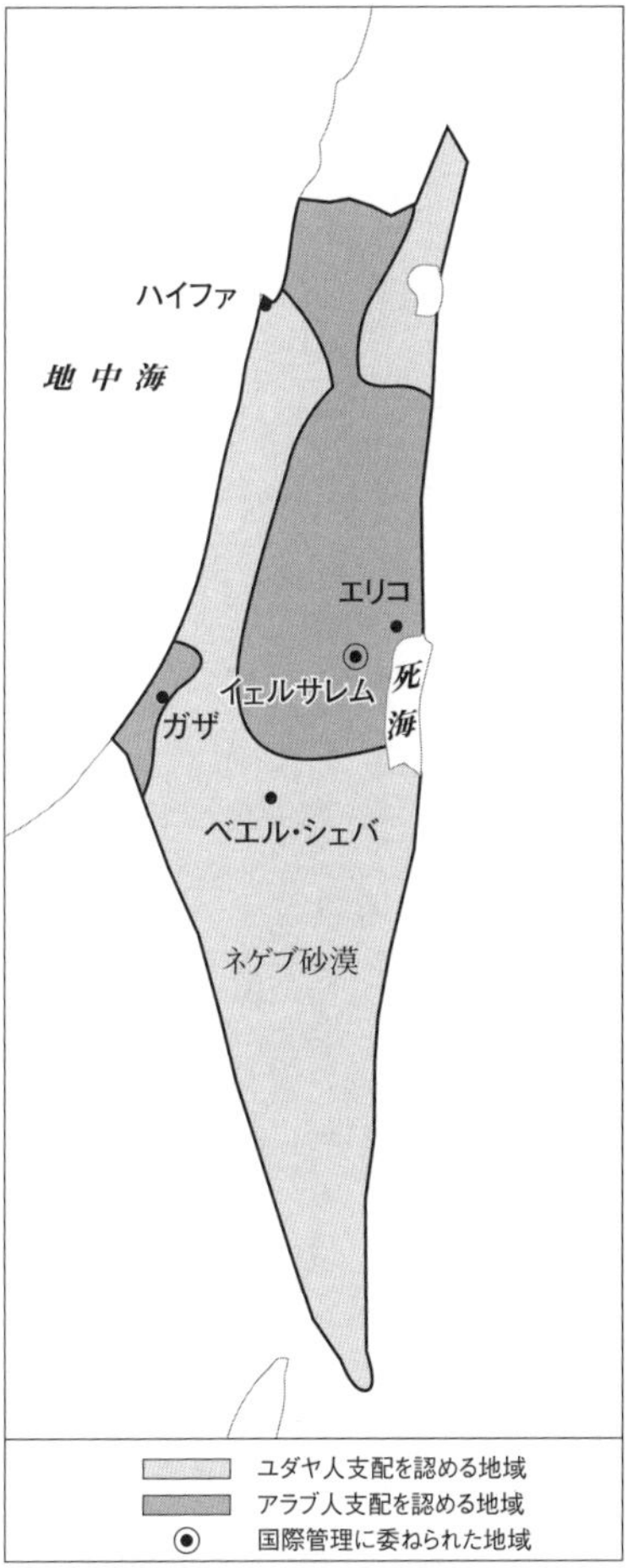

1947年11月の国連決議による分割案

同年一一月、国連総会は、パレスチナをユダヤ国家とアラブ国家に分割し、イェルサレムを国連の管轄下におくという内容のパレスチナ分割案を採択します。この分割案にアメリカとイスラエルを社会主義に導くことを期待したソ連の両大国は賛成しましたが、アラブ諸国とトルコ、パキスタン、インド、ギリシアが反対し、当のイギリスは棄権しました。

一九四八年五月一四日、イギリス軍が撤退し、ユダヤ人とアラブ人の対立が深刻化する状況の下で、パレスチナ第二の都市テルアビブでユダヤ人の政治的指導者ダヴィド・ベングリオン（一八八六～一九七三）がイスラエルの建国を宣言しました。紀元七〇年のローマ帝国によるディアスポラの後、ユダヤ人は初めて民族国家を建設したのです。それに対して、アラブ諸国軍二万五〇〇〇人がイスラエルに侵攻し第一次中東戦争が始まりました。四次におよぶ中東戦争の始まりです。イスラエルの建国をアメリカのトルーマン大統領は支持しましたが、旧友のユダヤ人、エドワード・ヤコブソンの影響だったと言われます。アメリカには、ロシアや東欧から析出されるユダヤ人のアメリカへの入国を抑えるには、イスラエルという受け皿が必要という判断もありました。

第10章

戦後経済の節目でリードし続けたウォール街

1　三〇年も続かなかったブレトンウッズ体制

◉ニクソン・ショックの世界史的意味

一九六〇年代末になると、早くも第二次世界大戦直後からのアメリカ経済の絶対的優位が揺らぎ始めます。五〇万人以上のアメリカ軍を派遣し、第二次世界大戦の二倍半の爆弾を投下した、ベトナム戦争（一九五五～七五）により財政が悪化したアメリカのドル紙幣が果たして金と交換されるかが疑問視され、ドルの「暴落」が危ぶまれるようになったのです。一九六五年から七一年の間にドル紙幣は年率七・四パーセントの割合で増刷され、インフレが進行しました。六〇年代後半になると、自国が保有するドルの暴落を恐れたイギリスとフランスはドル価格の低下を危惧し、約束されていた「一オンス三五ドル」の価格で手持ちのドル（約九〇〇トン）を「金」に替えることをアメリカ通貨当局に求めます。

七一年八月、市場のドル売り圧力に耐えられなくなったアメリカ大統領リチャード・ニクソン（在任一九六九～七四）は緊急のテレビ会見を開き、「ドルと金の交換の停止」「輸入品に対する一律一〇パーセントの輸入課徴金の徴収」「インフレを防止するための九〇日の賃金凍結」を発表して、世界に衝撃を与えました（ニクソン・ショック）。ドルならびに世界の諸紙幣が不換紙幣に変わったのです。金や銀により価値づけられてきた貨幣が「紙」になるという世界経済の大変動がさりげなく起こされたわけです。

ポンドの時代以降、通貨の価値は「金」によって見かけ上担保されてきましたが、ニクソンは「パンドラの匣」を開けて、それまで紙幣発行機関が巧みに隠してきた「紙幣」の操作の手の内を見せてしまったのです。ブレトン・ウッズ体制の崩壊は、四〇〇〇年続いてきた「貴金属に価値を担保された通貨システム」の突然の終焉になりました。

◉変動相場制への移行

ニクソンの声明により「金」の支えを失ったドルは大暴落し、ドル危機が起こりました。日本製品のアメリカでの販売価格が一時的に一七パーセントも跳ね上がったことがそれを示しています。

一九七一年末、アメリカのスミソニアン博物館で先進一〇カ国蔵相・中央銀行総裁会議（G

10）が開かれ、金とドルの交換比率を一オンス＝三五ドルから三八ドルに切り下げた上で、固定相場制を維持するという「スミソニアン合意」が成立しました。しかしアメリカ財政が改善される見込みはなく、ドル売りは止みませんでした。

七三年二月、通貨の価値は為替市場での売買により決定されるという変動相場制への移行が明らかになり、ドルは金と切り離された完全な不換紙幣になりました。

ハンガリーの移民二世のユダヤ系経済学者、ミルトン・フリードマン（一九一二〜二〇〇六）は、こうした事態を既に見通しており、一九六二年出版の『資本主義と自由』で、固定相場制は自由市場や自由貿易と矛盾するとして、政府が介入することなしに市場取引を通じて通貨の交換レートが決まる変動相場制が、唯一合理的な通貨制度であると主張しました。フリードマンは具体的に、次のような七項目からなる処方箋を書いています。

①アメリカは今後、固定価格で金の売買をしない
②ブレトン・ウッズ体制では許されていなかった個人の金の保有・取り引きを自由にし、金の売買価格の制限を撤廃する
③連邦準備制度は発券残高の四分の一に相当する金証券を保有しなければならないとする現行法を廃止する
④金の自由市場を再開し、政府は保有する金を五分の一ずつ五年間で売却する

⑤アメリカはドルと他国通貨の間に公定レートを設けず、自由市場で決定する
⑥その際、アメリカはドルと金の交換比率を定めなければならないと定めた国際通貨基金（IMF）の義務に反するので、事前通告する
⑦各国が自国通貨を対ドルで固定すること（ドルペッグ）を認める

2　経済のグローバル化と新自由主義

◉世界企業の工場移転とアジアの復権

ニクソン・ショックによるドルの大暴落は、七〇年代に起こった二度の石油危機と合わさって、企業の世界化によるグローバル経済の成長を促しました。

六〇年代、単一栽培（モノカルチュア）を強いられてきた旧植民地国の間では経済を自立させるには、「資源の価格決定権」を取り戻すことが不可欠だとする「資源ナショナリズム」が台頭していました。

資源ナショナリズムの先頭に立ったのが、中東の産油国です。一九六〇年、産油国は「セブン・シスターズ」と呼ばれる石油メジャー（国際石油資本）七社が進めていた中東原油の価格引き下げ策に対抗するため、サウジアラビア、イラン、イラク、クウェート、ベネズエラの五カ国がOPEC（Organization of the Petroleum Exporting Countries 石油輸出国機構）を結成しました。

ニクソン・ショックの翌々年の一九七三年、第四次中東戦争に際してOPECは石油戦略を発動し、それまで一バーレル（「樽」の意で、約一五九リットル）あたり二ドルから三ドルだった原油価格を、石油メジャーとの事前協議なしに一挙に四倍に引き上げました（第一次石油危機）。

また一九七八年には、イランのイラン・イスラーム（ホメイニ）革命に伴って、原油価格が一バーレルあたり三〇ドルから四〇ドルにまで高騰します（第二次石油危機）。その結果、エネルギー・コストが一挙に高騰して物価高による不景気が世界に広がりました。企業の間で生産コストの切り下げ競争が激化し、先進諸国では工場の途上国への移転や移民の受け入れなどが一挙に進みました。

ニクソン・ショック（金とドルの交換停止）によるインフレと、石油危機によるデフレが複合したスタグフレーションという経済現象が広がりました。インフレであるにもかかわらず失業率が高く経済が停滞する現象は、インフレーションとスタグネーション（stagnation 不況）が併存するという意味でスタグフレーション（stagflation）と呼ばれます。

アメリカでは、銀行や大企業が工場の海外移転を進め、労働力が安い新興国への資本と技術の移転させました。他の先進国でも、経済効率を優先させ、工場を新興国に移動させる世界（多国籍）企業が激増します。経済のグローバル化です。

その結果、「ヒト・モノ・カネが国境を自由に越えること」が普通になります。国民国家の枠組みが弱体して経済のワン・ワールド化が進み、デジタル革命の進展もあって地球規模で経済の下克上が広がりました。新技術と安価な労働力の組みあわせによって、シンガポールや香港、台湾、韓国といった新興工業地域（ＮＩＥｓ）が急成長し、高い収益を求めて大量の資金が新興国へと動きます。先進国は後先のことを考えずに経済危機への対応に追われ、その隙をついてアジア経済が力強い成長を遂げていったのです。

新興国の側からすると、アメリカ的発想による経済のグローバル化が僥倖だったわけです。喉から手が出る程欲しかった「資本」と「技術」が転がり込み、六〇年代から議論され続けた先進国と発展途上国の経済格差（一九世紀の植民地体制の遺物。南北問題）を解消する条件が整えられたからです。

それに、第三次産業革命と言うべき情報革命（ＩＴ革命）が重なりました。情報通信技術の進歩とデジタル化が新興産業を成長させて、中国を中心とするアジア経済の勃興が劇的に進みました。経済合理性によるグローバル経済が、世界経済の序列を根本から変えたのです。一九六七年から八七年にかけて、世界企業の海外投資残高は九倍に増えました。特にアメリカでは、国内生産の五分の一が海外に移転しました。

◉ケインズ主義からの転換を提唱したフリードマン

先に述べたフリードマンと、そのシカゴ大学の教え子たちを中心とするシカゴ学派が唱えた経済思想は「新自由主義」と呼ばれ、ニクソン・ショック後の世界経済に対する新たな道筋を示しました。

フリードマンは一九一二年、オーストリアから移住してきたニューヨークの貧しいユダヤ人の家庭に生まれ、奨学金を得てラトガース大学で数学を学び、世界恐慌が猛威を奮う時代状況の下で危機から脱却する経済学を目指し、シカゴ大学でアルバイトをしながら勉学に励み頭角を現した叩き上げの経済学者です。

シカゴ学派は、三〇年代以降支配的な経済理論とされてきた、政府が好況・不況にあわせて貨幣供給量を変化させるケインズの総需要管理政策に反対し、経済は自由な市場に委ねるべきであるとする「新自由主義」を提唱し、アメリカ経済をリードしました。

ミルトン・フリードマン

彼は、世界恐慌はＦＲＢの金利政策の誤りにより深刻化したと説き、政府は通貨の供給量を調整するにとどめ、規制を緩和・撤廃して経済を民間に委ねるべきという論陣を張りました。いわゆるマネタリズム（通貨供給量のコントロールによる経済運営）の主張です。彼は、一九二九年のアメリカ経済のバブルの崩壊が世界恐慌に転換したのは、フランクリン・ローズヴェルト大統領が「バンク・ホリデー」という一時的な銀行閉鎖を行い、健全な銀行まで潰してしまったからだと主張しました。世界恐慌の治療法に決定的な誤りがあったと説いたのです。

一九七九年から八七年までFRB議長を勤めたポール・ボルカー（一九二七～）は、フリードマンの学説通りに通貨供給量の調整により景気をコントロールし、金利も自由化しました。

やがてロナルド・レーガン大統領（在任一九八一～一九八八）がその動きに同調し、経済に対する政府の規制を可能な限り撤廃して（規制緩和）、「市場」による調整に経済運営を委ねるというレーガノミクスを実行します。

フリードマンは七六年にノーベル経済学賞を受賞し、その業績が評価されましたが、その主張は、①市場は剝き出しの弱肉強食の世界であり強者と弱者の間に格差を生むこと、②市場についての正確な情報が諸個人に公開されていないために情報を持つ者に有利なこと、などの大きな問題点を含んでいました。

◉冷戦を転換させたキッシンジャー

経済のフリードマンとともに戦後の世界を大胆に転換したのが、ニクソンのブレーンとなったユダヤ系の国際政治学者・外交家のヘンリー・キッシンジャー（一九二三～）でした。

ニクソン大統領の外交特使に登用されたキッシンジャーは、当時は注目されることがなかった中ソ対立を利用して中国を自陣営に引き寄せることで国際秩序を動かしました。彼は、中ソ対立を利用して中国を自陣営に取り込み、ベトナム戦争を終結させるのに成功します。彼の外交活動

毛沢東とキッシンジャー

の延長線上に、冷戦の終焉、ソ連の崩壊、中国の実質的な資本主義化が続きました。

　キッシンジャーは一九三八年、一五歳でナチスの迫害を逃れてドイツからアメリカに移住し、ニューヨークの難民居住区で苦労して育ちました。第二次世界大戦に際してはヨーロッパ戦線で参戦し、復員後に奨学金を得てハーバード大学を卒業した後、六九年にニクソン政権の国家安全保障問題担当の補佐官になっています。

　キッシンジャーは「米ソの二極対立の時代」が「多極化の時代」の方向に向かっているという冷徹な世界認識を持ち、中ソ対立を利用してソ連と中国の間にクサビを打ち込むことで、社会主義陣営を切り崩しました。彼は特使として国務院総理の周恩来と交渉し、七二年のニクソン大統領の訪中を実現し、ベトナム和平協定の締結とベトナム戦争の終結をもたらしました。

歴史家でもあるキッシンジャーは、その著『国際秩序』（二〇一四）で、現在の国際秩序がさまざまな難題に直面している理由が、国際ルールに対する各国の共通理解の欠如にあることを指摘し、「欧米以外の地域は、こうしたルールの原形が創られたときに取るに足らない役割しか果たしていなかったので、現在の形態が法的に有効であるかどうかに疑問を呈し、改変に取りかかると明言している。そんなわけで、『国際社会』という言葉は、いまやどんな時代にもなかったくらい、しつこく引きあいに出されていながら、その目標、手法、制限について、合意された明確なものはなにも示されていない。私たちの世代は、執拗に、そしてときとしては必死に、世界秩序の概念を追い求めてきた」と述べています。

3　ソ連の崩壊とユダヤ系財閥の台頭

◉冷戦に敗れたソ連

一九八一年になると、映画俳優だったロナルド・レーガンがアメリカ大統領に就任しました。マネタリストを自認するレーガンは「強いアメリカ」のスローガンを掲げ、強気一方の政治でアメリカの政治や経済の流れを変えていきます。

レーガンは、アメリカ人が大好きな西部劇風の力による覇権の回復を唱え、宇宙戦争を想起させる「スター・ウォーズ」と名付けた軍備拡張政策や対ソ強硬路線でソ連を追い詰め、冷戦を終結させました。一九八九年のマルタ会談による冷戦終結後、九一年暮れにソ連共産党によるクーデター未遂事件が起こり、ソ連は消滅しました。

その際にロシア連邦の大統領ボリス・エリツィン（在任一九九一～一九九九）は、ハーバード大学のジェフリー・サックス教授を長とするアメリカの経済顧問団を受け入れ、ＩＭＦの指導と支援を受けて国営企業の民営化による市場経済の短期導入を目指しました。しかし、変動と混乱の時期を利用して、国有財産は官民の癒着で不当に安い価格で払い下げられてしまったのです。

◉ユダヤ系の六大財閥の成立

ロシアの社会主義体制が倒れて新しい経済が構築される際に活躍したのが、ユダヤ人の起業家たちでした。ロシア政府は、一定額のバウチャー（「引換券」を意味する。国営企業の民営化証券）を国民に配布し、企業が民営化された後に企業の株式と交換できるようにしましたが、国民のほとんどが国家公務員だったロシアでは、バウチャーの価値がほとんど理解されませんでした。

そうした状況を利用し、バウチャーが「富豪への特急券」になることを理解していたユダヤ人起業家は、売買が自由だったバウチャーを二束三文で買い漁っていったのです。彼らは国営企業の払い下げを受けてオーナーとなり、民間企業や銀行を立ち上げます。

次いで、バウチャー制度により誕生した銀行は財政赤字の政府に融資し、返済不能になった融資のかたに石油や鉱産資源などの国家財産を接収し、新興財閥（オリガルヒ）としてさまざまな経済分野を支配しました。ロシアの七つの新興財閥のうち六つが、ユダヤ系です。

オリガルヒとは、寡頭制（oligarchy）に由来し、政権と癒着する新興財閥を指します。ロシアの民衆は、特権政治家と目先の利く商人に富を略取されてしまうかたちになったのです。資本主義への移行の時期にロシア人の三五パーセントが貧困層に没落し、「平等社会」ロシアは劇的に「格差社会」に姿を変えました。

政権と新興財閥の癒着はひどく、連邦レベルから地方レベルまでが政治家や官僚と商人が結び付き、国有財産が私物化されていきました。エリツィンの側近集団はセミヤー（家族の意味）という派閥を形成して、先頭にたって富を獲得しました。

ソ連の崩壊後、ボリス・ベレゾフスキー、ウラジミール・グシンスキー、ロマン・アブラモビッチ、ミハイル・ホドルコフスキー、ピョートル・アヴェン、ミハイル・ヒリードマン、ウラジミール・ポターニンからなる七人の新興財閥が、ロシアの富の五〇パーセントを所有するという状況になります。七人のうち、ポターニンを除く六人はユダヤ系です。ロシアで、新興財閥に対する不満が渦巻いたのは当然のことでした。

◉プーチンとユダヤ財閥の抗争

元ＫＧＢ（ロシア秘密警察）のエージェントだったウラジミール・プーチン（在任二〇〇〇〜二〇〇八、二〇一二〜）は、九一年、三九歳でサンクト・ペテルブルク市に外国の投資を呼び込むための対外関係委員会議長に、九四年には同市の第一副市長に就任し、その後九七年になると四五歳で大統領府の第一副長官になりました。ロシアがデフォルト（債務不履行）を起こした九八年には、KGBの後身であるFSB（ロシア連邦保安庁）の長官に抜擢されるという驚異的な出世を遂げます。

やがてプーチンは新興財閥の総帥ベレゾフスキーの支持を受け、二〇〇〇年、四八歳のときにエリツィンの後を継いで大統領に就任しました。プーチンは、新興財閥に見込まれたわけです。

ところが、大統領になったプーチンは、ロシア国内に八九（現在は八三）あった連邦構成体（自治体）の上に七つの連邦管区を設け、大統領の代理人に監視と監督の権限を与えることで集権体制を固めると、ロシア民衆の新興財閥への反感を巧みに利用してベレゾフスキーの期待を裏切り、新興財閥の対抗勢力として名を上げていきました。

プーチンは、エリツィンの側近と結んで財をなした新興財閥への締め付けと、ロシア正教会の保護で国民の支持を伸ばし、旧KGB人脈をも利用した強権政治で経済の立て直しに成功します。やがてプーチンは、新興財閥のグシンスキー、ベレゾフスキーという二人のリーダーを追放し、弾圧を恐れた他の財閥に税金を納めさせることにより、財政の黒字化に成功しました。

それに対して、メナテップ銀行と石油大手ユコスのオーナーで「ロシアの石油王」と称されたホドルコフスキーは、ロスチャイルド家のジェイコブ・ロスチャイルドの知己を得てロンドンに「オープン・ロシア財団」を組織してキッシンジャーを理事長に招き、アメリカにも事務所を開いて国際的な基盤を固めました。

ホドルコフスキーはロスチャイルドと協力し、プーチンに対抗してロシア最大の石油会社ユコスの株の四割をアメリカ石油メジャーのシェブロンやエクソン・モービルなどに売却しようと試みますが、脱税などの罪で逮捕・起訴され、ユコスの社長の座を失いました。ユコスはロシアの国営石油会社ロスネフチに、またユコスと並ぶ新興財閥のシブネフチも国営のガスプロムに吸収されること（ガスプロムネフチと改称）になりました。

二〇〇三年のホドルコフスキー逮捕を機に、新たな米ソの冷戦が始まったと目されています。世界最大級の産油国であるロシアの石油利権を巡るプーチンと新興財閥の争いは、国際規模の争いに拡大していきました。二〇〇三年のグルジアのバラ革命、二〇〇四年のウクライナのオレンジ革命、二〇〇五年のキルギスのチューリップ革命というようにアメリカ側に支援された反ロシア政権の樹立が進み、アメリカとロシアの対立は激化していきます。

4　ウォール街の投資銀行による経済の証券化

◉増刷される紙幣と金融経済の拡大

八〇年代後半以降のアメリカでは、ウォール街の投資銀行（証券会社）による経済の証券化が進み、金融の規模が飛躍的に拡大しました。金の裏付けのない不換紙幣が濫発されるようになり、歯止めがなくなったのです。経済の証券化の先頭に立った投資銀行は、社債発行などで集めた資金を傘下のヘッジファンドに割り振り、簿外の巨額勘定を設けることにより政府の規制を逃れ、巧みな金融操作で多額の儲けを上げるようになっていきます。

投資銀行は、多様な債権を組みあわせる金融商品・金融派生商品を組み立てて売りに出し（証券化）、企業も金融市場から直接資金を調達するようになっていきます。証券化を推進したのは、主にユダヤ系の投資銀行でした。「貨幣の民」ユダヤ商人が、インターネット上を自由に行き来する証券の経済を創造していったのです。

ＭＢＳ（モーゲージ証券、住宅ローンなどの不動産担保融資の債権を担保として発行される証券）やＣＤＯ（collateralized debt obligation の略で、住宅ローン、自動車ローンなどの諸ローン、国債、公債などを組みあわせて切り分けた金融商品）、ＭＭＦ（内外の公社債、コマーシャルペーパーなどの短期商品で運用するオープン型の投資）などの、多様な金融商品や金融派生商品（デリバティブ）が次々と開発されて大規模に取り引きされ、ＣＤＳ（credit default swap 債権破綻保険）により信用リスクのヘッジが図られました。つまり、新しい証券の仕組みが構築されたのです。

一九八七年から二〇〇六年までＦＲＢ議長を務めたアラン・グリーンスパン（一九二六〜）も、「デリバティブは金融システム全体のリスクを分散させる役割を果たし、デリバティブ取引は金融のプロ同士の取り引きであるから、規制を行うのは間違い」と説いて、デリバティブ（金融派生商品）の増加を是認しました。この時点では、それらの金融商品が総崩れになったリーマン・ショックのような事態は全く想定されていなかったのです。

◉投資・投機が経済の主流に

一九九〇年代以降ドル紙幣の過剰発行を背景に、ゴールドマン・サックスなどの投資銀行（証券会社）はインターネットを利用した地球規模の金融活動を大規模に展開し、莫大な利益を上げました。世界史上に類を見ない規模で、金融取引が広がります。証券は、利子や取り扱い手数料を大量に生み出したため、取り引きの過程が重視されてひとり歩きします。

コンピューターを使って「金融の地球規模の統合」を実現するには共通の土俵の形成、つまり会計基準や取り引きルールの標準化が必要になりました。そこでアメリカ型の時価会計を世界の基準とする動きが強められ、通貨、公債、株式、商品などの先物取引がシカゴの先物市場を中心に地球規模でリンクされるようになります。

金融のグローバル化は世界中の金融業者に莫大な利益をもたらし、加速度的に世界規模の金融市場の形成が進みました。しかし他方ではなし崩し的に、各国経済の自立性、各個人の自由な経済活動の場が縮小されていきました。

数学と金融工学で武装した投資銀行は、コンピューターを駆使し、数兆ドルにも上る厖大な資金に何十倍ものレバレッジ（leverage テコの原理）をかけて、通貨、株式、商品などを相互に連動させながら運用し、「先物取引」による時間的な価格差を利用して法外な富を獲得しました。現在では、大型コンピューター、ＡＩまで動員して金融イノベーションは加速しています。

一日に取り引きされる通貨の量も、一九九〇年代末には一兆五〇〇〇億ドルだったものが、二

○一〇年には四兆ドルに激増しました。「直接金融」の拡大に伴い、外国為替市場の取引額は貿易取引額の四〇倍以上におよぶことになります。

◉「ウォール街の利益はアメリカの利益」

一九九九年になると、世界恐慌後にアメリカ上院が全会一致で成立させていた、証券（投資）と銀行（預金）を分離するグラス・スティーガル法が、ウォール街の利益を代弁するロバート・ルービン財務長官（一九三八～）、ローレンス・サマーズ財務副長官（一九五四～）、FRB議長グリンスパーン（一九二六～）というユダヤ系財界人により撤廃されました。金融の破綻を防止するために銀行業務からリスクを排除する法律が廃止されたのです。

金融の膨張が経済の成長に欠かせないと考えた著名なユダヤ人財界人の手で、世界恐慌の反省に基づく銀行とリスクの大きい証券業を分ける規制が外されたのです。それにより商業銀行も証券を扱えるようになり、金融の証券化に弾みが付くことになりました。

アメリカの金融帝国化に向けて大きく舵を切ったルービンは、ユダヤ系の家庭に生まれてニューヨークで育ち、ハーバード大学、エール大学を出た後に、二八歳で投資銀行のゴールドマン・サックスに入社しました。そこで「鞘取《さやと》りの天才」と言われるように先物取引で大きな収益を上げ、八七年にはゴールドマン・サックスの最高執行責任者（CEO）に出世しています。

彼は、九五年にビル・クリントン大統領（在任一九九三～二〇〇一）の下で財務長官になると、クリントンに働きかけてワシントンとウォール街の親密な関係を作り上げていきます。この時点で、アメリカは経済界が政界をリードする国に変わりました。「ウォール街によいことは、アメリカによいこと」という風潮が定着したのです。

ルービンに次いで財務長官に就任したサマーズの時代に、モノづくりよりも金融を重視する民主党は労働者の政党から親ウォール街の政党へと劇的な変貌を遂げていきます。サマーズも東欧系ユダヤ家庭の出身ですが、史上最年少でハーバード大学の教授になった大秀才として知られていました。

グリーンスパンも東欧系ユダヤ家庭の出身で、レーガン大統領に指名されて一九八七年から一九年間もの長きにわたりＦＲＢ議長を務め、金利操作により巧みに景気を操る名人として「マエストロ（巨匠）」「金融の魔術師」の異名を取った経済人でした。しかし、後に彼の金融操作の破綻によりサブプライム・ローン問題が引き起こされ、証券化が進めた水ぶくれ経済は大破綻（リーマン・ショック）してしまいました。「バブルは、弾けて初めてバブルとわかる」というのは、皮肉にもグリーンスパンの言葉です。

◉シティが広めたタックス・ヘイブン

第二次世界大戦で基軸通貨の座をアメリカのドルに譲ったイギリスは、低成長と高インフレの「イギリス病」に悩まされました。一九四九年には約三〇パーセントものポンドの切り下げを行い、旧イギリス連邦諸国の犠牲により危機を乗り越えましたが、一九六七年に再度、約一四パーセントの切り下げをしたときには、もはや旧イギリス連邦諸国の協力は得られませんでした。

先に述べたようにニクソン・ショック（一九七一年）と第四次中東戦争を契機に起こった石油危機が複合して、景気が悪いのに物価が高いというスタグフレーションが地球規模に広がって企業間の競争が激化し、企業が安価な労働力を求めて開発途上国に工場を移転する動きも加速しました。それがグローバル経済への転換です。

一九六七年からの二〇年間に、世界企業の海外投資残高は九倍に増加し、もともと移民の国だったことからグローバル経済への移行がしやすかったアメリカでは、国内生産の五分の一が旧植民地などの開発途上国に移りました。

アメリカ政府は世界企業への徴税を強化しますが、それに対してロンドンの金融街シティは世界企業やオイル・マネーをユーロ・ドルとして預かり、オフショア市場（非居住者の資金を非居住者の間で運用する市場）での便宜を図るサービスで利益を得るようになります。

一九八六年になると、サッチャー首相（在任一九七九～九〇）が「ビッグ・バン」と呼ばれる金融市場の改革を行って株式や債券の取り引きを自由化し、シティを世界最大の金融市場として蘇らせました。ロンドンには約二五〇の外国銀行が進出し、ニューヨーク市場と東京市場をあわせたよりも巨額の資金が動く世界の金融センターに成長します。

一九八五年以降、ロンドンのシティの金融業者はかつてのイギリス帝国の植民地や勢力圏を利用したタックス・ヘイブン（租税回避地）を地球規模に広めて世界企業や富裕層から資金を集め、その巨額の資金を運用するようになっていきます。

ロンドンの金融業者は、規制や課税を国内市場から切り離したオフショア市場を世界各地に拡散させることにより世界中からの資金集めを図ったわけです。タックス・ヘイブンは、世界企業などの多額の納税回避を利用して諸国家を歳入不足に陥れるほどの、大きな資金を集めました。

現在は世界の金融資産の半分以上、また世界企業の投資資金の三分の一がタックス・ヘイブンに一時的に滞留していると言われます。シティの金融機関は、新たに巨大な「闇資金」の流れを世界経済にイン・プットしたのです。

タックス・ヘイブンは、低い税率を利用するために設置されたペーパー・カンパニーが主体となる金融市場であり、当局が実体を把握できず課税もできないオフショア市場が形成されました。代表的なタックス・ヘイブンとしては、カリブ海のイギリス領ケイマン諸島が世界的ですが、イギリスは、英仏海峡の王室属領であるジャージー諸島や、かつての植民地だったバミューダ諸島、旧英領だったアイルランドやドバイ、香港などにもタックス・ヘイブンを設けており、ヨーロッパではスイス、リヒテンシュタイン、ルクセンブルク、モナコ。その他としては、パナマ文書で有名になったパナマ、アフリカのガボンやガーナなどにもタックス・ヘイブンを設けました。タックス・ヘイブンの原型は、ヨーロッパの貴族が財産隠しに利用していたモナコにあるとされます。

第二次世界大戦後に国際金融界から後退したイギリスですが、資金の運用では依然として経済新興国のアメリカよりも卓越した金融技術を持っており、したたかに起死回生を図ったのです。イギリスは、五〇年代にロンドンの金融市場をオフショア化して課税を緩め、ユーロ・ドルを集めていましたが、植民地体制が崩壊した六〇年代以降になると、植民地、旧植民地を利用することで、資産にかかる税金がきわめて安いタックス・ヘイブンの地球化を図ります。つまり、かつての植民地体制をタックス・ヘイブンのネットワークに組み替えたのです。

世界の各国間では二重課税防止条約が結ばれていますから、タックス・ヘイブンに本社を置いて納税しさえすれば、企業は本国で税を支払うことから逃れられるのです。巨額の資金がタックス・ヘイブンに流れるのは当然のことで、イギリスの金融業者は巨額の投資資金を手にしました。

5　リーマンショックと世界金融の動揺

◉「マエストロ」の蹉跌

アメリカの投資銀行や商業銀行が「直接金融」に依存するようになると、景気変動の幅が大きくなり、ギャンブル的投機が横行して大小のバブルとその崩壊が繰り返されることになりました。

ＦＲＢは金利の上げ下げでバブルをコントロールし、経済秩序を維持することになります。

一九九八年、ロシア国債が突然にデフォルト（債務不履行）し、アメリカの大手ヘッジファンド

LTCM（ロング・ターム・キャピタル・マネージメント）が破産するという想定外の出来事が起こりました。

　するとFRBは、巨大ヘッジファンドの破綻がアメリカの銀行に連鎖することを防ぐためと称してLTCMを救済し、景気の後退を防ぐために「金利の引き下げ」を断行するとして金融市場に大量のドルを供給しました。政策的な「ドル安」誘導です。

　丁度その時期はインターネットの普及により世界経済が一新されると考えられていたためにIT技術が過大視され、低金利によるITバブルが誘発されました。地球を一万周もする光ケーブルが敷設されたといわれていますから、大変な過熱状況だったわけです。

　二〇〇〇年になると、ITバブルの過熱化を抑制するため、FRBは突如「金利引き上げ」に転じます。金利の引き上げでITバブルは弾け、二〇〇二年、ナスダック総合指数は二〇〇〇年の五分の一に暴落してしまいました。

　そこでFRBは今度は、金利を六・五パーセントから一パーセントに一気に引き下げるという荒療治に踏み切ります。まことにサーフィンのような金利の上げ下げです。それを行ったFRB議長グリーンスパンは「マエストロ（巨匠）」と、その腕前を称賛されましたが、実のところは危うい綱渡りでした。

◉破綻したサブプライム・ローン

グリーンスパンはＩＴバブルの崩壊に対応するため、九〇年代半ばから一〇年間近く一パーセントという低金利を持続します。しかし、それが今度は住宅バブルという、もっと規模が大きく、たちの悪いバブルを呼び起こすことになりました。

移民の国アメリカでは貧しい移民の間で住宅建設や住宅取得の要求が強く、折からの低金利を利用する無理なローンが組まれたのです。不景気ですから金融業者は無理を承知で十分な担保も取れない貧しい人々に高利で住宅ローンを貸し付け、リスクを逃れるために証券会社にその債権を売りさばきました。リスクの転換です。

証券会社はすべて承知の上で、それを切り刻んで他の安全な債権と組みあわせ、高利の金融商品に仕立て上げて世界中に売りさばきました。

それらの金融商品がアメリカ国内に限定して売られたのならば、グリーンスパンの得意な金利操作でバブルは避けられたのかもしれないのですが、折からの経済のグローバル化の波に乗りドイツなどのヨーロッパの金融機関が大量に購入したため、ＦＲＢの金利引き締めが効かなくなりました。急速な金融のグローバル化が、予期しない事態を生み出したのです。

貨幣の運用が地球規模化、複雑化したために、予測困難な危機が起こる可能性（「システミック・リスク」）が、いつの間にか国際経済にイン・プットされていたのです。

九〇年代以降にアメリカが進めてきた、アメリカ国債に高金利を付けて販売することで世界中のマネーを集める対外不均衡（グローバル・インバランス）政策も、バブルを深刻化させる一因になりました。証券のやりとりで貨幣を増殖させ、地球規模で儲けようという安直な金儲け至上主義が、世界規模の経済危機を呼び起したのです。

◉リーマン・ショック

アメリカでは家が資産と見なされるため、商品としての家を転売することが一般的です。金融業者はそれを踏まえて、一定期間利息を据え置くローンを組み、住宅購入の便宜を図りました。危ない貸し付けでも高金利を見込めるローンについては、証券会社がそのリスクを引き受けてくれたからです。

証券会社にとっては、世界規模で証券を売り出すには「ネタ」となる債権が必要だったのです。金融業者は、利息が高い低所得者向けのサブプライムローン（プライムは「最優遇金利」という意味）の貸し付けに目をつけて、返済能力を顧みることなく貸し付けを増やし、しまいにはほとんど無審査で低所得者に住宅ローンを貸し出すようになっていったのです。

危ない債権を買い取った証券会社は、先に述べたようにそれをコマギレにして他の金融商品に組み込んでリスクを分散し、世界中の投資先に売りさばきました。不誠実にも格付け会社は、サブプライム・ローンを組み込んだ金融商品に「ＡＡＡ」の高評価を付け、スポンサーの投資銀行の販売促進に全面的に協力しました。中身が見えない「証券」（利息を生む新たな手形）による価値の創造であり、面白いように儲けがあがりました。

それは、証券化が生み出した貨幣増殖による理性の麻痺でした。その場、その場しか、見えなくなってしまっていたのです。

複雑に構成された証券の中身はわかりにくく構成されており、それがミソになりました。「神秘」は「価値の幻想」を呼び、業者による恣意的な操作が容易になります。複雑な債権を束ねる証券は、手の込んだ「価値の創造」の手段になりました。「手形革命」に次ぐ「証券革命」といってもよいかもしれません。

金融商品のリスクを回避する方法としてはあらかじめＣＤＳ（債権破綻保険）が考えられていましたが、後で述べるように想定外の危機が一気に津波のように押し寄せたことで、人工的に組み立てられた証券システムは大崩壊してしまいました。

ウォール街の金融業者は、リスクを分散しながら確実に儲けられるという触れ込みの下に、一見複雑かつ精緻でありながら、実際はかなり粗雑に組み立てられた証券や金融商品を創り出して世界の投資家に売りさばき、金融証券市場を短期間で地球規模に膨らませていきました。世界中の投資家は格付け会社の高評価を信用し、中身をよく確認せずに証券を買い込んだのです。

二〇〇七年後半から二〇〇八年九月にかけて、サブプライム・ローンの大量破綻が表面化すると、それをきっかけに証券バブルが微塵に崩れ去りました。当初、サブプライム・ローンの残高は住宅融資残高の二割程度で大したことはないと見なされていたのですが、腐ったリンゴは、それが組み込まれた「金融商品」全体の価値を棄損してしまいました。金融商品（証券）の組成の複雑さへの疑心暗鬼が広がり、金融業者が「証券」を投げ売りしたことから、世界の金融がマヒ状態に陥ります。

金融破綻をさらに深刻化したのは、二〇〇八年九月、六〇兆円の金融資産を持ち二万五〇〇〇人を雇用する、創業一五八年の全米第四位のユダヤ系投資銀行リーマン・ブラザーズが、約六〇〇〇億ドル（日本の国家予算の三分の二にあたる）の負債を抱えて倒産したことでした。

それに先立って全米第五位の投資銀行ベア・スターンズ（ＪＰモルガン・チェースが買収）が、そしてリーマン・ブラザーズの破綻と同日には第三位のメリルリンチ（バンク・オブ・アメリカが買収）が経営破綻します。投資銀行第一位のゴールドマン・サックスと第二位のモルガン・スタンレーも、この金融危機をきっかけに商業銀行へと業態を転換しました。

第二次世界大戦後に経済の証券化をリードし、九〇年代以降はインターネットを利用して各種の金融商品を世界に供給してきたアメリカの五大投資銀行が、ゴールドマン・サックスを除き総崩れになったのです。

ただ、この時危機をうまく乗り切ってウォール街の覇者となったゴールドマン・サックスは、リーマン・ショックの直後に史上最高益を叩き出し、アメリカの金融業界をリードすることになります。

深刻だったのは、莫大な額の証券の価値を担保するＣＤＳ（債権破綻保険）を大量に引き受けていた、一〇〇兆円以上の資産と一〇万人以上の従業員を持つ世界最大の保険会社ＡＩＧ（アメリカン・インターナショナル・グループ）の経営破綻でした。

同社の契約残高は六二兆ドル以上（世界の株式市場の規模が六〇兆ドル）にもおよんでいましたが、ＡＩＧには、ＣＤＳが破綻した際の危機をヘッジする新たな保険が用意されていなかったのです。ＡＩＧが発行したＣＤＳの支払いが滞ると多くの大銀行が倒産する恐れがありますから、ＦＲＢは約八〇パーセントの株を取得してＡＩＧを国有化する救済策をとりました。それが、「世界恐慌」よりも遥かに深刻と言われるリーマン・ショックの中身になります。

◉バーナンキの危機の乗り切り策と副作用

リーマン・ショックにより、アメリカが主導してきた第二次世界大戦後の金融偏重の流れは挫折し、それを推し進めてきた金融業界への風当たりも強くなりました。

しかしＦＲＢはその後もあくまで既定路線を守ることでの問題解決を図り、約四兆ドルの紙幣の増発による大型の金融緩和により不良債権を買い取り、金融業者は新興国でバブルを大々的に起こすことによる景気の浮揚に成功しました。ゴールドマン・サックスは、ＢＲＩＣＳ（ブラジル、ロシア、インド、中国）という造語により新興国への投資のブームを演出し、金融経済を復興させました。

しかし、そうした経済の回復は国外にバブルを作ることでアメリカの金融業を復興させたにすぎず、国内経済と家計の再建は後回しにされました。それが、二〇一六年の大統領選で「アメリカ・ファースト」を掲げる共和党のトランプが勝利した背景になります。

大胆なインフレ政策でリーマン・ショック後の金融危機の回避をリードしたのが、ユダヤ系の経済学者バーナンキでした。グリーンスパンを継いでFRB議長となったベン・バーナンキ（一九五五〜）は、自らの「世界恐慌」研究の成果を生かすと称してドルを大量に増刷し、「ヘリコプターでばらまく」ように、①二〇〇九年には一・七五兆ドルの住宅ローン担保証券などの購入（QE1）、②二〇一〇年から翌年にかけてアメリカ国債六〇〇〇億ドルの購入（QE2）、③二〇一二年以降は期限や枠を設けない無制限の量的緩和（QE3）を行い、金融市場にジャブジャブに紙幣を供給し続けました。

政策に付けられたQE（Quantitative Easing 量的緩和政策）の名称は、中央銀行が市場に大量の資金を供給することを指します。金融市場に出回った大量のドルは、先に述べたようにアメリカ国内ではなく利幅の大きい新興国に投資され（新興国バブル）、厖大な赤字を抱えていた金融機関はおおむね立ち直りました。ヨーロッパも、金融危機以来二〇一二年までの間に、一兆ユーロを超える通貨を金融機関の救済に投入しています。証券化の時代は、継続することになりました。

その後、インフレ政策の副作用を警戒するFRBは、QEを中止して利上げに転じながら国内経済を浮揚させるという困難な課題に取り組んでいます。現在でも日本（アベノミクス）とEUはアメリカの通貨政策を引き継ぎ金融緩和を続けますがその弊害も多く、世界経済の先行きは不透明です。

6　インターネット業界をリードするユダヤ人

◉地球規模の「空間革命」

一九九〇年代以降の世界では、グローバル経済の進展による経済秩序の変動にインターネットの普及が重なり、「大航海時代」を遥かに凌ぐ経済空間の膨張期に入りました。急速にアジア経済が興隆し、インターネットが作り出した電子空間を、莫大な額の記号化された通貨、証券が行き来するようになります。

如何様にでも変形可能なインターネット空間の可能性を積極的に開発したのが、一九世紀に電信を利用する通信事業を成長させ、デパートのような物流やラジオ・ネットワークで経験を蓄積してきたユダヤ人でした。彼らは、インターネットのスケールの大きさに着目して電子空間を「経済空間」に読み替え、ＩＴ（情報技術）技術を駆使する金融、商業、宣伝などの用途の開発をリードしました。

インターネットの基礎を築いたのが、インテル（半導体メーカー）が一九七〇年に開発したマイクロプロセッサーでした。その発明が、数十億台のコンピューターをつなぐことを可能にしたのです。九〇年代には、パソコンの八割以上がインテルのマイクロプロセッサーを使用するようになります。

そのインテルの共同創業者（三番目の社員）、CEO、会長として活躍し、二〇一六年に世を去ったのがアンドリュー・グローブ（一九三六〜二〇一六）です。彼はハンガリーで幼少期を過ごしたユダヤ人ですが、ドイツ軍の侵攻、ソヴィエト軍のブダペスト包囲など苛酷な戦争体験を重ね、「ハンガリー動乱」の最中に友人と一緒にオーストリアに脱出し、難民支援組織の手引きで二〇歳のときに無一文でニューヨークにたどり着くという劇的な前半生を送りました。

グローブは、ハンガリー時代にはジャーナリスト志望だったのですが、社会に自由がない状況の下で技術界に転じ、コンピューター技術者になります。彼の志はコンピューターを接続する技術を開発して何十億台ものコンピューターを接続し、世界中の人々を結び付けることでした。彼は『インテル戦略転換』という著作で、「このような発展は建設的な作用なのか、それとも破壊的な作用なのか。私にいわせればその両方であり、避けて通ることはできない。テクノロジーの分野では、『可能な』ことはいつの日か必ず『実現』される。われわれはこの変化をくい止めることもできなければ、そこから逃げ出すこともできない。できることは、その変化に万全の構えで備えることなのである」と述べています。インテルの周りに多くの企業が集まり、やがて先端企業が集積されるシリコン・バレーが誕生したのは周知のことです。

一九九〇年代、ヤフーが普及させていた検索エンジンに対抗する新検索エンジンを開発したグーグル（現アルファベット）の創業者セルゲイブリン、企業向けソフトのメーカー、オラクルの共同創業者のラリー・エリソン、一九億人のユーザーを結ぶSNS、フェイス・ブックを二〇〇四年に立ち上げたマーク・ザッカーバーグ（一九八四〜）などはいずれもユダヤ人のエリートです。

まだ海のものとも山のものともつかないインターネット事業に立ち向かう創業者たちには、富の獲得だけではなく使命感もありました。アップルのスティーブ・ジョブズが「人類に進歩をもたらす思考のツールをつくる」と述べているのは、それを示しています。

ザッカーバーグがハーバード大学の在学中に学生の社交用のSNSを立ち上げたことはよく知られていますが、新興諸地域には容量一〇〇分の一のフェイスブック・ライトを提供し、二〇一二年にアフリカなどの新興地域で一億ユーザーを数えるに至ったとされています。ザッカーバーグが目指したのはインターネットのヴァーチャル空間で、交際、情報交換、ものを売買し、取り引きするバーチャルな「ディアスポラ共同体」の構築でした。フェイス・ブックでは、どのユーザーも自分の回りに友人の輪をつくることが目指されています。

ユダヤ人エリートのマイケル・ブルームバーグは経済に特化し、一九世紀の電信に代えてインターネットを活用して金融情報を世界に提供する「ブルームバーグ・LP」を創設して世界一〇〇カ国に金融情報を配信し、グローバルな経済情報ネットワークを作り出しました。

7　ユダヤ商人の歴史と普遍主義・民族主義

◉地球規模に活躍の場を広げたユダヤ商人

世界経済はグローバル化とネットワーク化の方向に向かい、ヒト・モノ・カネが地球規模で激しく動いています。他方でグローバル経済の揺り戻しとしてのナショナリズムが、アメリカ、ヨーロッパ、ロシア、中国などの多くの地域で強まっており、世界の舵取りが、とても難しくなっていると言えます。

最後に、現在のグローバル金融をリードするユダヤ社会の状況を見ておきましょう。現在の世界のユダヤ人の総人口は、アフリカの小国ジンバブエの人口にほぼ匹敵する一四〇〇万人弱です。東京都の人口よりもやや多いと考えればよいでしょう。

ディアスポラにより「ネットワークの民」となったユダヤ商人は二〇〇〇年もの間広域で商業・金融に従事し、一九世紀以後はイギリス、アメリカのアングロサクソン資本主義の宮廷ユダヤ人、金融パートナーとなって躍進しました。

現在、アメリカを初めとしてユダヤ人のディアスポラ共同体が多くの国々に散在していますが、それぞれの国への「同化」とユダヤ人の間の多様化、個別化が進んでいます。グローバル化に伴い他民族のディアスポラ共同体も、めずらしくなくなりました。最大のユダヤ人のディアスポラ共同体はニューヨークを中心とするアメリカ（全ユダヤ人の約三八パーセント）にあり、新たに付け加えられた民族国家のイスラエル（全ユダヤ人の四二パーセント）に次ぐ人口を集めています。

大航海時代の「第二のディアスポラ」で、セファルディウム系ユダヤ人が大挙移住した旧オスマン帝国、地中海沿岸諸国、西ヨーロッパでは、既に一九世紀以来のユダヤ人の同化によりユダヤ人人口が減少してしまいました。フランスには世界のユダヤ人の人口の三・五パーセント、イギリスには二パーセント、オランダに至っては〇・二パーセンが生活しているにすぎないという現状です。

かつて五〇〇万人以上のアシュケナージム系ユダヤ人が居住していたロシアも、大規模な弾圧と難民の流出で今や二〇万人余を数えるのみです。一九世紀末のポグロムと二〇世紀のホロコーストという悲惨な出来事がロシアと東欧、ドイツのユダヤ人の数を激減させ、ユダヤ社会の中心をアメリカとイスラエルに移動させたことになります。二〇世紀のアメリカにおけるユダヤ人、ユダヤ系の人々の台頭は教科書にはあまり書かれていませんが、実は世界史に大きな影響を与えた出来事だったのです。

◉普遍主義と民族主義の狭間で生きるユダヤ商人

ユダヤ商人の歴史は、ユダヤ教に起源を持つ普遍主義と民族主義（選民思想）が、微妙な相互補完関係を保ちながら進行してきました。国民や国家の意識の枠を超えて広がろうとする普遍主義がなければディアスポラ以後に国家を持てなかったユダヤ人の存続そのものが不可能でした。彼らは、広域に分散する共同体の下での国際的な商業、金融で身を立てるしかなかったのです。

しかし民族主義がなければ、ユダヤ人が他民族の社会に同化して消滅してしまった可能性もあります。ユダヤ教が、民族のアイデンティティを持続させる機能を代行してきたと言えるのです。ユダヤ思想の中にも前八世紀以降、普遍主義を唱えた預言者アモスと民族主義を唱えたホセアのふたつの流れがあります。ユダヤ教のトーラ（旧約聖書の五書）とタルムードが民族思想を強化する役割を果たす一方で、商業・金融活動に伴うディアスポラ共同体の拡大に必要な普遍主義も強化されたのです。

一九世紀になると、国民国家の形成に伴うヨーロッパのナショナリズムの高揚への対応を迫られたユダヤ人は、民族のシンボルとしてのイスラエルを建国しますが、他方で経済活動に伴ってディアスポラ共同体も地球規模で広げられ、インターネットの普及とグローバル経済の進展によりワン・ワールド体制への志向も強まっています。

最大のディアスポラ共同体があるアメリカでは、近年は一九世紀のヨーロッパと同じように、ユダヤ人のアメリカ社会への同化と世俗化が急速に進んでいます。名前と食物規定だけがユダヤ系の名残を残している、「ユダヤ系のルーツを持つアメリカ人」と呼ぶべき人たちが増えているわけです。

他方で現在は六〇〇〇万人もの人々が難民化するなど、世界そのもののディアスポラ化がグローバル化と共に大規模に進行中です。ネットワーク型社会で活躍してきたユダヤ商人の歴史に学ぶことが、従来の世界史の読み方を深化させるために欠かせなくなっていると言えます。

おわりに

ユダヤ商人の活動を中心とする世界の歴史、いかがだったでしょうか。世界はどんどんと姿を変えていきますから、私たちの見方、考え方も変わっていかなければ、現在と未来を見通すことはできません。世界史にも、変化が必要なようです。

ディアスポラにより亡国の民となったユダヤ人は、パレスチナから切り離されたネットワークの民、商業民として再生しますが、同時にキリスト教世界とイスラーム世界が利子の取得を禁止するなかで「貨幣の民」としての優位を確保します。その後、世界の中心が地中海、西アジア、中央アジア、ヨーロッパ、大西洋、アメリカと移り変わっていったのに対応し、ユダヤ商人は活動の中心を移しました。商人の基本的活動形態は「旅」ですから、彼らの生活が日本人のような農耕民とも、遊牧民とも異なったかたちをとったのは当然です。ユダヤ商人は、イスラーム世界、イタリア諸都市、イベリア半島、ブラジル、カリブ海、オランダ、イギリス、アメリカでディアスポラ社会（故郷を喪失した後に異郷で再建されたユダヤ人の社会）を次々に成長させ、新しい世界史の局面を切り開いていきました。それについては本書で、縷々述べた通りです。

ユダヤ人のネットワーク型のディアスポラ社会は、イスラームの大商業圏で定着しました。ネットワーク型・都市型のイスラーム世界とユダヤ社会は相性が良かったのです。やがてイスラーム世界とその周縁に、西のイベリア半島を中心とするセファルディウム、東の東欧を中心とするアシュケナージムの二大グループが成長することになります。現在では、一九世紀のヨーロッパに広がった「同化」の動きによりセファルディウムの数は約五〇万人にすぎず、アシュケナージムが約一一〇〇万人を占めています。

ですから、ユダヤ人の歴史は、①古代のヘブライ人の活動、②中世のイスラーム世界での変形、③大航海時代以後のヨーロッパでの躍進、が接合されています。

ディアスポラの後のユダヤ人社会は、小さな共同体が結び付くネットワーク型の社会ですから、活動空間の移動と拡大の過程が大切であり、古代の歴史を直線的に現代につなげると、歴史を読み間違えてしまうことになります。

ユダヤ商人の貨幣操作力、金融力は各地の支配者には利用価値が高く、イスラーム世界でも、イベリア半島でも、ポーランド、ドイツなどでも、宮廷ユダヤ人として活躍の場を与えられました。また一〇世紀のイスラーム世界で起こった深刻な銀貨不足に伴う手形を中心とする信用経済の技術をイタリア諸都市、オランダ、イギリスに持ち込み、国債、紙幣などを生み出す「長期の手形革命」の重要な担い手になりました。本文でも触れましたが、バンク（銀行）のルーツはイタリアのバンカ（両替人）に、さらにはイスラーム世界の両替商につながります。

一九世紀は、ヨーロッパがイギリスを先頭に大逆転を起こしアジアの諸帝国を支配下に組み込む時代ですが、「王侯・貴族のヨーロッパ」を「ブルジョワのヨーロッパ」に変えたナポレオン戦争が起点になりました。全ヨーロッパ規模の戦争が、戦費調達の金融を成長させたのです。そのようななかでフランクフルトのロスチャイルド一族が台頭します。ロスチャイルドはイギリスの宮廷ユダヤ人となってポンド紙幣を世界の決済手段に押し上げ、金融後発国のアメリカの金融も影響下に置きました。そうしたことからユダヤ商人は、一九世紀後半のポンド、二〇世紀中頃の世界通貨ドルの発行と深くかかわり、一九七一年のニクソン・ショックにより世界の通貨がすべて不換紙幣になった後も世界の金融をリードしています。ですから、ユダヤ商人の壮大な歩みを世界史の流れに組み込む工夫が求められることになります。

最後に、本書の編集の過程で、原書房編集部の中村剛氏のご助力をいただきました。記して感謝いたします。

二〇一九年三月五日

宮崎　正勝

参考文献

I・ウォーラーステイン　川北稔訳『新版・史的システムとしての資本主義』岩波書店　１９９７年
I・ウォーラーステイン　川北稔訳『近代世界システム』I・II　岩波書店　２００６年
秋田茂『イギリス帝国の歴史』中公新書　２０１２年
アーサー・ケストラー　宇野正美訳『ユダヤ人とは誰か』三交社　１９９０年
浅田實『商業革命と東インド貿易』法律文化社　１９８４年
アダム・スミス　大内兵衛・松川七郎訳『諸国民の富（三）』岩波文庫　１９６５年
アリス・ベッケル・ホー　木下誠訳『ヴェネツィア、最初のゲットー』水声社２０１６年
アルフレッド・T・マハン　北村謙一訳『マハン海上権力史論』原書房　２００８年
アンドリュー・グローブ　佐々木かをり訳『インテル戦略転換』七賢出版　１９９７年
E・ウィリアムズ　川北稔訳『コロンブスからカストロまで』I・II　岩波書店　１９７８年
E・ウィリアムズ　中山毅訳『資本主義と奴隷制』理論社１９８７年
E・L・ハーグリーヴス　一ノ瀬篤他訳『イギリス国債史』新評論　１９８７年
板谷敏彦『金融の世界史』新潮選書　２０１３年

岩井克人『二十一世紀の資本主義論』ちくま学芸文庫　２００６年
ウイリケ・ヘルマン　猪股和夫訳『資本の世界史』太田出版　２０１５年
上野俊哉『ディアスポラの思考』筑摩書房　１９９９年
ヴェルナー・ゾンバルト　金森誠也訳『ユダヤ人と経済生活』講談社学術文庫　２０１５年
ヴェルナー・ゾンバルト　金森誠也訳『ブルジョワ』講談社学術文庫　２０１６年
ウォルター・バジョット　久保恵美子訳『ロンバード街』日経ＢＰ社　２０１１年
Ｓ・Ｗ・ミンツ　川北稔他訳『甘さと権力』平凡社　１９８８年
エドゥアルト・フックス　羽田功訳『ユダヤ人カリカチュア』柏書房　１９９３年
エドウィン・グリーン　石川通達監訳『図説　銀行の歴史』原書房　１９９４年
Ｆ・Ｌ・アレン　藤久ミネ訳『オンリー・イエスタデイ　１９２０年代・アメリカ』ちくま文庫　１９９３年
エリー・ケドゥリー　関哲行　他訳『スペインのユダヤ人　一四九二年の追放とその後』平凡社　１９９５年
エリザベス・アボット　樋口幸子訳『砂糖の歴史』河出書房新社　２０１１年
Ｍ・ポー　筆宝康之他訳『資本主義の世界史』藤原書店　１９９６年
大黒俊二『嘘と貪欲　西欧中世の商業・商人観』名古屋大学出版会　２００６年
越智武臣『近代英国の起源』ミネルヴァ書房　１９６６年

カール・ポランニー　吉沢英成他訳『大転換』東洋経済新報社　１９７５年
川北稔『砂糖の世界史』岩波書店　１９９６年
川北稔『イギリス近代史講義』講談社現代新書　２０１０年
川北稔『イギリス　繁栄のあとさき』講談社学術文庫　２０１４年
倉田保雄『ニュースの商人ロイター』朝日文庫　１９９５年
黒田明伸『貨幣システムの世界史』岩波書店　２００３年
ケネス・Ｓ・ロゴフ　村井章子訳『現金の呪い』日経ＢＰ社　２０１７年
小林登志子『文明の誕生』中公新書　２０１５年
佐藤唯行『英国ユダヤ人』講談社選書メチエ　一九九五年
佐藤唯行『アメリカ・ユダヤ人の経済力』ＰＨＰ新書　一九九九年
ジェイコブ・ソール　村井章子訳『帳簿の世界史』文芸春秋社　２０１５年
塩野七生『ローマ人の物語５　ハンニバル戦記（下）』新潮文庫　２００２年
シーセル・ロス　長谷川眞・安積鋭二訳『ユダヤ人の歴史』みすず書房　１９６６年
嶋田英晴『ユダヤ教徒に見る生き残り戦略』晃洋書房　２０１５年
ジャック・アタリ　林昌宏訳『金融危機後の世界』作品社　２００９年
ジャック・アタリ　林昌宏訳『国家債務危機』作品社　２０１１年
ジャック・アタリ　的場昭弘訳『ユダヤ人、世界と貨幣』作品社　２０１５年

G・アリギ　上佐弘之監訳『長い二〇世紀』作品社　２００９年
G・シュテンベルガー／A・ルスターホルツ　野口崇子訳『ユダヤ教』教文館　２０１５年
シュロモー・サンド　高橋武智監訳『ユダヤ人の起源』筑摩書房　２０１７
ジョナサン・ウィリアムズ　湯浅赳夫訳『図説　お金の歴史全書』東洋書林　１９９８年
ジョン・K・ガルブレイス　都留重人監訳『マネー　その歴史と展開』TBSブリタニカ　１９７６年
ジョン・K・ガルブレイス　鈴木哲太郎訳『バブルの物語』ダイヤモンド社　１９９１年
ジョン・K・ガルブレイス　村井章子訳『大暴落１９２９』日経BP社　２００８年
杉田六一『離散のユダヤ人――ユダヤ革命その後』教文館　１９６０年
スーザン・ストレンジ　小林襄治訳『カジノ資本主義――国際金融恐慌の政治経済学』岩波現代文庫　２００７年
鈴木輝二『ユダヤ・エリート　アメリカに渡った東方ユダヤ人』中公新書　２０１４年
関哲行『スペインのユダヤ人』山川出版社　２００３年
立山良司『イスラエルとパレスチナ』中公新書　１９８９年
立山良司『揺れるユダヤ人国家』文芸新書　２０００年
田中宇『金融世界大戦』朝日新聞出版　２０１５年
谷口智彦『通貨燃ゆ　円・元・ドル・ユーロの同時代史』日経ビジネス人文庫　２０１０年
玉木俊明『近代ヨーロッパの誕生――オランダからイギリスへ』講談社選書メチエ　２００９年

玉木俊明『海洋帝国興隆史』講談社選書メチエ　２０１４年
チャールズ・R・ガイスト　菅下清廣監修『ウォール街の歴史』フォレスト出版　２０１０年
トマス・レヴェンソン　寺西のぶ子訳『ニュートンと贋金づくり』白揚社　２０１２年
中尾武彦『アメリカの経済政策』中公新書　２００８年
永積昭『オランダ東インド会社』講談社学術文庫　２０００年
ニーアル・ファーガソン　仙名紀訳『マネーの進化史』ハヤカワ文庫　２０１５年
バイコ・ハウマン　平田達治　荒島浩雅訳『東方ユダヤ人の歴史』鳥影社　１９９９
ピーター・バーンスタイン　鈴木主税訳『ゴールド　金と人間の文明史』日本経済新聞社　２００１年
フィリップ・D・カーティン　田中愛理他訳『異文化間交易の世界史』NTT出版　２００２年
ポール・ジョンソン　石田友雄監修『ユダヤ人の歴史　上巻、下巻』徳間書店　１９９９年
ポール・ニコル　高山一彦訳『英国史』白水社（文庫クセジュ）１９５３年
マイク・ホフリンガー　大熊希美訳『フェイスブック　不屈の未来戦略』TAC出版　２０１７年
マックス・I・デイモント　藤本和子訳『ユダヤ人　上・下』朝日新聞社　１９８４年
マルクス　中山元訳『ユダヤ人問題に寄せて／ヘーゲル法哲学批判序説』光文社　２０１４年
マルコ・ポーロ　愛宕松男訳『東方見聞録　1』平凡社　東洋文庫　１９７０年
マルト・ブラン　山本俊朗訳『ポーランド社会表』校倉書房　１９６８年
水野和夫　川島博之『世界史の中の資本主義』東洋経済新報社　２０１３年

三井美奈『イスラエル　ユダヤパワーの源泉』新潮新書　２０１０年
宮本久雄・大貫隆編『一神教文明からの問いかけ』講談社　２００３年
牧野純夫『ドルの歴史』ＮＨＫブックス　１９６５年
宮崎正勝『イスラム・ネットワーク』講談社選書メチエ　１９９４年
宮崎正勝『知っておきたい「お金」の世界史』角川ソフィア文庫　２００９年
宮崎正勝『「空間」から読み解く世界史』新潮選書　２０１５年
宮崎正勝『世界史の真相は通貨で読み解ける』河出書房新社　２０１８年
ミルトン・フリードマン　村井章子訳『資本主義と自由』日経ＢＰクラッシックス　２００８年
横山三四郎『ロスチャイルド家』講談社現代新書　１９９５年
リチャード・Ａ・ヴェルナー　吉田利子訳『円の支配者』草思社　２００１年
ロバート・Ｆ・ブルナー　ショーン・Ｄ・カー　雨宮寛・今井章子訳『金融恐慌１９０７　米ＦＲＢ創設の起源とＪ・Ｐ・モルガン』東洋経済新報社　２０１６年
ヤコヴ・Ｍ・ラブキン　管野賢治訳『イスラエルとは何か』平凡社新書　２０１２年

宮崎正勝（みやざき・まさかつ）

1942年生まれ、東京教育大学文学部卒。筑波大学附属高等学校教諭、筑波大学講師などを経て、北海道教育大学教授。2007年退官。その間に中央教育審議会専門部会委員、NHK 高校講座「世界史」常勤講師（1975～88）などを歴任。現在は著述業。『モノの世界史』『文明ネットワークの世界史』『ザビエルの海』『風が変えた世界史』『北からの世界史』『「海国」日本の歴史』（原書房）、『鄭和の南海大遠征』『ジパング伝説』（中公新書）、『イスラム・ネットワーク』（講談社）、『海からの世界史』（角川書店）、『「空間」から読み解く世界史』（新潮社）、『世界全史』（日本実業出版社）、『世界史の真相は通貨で読み解ける』（河出書房新社）他、著書多数。

ユダヤ商人《しょうにん》と貨幣《かへい》・金融《きんゆう》の世界史《せかいし》

●

2019年 3月27日 第1刷

著者………宮崎正勝《みやざきまさかつ》

装幀………佐々木正見

発行者………成瀬雅人

発行所………株式会社原書房

〒160-0022 東京都新宿区新宿1-25-13
電話・代表03(3354)0685
振替・00150-6-151594
http://www.harashobo.co.jp

印刷………新灯印刷株式会社
製本………東京美術紙工協業組合

ISBN978-4-562-05646-0 Printed in Japan